国家社科基金青年项目结题成果

结构调整、比较优势与制造业全要素生产率增长研究

STRUCTURAL ADJUSTMENT, COMPARATIVE ADVANTAGE AND
TOTAL FACTOR PRODUCTIVITY GROWTH OF MANUFACTURING

李强 著

经济管理出版社
ECONOMY & MANAGEMENT PUBLISHING HOUSE

图书在版编目（CIP）数据

结构调整、比较优势与制造业全要素生产率增长研究 / 李强著. —北京：经济管理出版社，2019.10
ISBN 978-7-5096-6855-9

Ⅰ.①结… Ⅱ.①李… Ⅲ.①制造工业—产业结构调整—研究—中国 Ⅳ.①F426.4

中国版本图书馆 CIP 数据核字（2019）第 171671 号

组稿编辑：王格格
责任编辑：王格格
责任印制：黄章平
责任校对：董杉珊

出版发行：经济管理出版社
　　　　　（北京市海淀区北蜂窝 8 号中雅大厦 A 座 11 层　100038）
网　　　址：www.E-mp.com.cn
电　　　话：（010）51915602
印　　　刷：三河市延风印装有限公司
经　　　销：新华书店
开　　　本：720mm×1000mm /16
印　　　张：18.25
字　　　数：262 千字
版　　　次：2019 年 12 月第 1 版　2019 年 12 月第 1 次印刷
书　　　号：ISBN 978-7-5096-6855-9
定　　　价：68.00 元

·版权所有　翻印必究·

凡购本社图书，如有印装错误，由本社读者服务部负责调换。

联系地址：北京阜外月坛北小街 2 号
电话：（010）68022974　　邮编：100836

党的十八大做出了实施创新驱动发展战略的重大部署,当前我国制造业面临着信息技术和移动互联技术飞速发展带来的产业变革压力及我国经济进入新常态后产生的产业转型升级压力,面临着来自发达国家再工业化的产业竞争压力。面对这样的形势,党中央、国务院提出把提高国家制造业创新能力作为战略首要任务和重点。生产经济学中,科技创新常以前沿技术进步代表的生产可能性边界扩张表示,技术推广常以技术效率变化代表的生产点向生产可能性边界位移表示,两者是全要素生产率(Total Factor Productivity,TFP)增长的最主要内容。TFP 增长是指产出增长扣除要素增长贡献的部分,反映了传统要素投入不能解释的那部分增长,主要由技术进步和效率改进构成,其对产出增长质量贡献与要素投入数量贡献的此消彼长常被当作判断经济发展方式转变的重要依据。正如当前我国制造业发展所面临的问题一样,对资源禀赋不佳、需求刚性增长和环境容量有限的制造业而言,全面促进科技创新与技术推广所构成的 TFP 增长是加快现代制造业建设的必然选择和决定力量。

TFP 除了衡量要素投入外各种因素对增长的综合作用外,更是一种具有良好系统性和结构性框架的分析技术(Analytic Tool),是为全要素生产率分析的一种技术。TFP 分析技术是一个严格定义的量化指标和参数体系,具有良好的生产经济学含义,诸如技术进步、技术效率、规模经济和要素替代弹性等,涵盖了制造业生产的方方面面,既可用于生产结构描述,也可用于经济计划和预测、绩效评价与政策分析,还可将生产率指标与诸多政策变量有机结合,例如制度变迁、国际贸易、人力资本、结构调整及环境规制等，TFP分析技术为考察它们对增长的作用机制提供了一个内在逻辑一致的分析框架，成为现代经济学认识经济增长的重要工具。同样，TFP也是经济研究的"常青藤"话题，是观察和理解中国制造业增长模式及结构变化的重要分析工具。

不过，在很长一段时期内，TFP一直被直接当作科技进步的标准测度，其应用受到很大限制。因为核算方法、变量、数据质量及可获得性等问题，现存制造业TFP核算结果充满了不确定性，并不稳健。已有的制造业TFP增长因素研究以制度变迁、R&D、人力资本和公共投资等为主，关于制造业TFP与结构调整、产品贸易、比较优势升级等方面的研究尚未引起足够重视。在多年市场化改革和高速增长条件下，我国制造业（生产）结构经历了深刻的调整过程，这既是战略性调整的需要，也是制造业生产对市场变化的必然响应。从供给角度看，结构调整通过资源配置优化而成为生产率增长源泉，那么制造业结构调整过程有没有产生显著的"结构红利/负担"呢？从贸易角度看，结构调整方向是否与制造业动态比较优势变化方向一致呢？制造业结构调整力度和比较优势发挥程度对区域制造业TFP增长及其地区性差异又产生了何种影响？这都是需要实证回答的问题，尤其是重点观测产品贸易模式的动态演进、制造业结构调整及TFP变化特征，实证检验制造业结构调整和动态比较优势变迁对全要素生产率影响显得尤为重要。

故而，本书试图结合制造业经济学特征，重新对我国制造业全要素生产率测算的理论和标准进行改造，对制造业TFP增长提供稳健性估计，以消除不确定性；综合选择和比较使用那些能合理反映制造业生产要素具体经济学特征的核算方法，正确反映制造业生产过程的投入产出变量，加上质量调整后的制造业数据，才能更精确地度量制造业TFP增长及其成分。利用空间结构理论考察主要制造业行业比较优势动态变化，检验制造业结构调整方向与比较优势变化方向是否一致，分析结构调整、比较优势变迁对制造业TFP增长的影响；提出经济新常态下我国制造业结构调整的产业政策。总之，本书尝试在TFP一致性分析框架内对制造业TFP增长、结构调整和比较优势进行整合研究，可使TFP分析技术进一步在制造业领域得到应用、扩充和发展，可为深入观察制造业具体增长模式提供证据，对加快现代制造业建设、促进比较优势动态升级和实现制造业结构战略性调整具有重要现实意义。

本书出版受到国家社会科学基金青年项目"结构调整、比较优势与制造业全要素生产率增长研究"（项目编号：15CJL026）的资助。

由于作者水平有限，书中难免存在种种不足，还请各位专家、学者批评指正，以便共同推进我国结构调整与制造业发展的研究不断深入。

第一部分 概述篇

第一章 导论 / 3

 第一节 研究背景与研究意义 / 3

 第二节 国内外相关研究现状与述评 / 6

 第三节 研究创新 / 14

第二章 我国制造业全要素生产率测算：理论、标准与改造 / 17

 第一节 东亚技术进步的争论与我国全要素生产率测算的莫衷一是 / 17

 第二节 理论的回顾与全要素生产率核算的口径与方法 / 19

 第三节 基准测试函数理念与技术不变条件的提出 / 24

 第四节 技术进步的非体含假设与理念 / 27

 第五节 Cobb-Douglas 函数现象与扩展 / 29

 第六节 权重与产出弹性 / 30

 第七节 新的产出弹性算法的提出 / 32

 第八节 结语 / 35

第三章 我国制造业全要素生产率：测算方法与比较分析 / 37

 第一节 引言 / 37

 第二节 微观层面上 TFP 测算方法 / 39

第三节 数据、变量和估计方法 / 43

第四节 TFP 测算：比较与分析 / 46

第五节 简要结论 / 53

第二部分 结构调整与制造业全要素生产率篇

第四章 制造业结构失衡与全要素生产率损失
——基于我国工业企业数据的经验分析 / 57

第一节 引言与文献综述 / 57

第二节 测度模型与公式 / 60

第三节 制造业结构失衡实证分析 / 64

第四节 制度因素与制造业结构失衡 / 69

第五节 结论及政策建议 / 76

第五章 结构调整加剧还是抑制制造业全要素生产率波动
——方差分解的视角 / 78

第一节 引言 / 78

第二节 文献综述 / 79

第三节 制造业结构调整对制造业全要素生产率的影响：
加剧还是抑制 / 82

第四节 制造业结构变动对制造业全要素生产率的贡献：
方差分解的视角 / 87

第五节 主要结论与政策建议 / 93

第六章 结构调整与制造业全要素生产率
——三次产业结构变动的视角 / 95

第一节 问题的提出 / 95

第二节 文献综述 / 97

第三节 核算全行业结构扭曲的模型框架 / 99

第四节 经验分析 / 102

第五节 实证检验 / 112

第六节 结论及政策建议 / 118

第七章 结构调整与制造业全要素生产率
——宏观经济的视角 / 121

第一节 引言 / 121

第二节 结构调整分析 / 123

第三节 实证分析 / 125

第四节 简要结论 / 136

第三部分 结构调整、比较优势与制造业全要素生产率篇

第八章 比较优势与制造业企业全要素生产率
——行业比较优势真的很重要吗？ / 139

第一节 引言 / 139

第二节 实证模型与分析数据 / 141

第三节 基本实证分析结果及稳健性检验 / 144

第四节 企业异质性的实证分析结果 / 148

第五节 总结 / 155

第九章 出口参与、比较优势与制造业全要素生产率 / 156

第一节 相关文献述评 / 157

第二节 数据来源与分析 / 158

第三节 理论模型分析 / 162

第四节 实证分析 / 168

第五节 简要结论 / 176

本章附录 / 177

第十章 制造业结构调整与比较优势变迁：遵循或偏离 / 180

第一节 文献综述 / 181

第二节 指标说明、模型构建与数据选取和分析 / 183

第三节 实证分析 / 190

第四节 结论和政策建议 / 199

第十一章 结构调整偏向性、比较优势变迁与制造业全要素生产率增长 / 201

第一节 问题的提出 / 201

第二节 理论模型 / 203

第三节 结构调整偏向与比较优势关系检验 / 208

第四节 结构调整偏向、比较优势变迁与全要素生产率 / 214

第五节 简要结论 / 218

第四部分 政策篇

第十二章 产业政策、行业特征与制造业全要素生产率 / 223

第一节 引言 / 223

第二节 模型构建 / 224

第三节 实证研究数据、模型与描述性分析 / 233

第四节 实证结果分析 / 240

第五节 简要结论 / 247

第十三章 制造业结构向中高端转型升级的引擎和杠杆 / 249

第一节 前言：问题的提出 / 249

第二节 制造业升级的引擎：产业化创新 / 251

第三节 转型升级的路径：资产重组 / 253

第四节 结构调整的杠杆：活跃的资本市场 / 258

第十四章 从原经济发展模式到新常态下的制造业结构转型升级 / 262

第一节 原经济发展模式下我国的制造业结构特征 / 262

第二节 经济发展新常态下我国的制造业结构转型升级 / 264

第三节 我国制造业结构转型升级的手段 / 269

参考文献 / 271

第一部分 概述篇

由于涉及核算方法、投入产出变量的不同，面临的数据质量及可获得性等问题，导致了现存制造业 TFP 核算结果存在较大差异，甚至截然相反。这不仅使制造业 TFP 核算本身存在不确定性，而且还会影响到对 TFP 所代表主流增长核算框架可靠性的讨论。只有综合选择和比较使用那些能合理反映制造业生产要素具体经济学特征的核算方法，正确反映制造业生产过程的投入产出变量，加上质量调整后的制造业数据，才能更精确地度量制造业 TFP 增长及其成分。我们有必要从经济学理论和实证方法论上综合运用系统分析方法对中国制造业 TFP 进行更深入系统的研究。因此，本部分试图从经济学理论和实证方法论角度对中国制造业全要素生产率进行更深入系统的研究，寻找和探索那些能够合理反映制造业生产要素具体经济学特征的核算方法，更精确地度量中国制造业 TFP 增长与成分，并结合中国制造业发展阶段与特点进行实证分析。本部分具体综合运用 TFP 各主流核算方法构成的系统研究方法，考察这些方法的前沿进展，结合我国制造业具体资源禀赋特征，选择合适和逻辑一致的投入产出变量，对相关数据进行质量调整，应用我国制造业企业的微观面板数据分析，采用和发展新的系统分析框架对农业 TFP 增长进行全面的核算、分解和比较。通过上述不同方法、数据、变量和实证的比较分析，本部分试图在最大程度上减轻实证核算结果的不确定性，使相关研究更加稳健。这既可以为不同核算方法的实际应用效果提供实证检验，有助于平息 TFP 核算方法的一些技术性争议，也可以对识别中国农业具体增长模式提供参考，有助于平息中国农业增长模式方面的一些争论。

第 一 章

导　论

第一节　研究背景与研究意义

一、研究背景

（一）制造业结构调整成为我国经济发展的驱动力量

党的十八大做出了实施创新驱动发展战略的重大部署，当前，我国制造业面临着信息技术和移动互联技术飞速发展带来的产业变革压力，面临着我国经济进入新常态后产生产业转型升级压力，面临着来自发达国家再工业化的产业竞争压力。面对这样的形势，党中央、国务院提出把提高国家制造业创新能力作为首要战略任务和重点。在世界经济的发展过程中，经济增长的过程也是制造业结构调整、转变和升级的过程，而经济增长是不断的周期性波动增长。很多学者对制造业全要素生产率和制造业结构变动的关系进行了分析，例如 Kuznets（1971）分析了经济增长速度和生产结构变动大小的关系。从经济发展的过程也可以看到，每一次的经济周期波动都伴随着制造业结构的变动。因此，制造业结构变动和制造业全要素生产率之间存在相互的联系，制造业全要素生产率会带来制造业结构的变动，同时制造业结构的变动也会产生经济周期性增长。所以制造业全要素生产率和制造业结构变动应该是相互影响、相互制约的关系，制造业全要素生产率会带来制造业结构的升级和调整，而制造业结构的变动，使经济在波动中实现增长。

（二）全要素生产率增长成为制造业结构调整和制造业发展的关键力量

生产经济学中，科技创新常以前沿技术进步代表的生产可能性边界扩张表示，技术推广常以技术效率变化代表的生产点向生产可能性边界位移表示，两者是全要素生产率（Total Factor Productivity，TFP）增长的最主要内容。TFP增长是指产出增长扣除要素增长贡献的部分，反映了传统要素投入不能解释的那部分增长，主要由技术进步和效率改进构成，其对产出增长质量贡献与要素投入数量贡献的此消彼长常被当作判断经济发展方式转变的重要依据。故正如当前我国制造业发展所面临的问题一样，对资源禀赋不佳、需求刚性增长和环境容量有限的制造业而言，全面促进科技创新与技术推广所构成的TFP增长是加快现代制造业建设的必然选择和决定力量。

（三）比较优势变迁与制造业结构调整方向的不协调成为我国经济发展的制约力量

要素通过流动不断调整投入配比，引发要素结构变动从而带动地区比较优势的改变，并对制造业全要素生产率产生影响。在当前我国经济新常态下，制造业结构调整是推动传统产业向中高端迈进，逐步化解过剩产能，促进经济发展的新动力。然而由于市场制度不完善和行政管制等多种原因，我国地区的比较优势变迁和制造业结构调整的配合不合理，进而降低了制造业全要素生产率。一个经济体的结构调整，会使要素边际生产率和报酬发生变化，边际生产率和报酬发生变化是要素流动并引发比较优势变化的根本原因。不仅在发展中国家和转轨经济体，甚至在发达国家经济发展的每一阶段和每一时期，结构调整都会带来要素流动的频繁发生，从而使比较优势发生变迁。因此，一个政治经济制度或市场成熟度可能并非是诱发要素流动和比较优势变迁的关键，相反，结构调整可能最终影响要素边际生产率或要素价格变化，从而成为要素流动和比较优势变迁的根本动力。但是也要看到，要素流动和比较优势变迁若仅仅归结于结构调整本身作用的结果，不同要素却并不一定能够发生非对称流动而改变比较优势结构现象，因为结构调整完全可能等比例提高不同要素的边际生产率和报酬，这样的要素流动就并不一定能够改变比较优势结构和全要素生产率。因此，比较优势结构和全要素生产率变动，结构调整的作用确实不容忽视，但结构调整的方向即偏向性更是在其中发挥了重要影响。

（四）合理的产业政策是制造业结构的保障力量

克服资源禀赋和环境约束等对我国制造业发展的刚性制约，加快制造业战略性结构调整和比较优势升级，必须千方百计地扩大全要素生产率对制造业增长的贡献，彻底抛弃传统投入驱动的数量型发展方式。我国产业政策的发展历程也表明，在现在政策实施的过程中对企业竞争和创新激励不足。适当的政府政策，特别是产业政策，如果是偏向竞争的，则可以提高生产率数值和增长率。如果没有适宜的产业政策，创新型企业可以选择在不同行业经营，以面对产品市场的竞争，由于"垄断替代效应"的存在，会导致高部门集中度和低创新激励机制。在这种情况下，通过税收或其他税收补贴计划，鼓励企业在同一部门经营的产业政策，将有利于降低相关产业部门的集中度，增加企业创新的激励。因此，竞争和适当的设计产业政策在诱导创新和生产率增长之间有一定的互补性。根据我国制造业生产现状、资源禀赋特征等若干"特征化事实"，在实证研究基础上，依据基本研究结论，从全要素生产率视角总结和研究加快促进制造业技术创新、提高国际竞争力的"一揽子"政策建议，例如扩大全要素生产率对产出增长的贡献、加快制造业结构战略性调整、促进制造业比较优势升级、优化产品进出口结构、提高制造业国际竞争力以确保产业安全等，并对现有制度进行政策优化，包括制造业支持性政策等制度安排。

二、研究意义

本书以促进我国全要素生产率为目标，以我国工业企业数据库相关数据为主，并结合相关统计年鉴的数据，运用面板数据的相关计量方法，探析制造业结构调整对全要素生产率的影响；通过建模与MATLAB软件仿真法，解析了我国比较优势的演变路径以及结构调整方向与比较优势变迁的关系；进而以 CES 生产函数从理论角度，分析了我国结构调整偏向对比较优势变迁及其共同作用对制造业全要素生产率的影响，并利用我国制造业的时间序列和面板数据进行了实证分析。在此基础上，构建了我国制造业结构调整的产业政策工具框架和产业结构调整的引擎和杠杆；基于价值链理论构建了从原来经济发展态势到新常态下的经济结构转型升级的方向，探讨了政府与企业达到最优决策组合的政策路径。

（一）学术价值

本书尝试在全要素生产率（TFP）一致性分析框架内对制造业 TFP 增长、结构调整和比较优势进行整合研究，在理论上利用 TFP 分析技术，研究结构调整（或资源配置优化）、贸易、比较优势与制造业 TFP 的关系，使制造业结构调整的理论研究在方法和视角上得到扩展，具有一定学术价值。

（二）应用价值

本书在全要素生产率一致性分析框架内对制造业全要素生产率增长、结构调整和比较优势进行整合研究，实证上可为深入观察制造业具体增长模式提供证据，政策上对加快制造业转型升级、促进比较优势动态升级和实现制造业结构战略性调整具有重要应用价值。

第二节　国内外相关研究现状与述评

一、结构调整与其比较优势升级

主流文献对结构调整的关注集中在三次产业结构（Kuznets，2008；姚战琪，2009；李文兵等，2011；于斌斌，2015；黄亮雄等，2016）、二元结构（Leiws 模型）（胡永泰，1998；郎永清，2007；何玉长，2015）、工业和制造业结构（林毅夫等，2003；王德文、王美艳，2004；Chen 和 Jefferson，2011）上。市场化进程中制造业自身的结构也经历了深刻的调整过程，史安娜和胡方卉等（2016）通过建立制造业生产结构调整模型，模拟各地区结构调整方向和幅度，提出了比较优势原则和制造业增长目标。但孔宪丽等（2015）发现制造业结构调整对制造业的增长效应会打折扣，技术进步的适宜程度将直接影响创新投入驱动工业结构调整的效率，依据要素禀赋结构进行技术选择和创新投入有助于中国工业行业的有效增长，而与要素禀赋结构相失衡的技术选择将使创新投入驱动工业结构调整的效率大打折扣。引导各工业行业结合自身的资源禀赋特点，进行合理的技术创新选择，将有效提升技术创新驱动工业结构调整的速度。于斌斌（2015）则提出结构调整应以技术创新为目标。王晓红和陈范红（2015）以江苏省为例，系统研究了经济新常态下产业结构调整动力机制和方向，对结构调整提出了全新的要求。研究表明，制造业结构影响因素主要有地理区位和交通基础设施（李强和郑江淮，2013；Wang等，2006）、现代零售市场（Hu等，2004）、政府政策，例如环境政策、财政政策和技术创新政策等（原毅军和谢荣辉，2013；张杰和杨连星，2015；陈菲琼等，2015；李强，2016），但研究结论并不稳健，取得共识的因素主要有市场需求和比较优势。

有学者（林毅夫，2003、2004、2009；欧阳山尧等，2012；杨高举和黄先海，2014；邓向荣和曹红，2016）将比较优势上升到发展战略高度，工业经济文献也倾向于将制造业结构调整与比较优势联系，并以生产层面为主。赵国明和许小忠（2002）较早利用国内资源成本法和综合优势指数法测定各地区产业比较优势，指出结构调整方向。干春晖（2013）通过结构调整动态模拟，按比较优势给出了具体调整方案。杨高举和黄先海（2014）研究认为中国与新兴工业化经济体的经历相似，比较优势正从低等技术产业转向高等技术产业，如果这一进程能够持续，则中国能够避免落入比较优势陷阱，而持续的技术创新可能是避免落入陷阱的重要推动力。邱斌等（2014）从制度的角度研究了我国新型比较优势的来源，研究表明，在一国的制度质量越过"制度门槛"的条件下，该国制度因素与行业特征的协同效应有利于该国对外出口并塑造制度比较优势；出口国对贸易伙伴国在制度质量上相对占优势时，制度因素与行业特征的协同效应能够促进其对贸易伙伴国的出口。陈钊和熊瑞祥（2015）结合倍差法考察了国家级出口加工区在成立之初对所选择的"主导产业"的扶持政策是否有效，以及比较优势在其中扮演的角色。邓向荣和曹红（2016）建立产业进入退出机制以集中国家优势推进装备制造业等产业关键技术与共性技术研发，成为中国转型升级路径的必然选择。相关研究（干春晖，2013；陈钊和熊瑞祥，2015；邓向荣和曹红，2016）表明制造业发展与比较优势存在背离现象，是为"区域分工与比较优势偏离"。总之，生产层面比较优势测度以国内资源成本系数法为主，并主要与产业结构调整相结合。

比较优势的另一个领域是国际贸易商品结构分析，包括显示性及改进比较优势指数（Balassa，1965）、PRCA 指数（Proudman 和 Redding，1998）、AMRCA 指数（Amador 等，2007，2009）、RSCA 指数（Laursen，1998）、Lafay 指数（Lafay，1992）、Michaely 指数及净出口指数等，其中又以显示性比较优势指数应用最广。魏浩、张二震（2005）和傅朝阳等（2009）利用巴拉萨显示比较优势指数和净出口比率指数检验了中国出口商品比较优势。牛宝俊等（1996）和胡星（2011）使用该指数检验了主要农产品的比较优势。袁新华、徐翔（2006）和管曦（2010）分别对虾类和茶叶显示性比较优势进行了测算。除了各指数，赫克歇尔—俄林（Heckscher-Ohlin）模型、世界贸易分析模型、投入—产出法和政策分析矩阵（齐城，2008）等也得到了应用。程国强（2004）利用投入—产出（I-O）法评估了农产品出口结构、地区分布及市场结构变化。刘拥军（2014）用利莫尔、皮特森检验对世界农产品贸易比较优势进行了检验。卢锋（2011）等对"入世"农业影响及比较优势演变作了事前预测。

除了上述各静态指标，贸易模式动态分布演进（Dynamics of Trade Patterns）已成为相关领域的研究热点（Amador 等，2009）。即与静态分析相比，动态比较优势是否具有不同变化趋势（耿伟，2014）。动态比较优势决定了贸易模式的演进。Proudman 和 Redding（1998）开创性地将独立随机增量过程马尔科夫链引入比较优势动态分析。Brasili 等（2004）对主要工业国家和亚洲发展中国家比较发现发展中国家贸易模式流动性更强。

Hinloopen 和 Marrewijk（2004）表明 20 世纪 90 年代中国比较优势有向高级化演进态势。Fert 和 Hubbard（2003）、Bojnec 和 Fertö（2007，2008）采用高尔顿回归（Galtonian Regression）和马尔科夫转移概率矩阵（Markov Transition Probability Matrices）分析了欧盟制造业贸易专业化模式的动态演进。章泽武（2012）、何树全（2013）采用马尔科夫转移概率矩阵发现中国制造业贸易专业化程度上升，结构较稳定。

结构调整是生产率增长的重要源泉，两者关系经常被表述为"结构红利/负担假说（Structural Bonus/Burden Hypothesis）（Timmer 和 Szirmai，2000；Peneder，2003）"。从研究内容看，文献（Bhaumik 和 Estrin，2007；Bosworth 和 Collins，2008）重点考察了较高层次（如三次产业、二元经济）结构调整的生产率效应，也对制造业结构调整本身给予了较多关注，但却忽视了制造业内部结构调整所产生的增长与生产率效应，尤其是制造业结构变化对生产率影响研究较少。另外，关于比较优势原则对制造业结构调整的指导，多以定性讨论为主（如简单资本密集型和劳动密集型农产品分类），较少将两者从实证上结合起来，具体回答产品比较优势究竟在哪里，结构调整方向到底是什么，两者又是如何互动演变的。从研究方法看，文献多以传统份额转移（Shift-Share）法捕捉结构变化的增长效应（结构红利），从劳动生产率分解结构效应，这看似简单易行，却只能对劳动要素转移效应进行分析，多要素条件下劳动生产率显然不是生产率的全面度量，TFP 更为可靠。

比较优势方面，从研究方法看，产品比较优势研究以各种静态指数为主，例如国内资源成本系数（DRCC）、巴拉萨显示比较优势指数（RCA）等，各指数选择目前仍然存在一定争议，更重要的是这主要是一种静态分析法，只能通过测定不同时期比较优势来考察其变化，这对考察动态比较优势来说存在较大局限性。动态比较优势相对静态比较优势是一大突破，避免了落入"比较优势陷阱"。贸易模式动态分布演进是观察长期动态优势变化的重要方法，但文献几乎都采用 Quah（1993）分布动态法，如马尔科夫转移概率矩阵和随机核密度估计。马尔科夫转移概率矩阵状态空间划分在某种程度上缺乏理论依据,存在随意性,这会导致其失去马尔科夫性质(Markov Property)(Arbia 等,2006;Maza 等,2010),而转移概率对状态空间划分十分敏感(Pham,2005),马尔科夫转移概率结果缺乏稳健性。随机核密度则存在以下不足:①动态分析结果是联合分布,非条件分布(Arbia 等,2006);②横纵轴使用相同带宽参数产生偏差(Arbia 等,2006);③可读性较差,信息量偏少(Hinloopen 和 Marrewijk,2004)。贸易模式动态研究在方法上需要突破。

从研究内容看,首先,绝大多数研究主要讨论制造业贸易动态问题,比较优势动态研究较少,也基本都采用 Quah(1993)分布动态法。其次,关于"入世"影响和比较优势演变以事前预测为主,对这一重大政策变量影响的事后评估文献相对不足。最后,动态比较优势来源于要素积累和技术进步(Deardoff,2006),TFP 在很大程度上代表了技术进步趋势,但制造业动态比较优势与 TFP 增长的逻辑关系,制造业结构调整力度和比较优势发挥程度对 TFP 增长及地区差异的影响还鲜有文献涉及。

二、中国制造业全要素生产率增长核算

20 世纪 70 年代晚期至 80 年代初期新科技革命的成功,促使 TFP 在短期内迅速上升,成为当时制造业快速增长的重要来源(Lin,1992;Wen,1993;Fan,1991;Xu,1999)。从 1984 年开始,TFP 增长明显减速(Lin,1992)。郭庆旺、贾俊雪(2005)应用四种方法(其中主要是计量法)测算出中国改革开放以来全要素生产率的若干数值,并认为中国的全要素生产率仅为经济增长率的 10% 左右,而 Bosworth 和 Collins(2003)认为中国改革开放后扣除了人力资本贡献的全要素生产率高达 5.2%。而 Young(2000)却认为中国改革时期的 TFP 总量为 2.7%。受"索洛余值"法影响,上述文献大多采用平均生产函数尤其是 Griliches 函数估计。

随着理论研究和核算方法的进展,生产前沿面方法开始得到较广泛应用。Mao 和 Koo(1997)、Lambert 和 Parker(1998)、Wu 等(2001)、孟令杰(2000)、陈卫平(2006)、周端明(2009)等利用 Malmqusit 生产率

指数（MPI）对不同阶段加总数据分解表明，改革开放以来制造业 TFP 增长较快，但呈明显的阶段性波动，地区之间 TFP 增长极不平衡，其中，TFP 主要由技术进步驱动，技术效率贡献有限。吴方卫等（2012）对 DEA 在制造业领域的应用进行了较全面讨论。王兵、杨华等（2013）利用 SBM 方向性距离函数对制造业无效率来源进行了求解。另外是构造 Tornqvist 序列，DEA 距离函数分析，将产出率变化分解为效率提高和技术进步。Kim-Lau（1994）关于东亚经济体整体技术进步为零的方法也是比较极端的方法。该类方法在中国近期有应用率不断提高的趋势，在国外却被认为是一种变通计算方法，例如郭庆旺、贾庆雪（2004）关于中国全要素生产率的测算，使用了四种计量法，但是其可信度不知从何谈起。而 Krugman 后来也认为，Kim-Lau（1994）的测算可能有问题。

SFA 虽与制造业生产本质特征较一致，但应用相对有限。米建伟、梁勤等（2009）应用 SFA 将制造业 TFP 增长分解为技术进步和技术效率变化。石慧、王怀明和孟令杰（2008）利用 Kumbhakar 和 Lovell（2000）框架对制造业 TFP 增长进行更详尽分解（技术效率、技术进步、配置效率和规模效率），发现改革开放以来技术进步是 TFP 增长的主要来源，技术效率和规模效率恶化，配置效率波动是 TFP 波动的主要原因，其中一些结论与米建伟等（2009）的研究结论相似。李强（2012）利用我国的统计数据进行了类似分解，将 1980~2009 年各省份的劳动生产率差异分解成产业结构效应、纯生产率效应和配置效应。全炯振（2008）进一步验证了上述 MPI 研究的一些结论。Li 等（2011）系统研究了制造业企业的 TFP 增长及差异，发现技术进步和技术效率损失普遍发生在 20 世纪 90 年代，80 年代并不明显，这为相关结论提供了行业基础。

数据和变量是制造业 TFP 研究值得关注的两个问题。①数据质量及可获得性。一直有学者对中国宏观经济数据的准确性持怀疑态度，制造业数据也不例外。例如，Lu（1998）、Fullerdeng（2000）表明，国家统计局对制造业主产品产出存在大幅度高估。但在制造业 TFP 核算中，这一问题并没有引起足够重视。Fan 和 Zhang（2002）对制造业产出数据进行了调整，发现宏观统计数据会放大家庭联产承包责任制等对 TFP 的贡献。②投入产出变量。不同文献对制造业投入产出指标选择表现出一定主观性甚至随意性，只有方福前等（2010）在 MPI 估计前利用 KS（Kolmogorov-Smirnov）和 T 检验对制造业投入产出指标进行了有效筛选。

文献调研表明，上述研究对制造业 TFP 及各阶段具体增长率差异性较大，存在很大不确定性，因此识别制造业具体增长模式也存在较大争议。这至少与三个因素有关：①具体核算方法的选择；②投入产出变量的选择；③宏观统计数据的质量调整。各核算方法都有其局限性，甚至不同方法面对相同数据都会得出截然相反的结论，选择合适方法至关重要。正如科埃利（2008）明确指出，如果遗漏重要投入或产出变量，TFP 核算将产生有偏估计。已有文献对该问题表现出一定随意性。从产出变量看，多用工业总产值，其次是制造业产值，再就是制造业增加值甚至自己将产品直接加总。投入变量随意性更大，包括劳动力、资本、机械动力、技术投入等。有时即使产出变量相同，投入变量也经常不同。尽管官方数据仍是目前可得的最好数据（邹至庄，2005），但数据质量与核算方法、变量一样是提高制造业 TFP 核算可信度的重要问题，制造业领域实际上比宏观经济更为复杂，例如加总、实物量与价值量等问题。

述评：关于制造业 TFP 增长的文献较丰富，各核算方法均得到了不同程度的应用，这是本项目的重要起点。但在以往研究中，上述方法往往被分开单独使用，且更多直接应用于实证，没有考虑到所应用方法对所分析行业和研究对象是否合适。加上投入产出变量选择的随意性和不一致性，导致了 TFP 核算结果的不确定性与存在争议。总之，因为涉及核算方法、投入产出变量不同，面临的数据质量及可获得性等问题，导致了现存制造业 TFP 核算结果存在较大差异，甚至截然相反。这不仅使制造业 TFP 核算本身存在不确定性，而且还会影响到对 TFP 所代表主流增长核算框架可靠性的讨论。只有综合选择和比较使用那些能合理反映制造业生产要素具体经济学特征的核算方法，正确反映制造业生产过程的投入产出变量，加上质量调整后的制造业数据，才能更精确地度量制造业 TFP 增长及其成分。

我们有必要从经济学理论和实证方法论上综合运用系统分析方法对中国制造业 TFP 进行更深入的系统研究。

三、中国制造业全要素生产率增长因素分析

因为本书试图将制造业结构调整、比较优势与其 TFP 增长纳入 TFP 分析框架进行整合研究，这在研究内容上必然会涉及结构调整、比较优势变化与制造业全要素生产率增长的关系，这也就必须对制造业 TFP 的增长因素分析，所以我们继续对制造业 TFP 的增长因素分析开展文献述评，试图从增长因素角度对结构调整、比较优势变化与 TFP 的关系进行文献评价，以说明本书的研究与一般制造业 TFP 增长因素分析文献的不同之处。

制造业 TFP 增长因素主要包括制度变迁、科研投入、人力资本和公共投资等，其中又以制度变迁为重点。改革初期制造业 TFP 增长大多被归因于改革开放和劳动力释放的相关制度改革（Fan，1991；Lin，1992）。Lin（1992）表明制度激励效应是一次性的，刘玉铭等（2012）表明制度变革对制造业规模经济和集体层次公共服务的负面影响会使 TFP 进一步提高。文献大都证实了制度变迁对 TFP 的显著影响。不过，Mead（2003）表明政策本身的不稳定性也是制造业 TFP 波动的重要原因。Bosworth 和 Collins（2003）指出，发展中国家的价格结构和工业化国家存在较大差别，机器设备由于大量来自进口，因而价格与国际接轨，消费品、建筑和生活劳务却是国内价格，通常是低估的甚至严重低估，如果依据不变美元价格确定调整为国际价格后，资本投入速度减小，而且资本的权重减小（即要素的产出弹性降低），因而测算的全要素生产率大幅度增多，采用国际不变价格测算的全要素生产率的合理性更高。近年的研究有的侧重研究结构变化对 TFP 的贡献，见 Fagerberg（2000），也有如 Ferreira（2010）侧重研究外部冲击、内部冲击对 TFP 阶段性增长的影响。

其他增长因素主要包括：①人力资本投资（如张艳华，2013）和劳动力受教育程度（王兵等，2014）。人力资本是一种特殊要素，兼具生产要素效应和生产率效应。但人力资本的准确计量并没有很好解决。②基础设

施建设。如李强、郑江淮（2013）把基础设施投资和教育支出放入到理论模型中进行分析，来判断我国基础设施投资是否存在对人力资本积累的"挤出效应"，以及这个"挤出效应"对 TFP 的影响。③公共投资。米建伟、梁勤和马骅（2009）考察了制造业科研投资等公共投资与 TFP 的关系。④环境规制（如李谷成等，2011；薛建良、李秉龙，2013），其通过方向性距离函数将制造业污染视作非合意产出来考察环境规制下制造业 TFP 增长。⑤要素配置扭曲。王芃、武英涛（2014）从行业和企业两个层面、产品市场和要素市场两个维度对我国能源产业面临的市场扭曲对 TFP 的影响进行了系统研究。

述评：制造业 TFP 增长因素分析涉及因素较多，这为促进制造业 TFP 增长提供了丰富的政策工具。要罗列这些因素或定性分析并不困难，困难在于实证分析。一是如何将这些因素准确量化；二是增长因素分析属于宏观范畴，微观实证尤其是针对企业和产业的研究相对较少；三是如何准确估计各因素对制造业 TFP 的影响大小。其实，TFP 增长因素非常广泛，尤其是结构调整通过要素重置和资源配置优化而成为 TFP 增长重要源泉。开放经济条件下，制造业结构由政府推动顺应市场变化经历了深刻的调整过程，这种战略性调整是制造业发展的重要内容，并更多与比较优势结合，比较优势的发挥对制造业 TFP 及其地区差异有着重要影响。已有增长因素分析主要集中于制度变迁、人力资本、R&D 和公共投资等方面，关于制造业 TFP 与资源配置优化（或结构调整）、贸易、比较优势升级等的研究在国内还鲜有涉及，尚未引起足够重视，而将制造业结构调整、比较优势与 TFP 增长纳入 TFP 分析框架进行整合研究的文献就更为少见。

第三节　研究创新

一、研究特色

（一）研究内容和主题有一定现实重要性

本书涉及 TFP 和制造业发展中的结构扭曲、结构失衡、结构调整、结构调整偏向和动态比较优势等主题,具有重要现实意义。

(二) 研究视角和分析框架有一定新颖性

本书将制造业发展的若干主题整合进行全要素生产率框架系统研究,具有内在逻辑一致性。这一方面扩大了 TFP 理论与实证应用领域(中国制造业情景),对 TFP 框架本身有一定创造性意义;另一方面为我国制造业结构调整提供了新的研究视角,为深入观察制造业具体增长模式提供了实证依据。

(三) 研究方法和分析工具有一定前沿性

本书立足于实证分析,系统运用全要素生产率主流核算方法和现代计量经济学方法,包括 Matlab 拟合、Kernel 核密度估计、倍差法、贝叶斯参数估计、空间结构模型、面板模型估计等分析工具,研究手段先进,有一定前沿性。

二、研究创新

(一) 全要素生产率视角选择的新颖性

本书涉及 TFP 和制造业发展中的技术进步、技术效率、结构调整、贸易自由化和动态比较优势等主题,具有重要现实意义。将制造业发展的若干主题整合进行全要素生产率框架系统研究,系统运用全要素生产率主流核算方法和现代计量经济学方法,包括 Matlab 拟合、Kernel 核密度估计、倍差法、贝叶斯参数估计、空间结构模型、面板模型估计等分析工具,研究手段先进,有一定前沿性。

(二) 制造业结构失衡的测算

本书借鉴 Oberfield (2013) 的思想,在 Hsieh 和 Klenow (2009) 的框架下,通过实际产出与最优资源配置条件下的最大产出进行对比,来获得失衡指数,并将失衡指数分解成行业内(Within-Industry)失衡部分与行业间(Between-Industry)失衡部分,前者主要考察制造业各行业实际产出与该行业内最优资源配置条件下产出之比,后者考察制造业各行业内最优资源配置条件产出与整个制造业产业最优资源配置条件下的产出之比。

(三) 可视化比较优势的动态演进

本书运用空间结构模型等"可视化"动态分布演进方法描述产品贸易模式动态演进(比较优势动态),对比较优势对制造业影响进行事后评估。这一方面可以克服相关文献方法和内容上的局限性,另一方面可以为进一步增强制造业国际竞争力提供科学依据。

(四) 基于结构调整偏向的比较优势变迁与全要素生产率提升

比较优势结构和全要素生产率变动对结构调整的作用确实不容忽视,但结构调整的方向即偏向性更是在其中发挥了重要影响。国外有相关文献涉及这方面的内容,本书首先对结构调整方向进行了界定,提出"结构调整劳动偏向"和"结构调整技术资本偏向"的概念,并从结构调整方向的视角考察结构调整偏向性水平及其对比较优势结构和制造业全要素生产率的作用。

第 二 章

我国制造业全要素生产率测算：理论、标准与改造

第一节 东亚技术进步的争论与我国全要素生产率测算的莫衷一是

技术进步对经济增长贡献的计量和分解问题长期受到经济学家和决策者的关注，Solow（1957）的著名论文更是论证了技术进步才是人均收入提高的主要原因。不论是新古典理论还是新增长理论，都给予了技术进步高度的关注，但是其侧重点不同，新增长理论（内生增长理论）的重点是继续深入探讨技术进步的内在发生机理。

然而新增长理论诞生前后，关于技术进步的测算也存在广泛的争论，其中最著名的是 1994 年以来关于东亚经济增长方式的争论。以 Krugman（1994）为首的一批研究报告批评东亚新兴工业经济体的增长中全要素生产率比例较低，其经济增长方式是要素积累型的，因而不可持续将会减速甚至可能崩溃。该质疑的计量经济基础之一，Young（1994，1995）的高引论文基于繁复的数据、当代国外较为推崇的跨越对数法（Translogarithm），认为东亚"四小龙"在全要素生产率方面的表现平平。而 Kim-Lau（1994）基于标新立异的 meta 生产函数和显著性检验[①]得出一种极端的观点，即采用显著

---

① meta-production function，字面意思是"潜通生产函数"，即假定各国使用生产要素生产产品的效率相同。金和刘的极端观点大概煽动了 Krugman（1994）。

性检验，发现不能否定"东亚经济体技术进步"的零假设，因而提出了东亚所有新兴工业化国家经济增长中没有科技进步的观点。

这一派由于其鲜明性和语出惊人的观点自然引起了人们广泛和激烈的争论。后续研究中一个值得注意的是 Collins 和 Bosworth（1996），他们采用和 Young 类似的数据、口径和时间段，运用统一的固定参数的 Cobb-Douglas 生产函数测算方法，以统一比率计提了人力资本对应的经济增长贡献①，研究了 88 个国家和地区的经济增长，得出东亚的全要素生产率虽然不是其人均 GDP 增长的主要来源，却是同期世界的先进水平，其中中国改革开放以来的全要素生产率处于世界领先地位，而工业化国家的全要素生产率都不高，仅仅是贡献率高而已。

在全要素生产率争论中，也出现了大量的不信任的评论，包括中国的郑玉歆（1999）指出发展中国家的技术进步与全要素生产率的阶段性、林毅夫和任若恩（2007）的综述、皮建才（2008）提出的全要素生产率悖论，国外包括陈坤耀（1999）论述性地提出新加坡的技术进步是体现在资本当中的观点②，甚至曼昆（2005）的宏观经济学教科书也表示了保留态度。但是这些表示不信任的学者往往只是泛泛而论或旁敲侧击，在测算中却相对苍白无力。亚行的 Felipe（1997，1999，2002，2003，2006）撰写了数篇论文进行了批驳，但是在测算这一项上也是处于缺失状态。

亚洲金融危机之后，也有一些西方学者认为技术进步是人均收入提高的主要因素，是一个程式化的事实，不存在所谓的要素积累型的经济增长，见 Easterly - Levine（2001）。与其观点接近的还有 Klenow - Andres（1997），其思想是依据索洛的新古典经济增长模型（1956），人均收入提高如果不是由于技术进步则资本收益率必然降低，而开放、半开放的全球经济环境下资本的快速流动不大可能导致资本收益率的大幅度降低。类似地，基于 Solow（1956）模型的测算还有 Hsieh（1999），采用对偶算法证

---

① 关于人力资本贡献，Young（1994）的测算对于各国依照各自的收入差异进行了调整，实质上对于东亚国家实施了较高的收益率要求，尤其是对于新加坡。

② 实质上，体现在资本当中的技术进步并不是特别重要的因素，见后文论述。

明了新加坡资本市场收益率（住房租赁和场外贷款利率）没有下降，全要素生产率增长率约为3%。

另一个极端的研究结论之一是来自国际货币基金组织的 Iwata (2003)，他采用了半参数方法测算方法，得出东亚的技术进步相当明显的结论。与 Iwata 观点类似并令人震惊的还有 Han (2004) 运用非参数的 Malmqvist 计量方法，利用 DEA 包络分析，对大致相同时期的跨国生产率比较研究，得出的结论更加令人惊愕，被 Young 指责为 TFP 较低和最低的韩国和新加坡在他们的结论中 TFP 排名分别位于世界第一和第二。

上述关于东亚经济体技术进步的贡献的各种测算大相径庭的现象被 Lipsey 和 Carlaw (2004) 称为"丑闻"，"使决策者无所适从"，甚至被人们戏称为"与决策无关"。类似的争论也出现在关于中国的经济增长贡献估计上。例如，郭庆旺、贾俊雪 (2005) 应用四种方法（其中主要是计量法）测算出中国改革开放以来全要素生产率的若干数值，并认为中国的全要素生产率仅仅为经济增长率的 10% 左右，而 Bosworth 和 Collins (2003) 则认为中国改革开放之后扣除了人力资本贡献的全要素生产率高达 5.2%。Young (2000) 却认为中国改革时期的 TFP 总量为 2.7%，值得尊敬但是并不杰出。因而判别各个研究结论的合理性，去芜存菁，就是一个十分必要的问题。

第二节 理论的回顾与全要素生产率核算的口径与方法

一、Solow 余值与原始的全要素生产率概念

在全要素生产率概念的产生发展过程中，Solow (1957) 以简捷、优美的方法及新古典增长理论让我们认识到技术进步对增加一个国家人均收入水平的影响起到了奠基作用。索洛模型以传统的柯布—道格拉斯函数为基础生产函数，把技术进步假设为外生变量和具有希克斯中性的特征，通过

计算经济增长水平与要素投入总水平的差值作为索洛剩余值，称为全要素生产率。由于索洛剩余值是不能观察的，所以 Kenderick（1961）又把全要素生产率界定为"经济增长中不能被要素投入增长解释的部分"，即"增长余值"。因此，实际中人们都把不能观察的导致使用效率提高的原因统一称为"技术进步导致了生产率的提高"。

二、生产率研究的两大方向

在 Solow 教授的工作偏重测算技术进步对于人均收入增长贡献率的基础上，Benison 不相信余额有那么大，他早期的工作（1957）结论与 Solow 接近，即原始的 TFP 对美国人均 GDP 的贡献达到 90%，但是在考虑实物资本质量调整因素之后，余额下降为 40%。[1] Jorgenson 和 Grilliches（1967）的工作也具有类似的思路。然而值得注意的是，这时候的全要素生产率已经悄悄地转向了对决定经济增长未知元素的探讨，而忘掉了测算技术进步总量的议题[2]。毫无疑问，分解和探寻增长来源的重要性可能驱使人们没有认真进行理论逻辑的剖析就直接使用各种数学方法。而且包括 Solow 在内，所有的测算技术进步总量的工作也先天带有逻辑和理念含糊不清的缺陷。[3]

三、经济增长核算的方法

Solow 定义的技术进步是对于经济体总量生产函数的漂移，将技术进步假定为外生的，以余值方式测定出的是广义技术进步总量。目前全要素生产率的测算方法主要包括经济增长核算法和计量回归法。

计量法的方法繁多，最常见的是构造 Tornqvist 序列，DEA 距离函数分析，将产出率变化分解为效率提高和技术进步。另外 Kim-Lau（1994）关

---

[1] 国内经常引用的其测算的全要素生产率对于美国经济增长率的贡献为 24%，不是对于人均收入的贡献。

[2] 对要素投入进行质量调整理念的开拓人之一 Grilliches（1967）的关于农业要素投入质量调整的一段话为本论述提供了证据："可能你会认为它是技术进步……不管它是不是技术进步吧，反正只要在经济增长原因的分析中知道有它这样的来源就够了，你可以把它当作技术进步，把它看作要素也可以。"

[3] 关于全要素生产率测算的逻辑、来源和解释不清的批评来自 Stiglitz（1999）。

于东亚经济体整体技术进步为零的方法也是比较极端的方法。该类方法在中国近期有应用率不断提高的趋势,在国外却被认为是一种变通计算方法,例如郭庆旺、贾庆雪(2004)关于中国全要素生产率的测算,使用了4种计量法,但是其可信度不知从何谈起。而Krugman后来也认为,Kim-Lau(1994)的测算可能有问题。Lipsey 和 Carlaw(2004)指出,计量法是增长核算法的补充,故本书对于计量法不再论述。

经济增长核算由于关注具体的数据、经济关系,且其算法与会计核算具有一致性,在发生数据问题以及经济关系扭曲的条件下能够更加清楚明了地分析出来,而具有更强的说服力。

(一)经验参数法/代数法

虽然发展中国家实际要素收入份额的数据明显不符合,实际上经常远远脱离这一数值,但是Gollin(2002)的研究指出,经过调整为国际不变价格(即不变美元价格)之后,多数国家明显接近了这一比值。这种方法目前在关于多个国家的研究中应用较多。

(二)比值法

这种方法源于索洛等人运用于扩展的Cobb-Douglas生产函数所做的模型,即索洛余值法,目前在国外更加主流的算法是基于可变替代弹性(VES)生产函数的Translog跨越对数测算法,但是主要适用于工业化经济体等统计数据较完善、市场较健全的少数经济体。相比较前述简化方法的采用统一的产出弹性,多少有些削足适履的缺点,这种方法提出采用经济体各自的替代弹性。为了得出具体的产出弹性参数,强加了完全竞争经济体假设并假设资本弹性和劳动弹性之和为1,使用要素收入占GDP的份额作为产出弹性。其中Solow余值法假设资本和劳动完全和替代目替代弹性为1,将代数法假定各个经济体具有相同的常数,产出弹性条件放松为各经济体使用各自具体的固定产出弹性,使用回归方法测算实际的资本弹性和余值;而跨越对数法允许替代弹性任意可变,即该算法的进步在数学上仅仅是VES生产函数,并将Solow余值法的连续数据放松为允许只有离散数据,关于跨越对数法的中文介绍见阳国亮、何元庆(2005)。

在要素口径上，跨越对数法比 Solow 余值法扣除了资本质量提高和人力资本增量对经济增长的贡献率。① 在这类方法的发展过程中虽然也出现过 CES 生产函数，但是应用并不广泛，原因大概在于其在实际经济研究中缺乏适用性。

但是这种做法也可能存在问题，即要素产出弹性这个关键参数失真（见后文论述）。由于在关键参数上的理念基础模糊，也由于数据误差，当代经济增长核算经常还要进行敏感度分析，② 即假定关键参数分别上下增减 10% 或 20%，以检验测算结果的健康度。

四、内生增长理论测度技术进步总量的逻辑矛盾

虽然新古典增长理论技术进步作为外生变量与不可知的结论不能令人满意，不能满足人们对于技术进步的发生机理认知的渴求，后续的内生增长理论在探讨技术进步发生的原因和对经济增长的作用方式方面做出了巨大贡献。但是，从其名称可以得知，把内生增长理论应用在测算技术进步对经济增长的总贡献时存在逻辑上的自我矛盾。而 Krugman 和 Young 等对于东亚技术进步的评价，恰好是建立在内生增长理论基础上③。

（一）影响 TFP 的测算因素

由于 TFP 是将加权计算的要素投入数值扣除之后的剩余值，因而计算公式、不同要素的权数和要素概念的内涵、口径以及测算误差都严重影响 TFP 的测算结果。Felipe（1997）指出，关于全要素生产率的争论多数是关于测算方法。

由于全要素生产率在算法上表现为一个余值，而且余额往往很小，因

---

① 前者是将新资本按照与原有资本产出的性价比来调增存量，后者是依据劳动者平均教育年限的年增加率和对应的收入水平调整来增加劳动数量。

② 敏感性分析是工程可行性研究中的一个基本方法，针对经济效益测算，在基本测算完成之后，假定价格、销量或关键成本发生一定幅度的变化之后，原来的测算结果会有多大变化，原项目是不是仍然可行。

③ 按照"内生"的字面意思，它已经把经济学能够理解和处理的知识投入按比例包含在要素投入中，并在增长率核算中扣除，那么基于这种理论构造模型对于经济增长测算的余值就只是技术进步总量的一部分而不是全部。

而先天地具有特别敏感的特点,即可能会出现要素投入变动了2%,而余值却变动了80%的情况。由于经济增长核算涉及多项数据并受到长期实践因素的干扰,数据存在系统误差的情况难以避免,因而余值的测算必然受到较大的干扰。

测算基准价格也是造成余值差异的重大因素。Bosworth 和 Collins(2003)指出,发展中国家的价格结构和工业化国家存在较大差别,机器设备由于大量来自进口,因而,价格与国际接轨,消费品、建筑和生活劳务却是国内价格,通常是低估的甚至严重低估,如果依据不变美元价格确定调整为国际价格后,资本投入速度减小,而且资本的权重减小(即要素的产出弹性降低),因而测算的全要素生产率大幅度增多,采用国际不变价格测算的全要素生产率的合理性更高。

(二) 影响 TFP 的现实因素

由于余额是测算之后的剩余值,因而多种现实因素对该余值都有明显的影响,如市场化改革、经济周期因素、外来冲击等。在战争之后的恢复期 TFP 往往特别高,反之如苏联解体之后的一段时间内其 TFP 就特别低下。虽然专家认为,研究时间越长则随机项的影响越小,但是某些科技以外的因素也可能是长期存在的,比如英语不断增强的国际地位为美国经济提供了长期性的免费午餐。近年的研究有的侧重结构变化对 TFP 的贡献,见 Fagerberg(2000),也有如 Ferreira(2010)侧重研究外部冲击、内部冲击对 TFP 阶段性增长的影响。

(三) 全要素生产率与技术进步的关系

Solow(1957)关于美国经济增长经验的研究测算基于封闭经济体假设,在长期稳态经济增长条件下,即剔除了短期波动和随即干扰,因而认为全要素生产率就是技术进步,对于总量生产函数的任何漂移都是技术进步[1],即无论是制度变化,还是科技进步,或者某一项禀赋资源优势的强

---

[1] 索洛余值法的实质是以技术不变的总量生产函数为基准,即完全市场竞争、规模经济小、要素替代弹性为1、技术进步是外生变量且希克斯中性。

化所获得的红利,即它是一项包含所有影响的综合。依据这种观点,应当把索洛余值称为全要素生产率(I),其经济意义是广义的技术进步总量。仅就美国经济而言,由于其结构相对稳定,索洛的这种猜测不无道理。

依据新古典增长模型可以知道,技术进步总量与人均 GDP 提高是密切相关的。这种技术进步作为广义的技术进步,既可能包含狭义的科技进步,也可能包括资源配置改善或规模经济因素,更可能包含一些自然或人文资源禀赋优势的扩大的贡献,甚至好运气的因素,即"黑猫白猫,抓住老鼠就是好猫",以及经济周期因素和随即干扰因素。

按照 Easterly 和 Levine(2001)的研究,它仅仅表示"something else",余额的影响原因可能是政治动乱、制度、资源禀赋、结构变化,周期因素。Lipsey 和 Carlaw(2004)认为,全要素生产率是一个超过常规的超额利润现象①,可能来自自然资源的被发掘(如加拿大)。

第三节 基准测试函数理念与技术不变条件的提出

索洛定义的技术进步是对于某个经济体总量生产函数的漂移,正是这个理念的含混导致了后续的巨大争议,并使得全要素生产率成为经济学中最混乱的概念之一——天知道哪个函数才是真正的总量生产函数;凭什么一定是 Cobb-Douglas 形态;在这个理念含糊之下,随便哪一个人都可以提出一个总量生产函数的观念,然后测算余值或者其他指标,因而全要素生产率就变成了完全随意的事情。Hulten(2000)指出了关于传统经济增长核算的三个争议,即首先它是一种函数法,其测算结论严重受到函数形式的选定的影响,即函数形式决定了余值;其次将要素价格作为产出弹性依赖于完全市场竞争为前提,在不完全竞争之下的产出弹性却几乎没有得到研究;最后是技术进步的表现形式,如希克斯中性还是索洛中性会影响测

---

① 全要素生产率的基本计算公式与李浦西和卡罗(Lipsey & Carlaw,2004)的超额利润观点具有明显的一致性。

第二章 我国制造业全要素生产率测算：理论、标准与改造

算余值，即"路径依赖"，换成中国的俗语就是公说公有理，婆说婆有理，争论了半天标准却没有被合理确定。Fisher（1969）证明，多个 Cobb-Douglas 函数合并之后并不能得到 Cobb-Douglas 形态，即假定真实的总量生产函数是 Cobb-Douglas 形态的观点是不切实际的。在关于东亚经济技术进步的争论中，Felipe（2003）甚至据此认为总量生产函数是不存在的。当然，考虑到高等数学关于函数是变量与自变量的一一对应关系的定义可知，他的观点是错误的。

周方（1998）认为，所谓技术进步完全可以表现为规模经济。① 在此笔者指出，Solow 基于将生产函数设定为跨时域不变形态的观念或许误导了周方，如果我们真的能够确定一个真实的跨时域的统一形态的总量生产函数，就不应该有任何余值。由此可知，关于技术进步的测算虽然激动人心，但是在最基础的理念上，如 Stiglitz（1999）所说，是存在缺陷、模糊不清的。正是这个基础理念的逻辑含糊不清，导致技术进步测算结论的极端混乱。②

那么，测算技术进步的恰当的基础理念应该在哪里？Solow 关于规模经济不变、技术进步外生的假定实际上以最朴素的方式蕴含了某种技术不变的性质。假定技术进步是外生的，就是说模型函数最为一项测试基准本身是不包含技术进步的，唯此才能以差额（余额）的方式测定技术进步总量。规模经济不变，也同样以最简单朴素的方式体现了技术不变的特点——以生产率方式测定技术进步，那么技术不变实际上也就是效率不变。依据 Solow 针对 Stiglitz 关于规模经济著名质疑的"留给天才解决"的

---

① 实际上，技术进步表现为规模经济仅仅是数学表达形式，属于数字游戏，并不具备实质意义。

② 或许 Solow 对于其定义为对于生产函数漂移的技术进步也不是完全自信，所以才将《技术进步与总量生产函数》（1957）投稿到相对低调的 *Review of Economics and Statistics*，而将《一项对于经济增长理论的贡献》（1956）投稿到享有盛誉的哈佛 *Quarterly Journal of Economics*。按照一般逻辑，进步的概念应当是时点对时点，且测算结果不受中间过程的影响，而经济增长核算恰恰在这一点上违背了基本常识和逻辑，即 Hulten（2000）所说，存在"路径依赖"。这种路径依赖的典型案例是世界银行 Nehru 和 Dareshwar（1995）对新加坡 1960~1987 年经济增长的测算，发现其 TFP 在石油危机之前的 1960~1973 年和之后的 1973~1987 年分别是高达 4.7% 和 1.5% 的正数，但是 1960~1987 年合并计算却是-0.8，显示出逻辑上的自我矛盾。

回答，我们为了方便，人为假定在固定时点的生产函数："规模经济<1"为技术进步，"规模经济>1"为技术退步，"规模经济=1"为技术不变，而现实中真正的规模经济现象实际上包含在技术进步总量中。① 因而，我们把总量生产函数的这个特征明确为技术不变条件，生产函数与全要素生产率的算法也就成为一个基准函数和一个尺度，无非是针对各个经济体量身定制而已。这样，规模经济不变仅仅是按照测度原理合理拟定的准则，而不是周方教授主张的按照实际表象用数字拟合的。而大量考虑具体规模经济现象的测算使用的最大似然估计方法，其估计的仅仅是表面数据，与经济体的内在运行规律规模经济参数也几乎没有任何意义，反而不如暂时不考虑规模经济，留待后人在具体考察的实证基础上解决。

有了这个技术不变条件实际上我们就确定了基准点。以测量某个地点的高度为例，我们一定是先确定一个基准点，比如海平面作为公共零点。相应地，测算技术进步总量，首先应当解决的也是确定一个技术恒定的状态，即技术进步速度为零的经济状态，该状态或水平仅仅是一个理论拟定值，经济体的实际表现与技术恒定状态的差异就是技术进步总量。在上述理念基础上，技术进步的定义也就应当是，对于与经济体投入相对应的、满足技术不变条件的生产函数的偏离，这时生产函数仅仅是一个客观基准，满足我们一般化的标准化要求。更具体地说，是利用基期的综合要素投入产出比例关系，利用当期投入测定当期的推算产出值，推算值与实际产出的差异就是技术进步贡献，技术进步必须当作一个时间项。把技术进步作为一个时间项的办法虽然不能满足人们的求知欲，并在新增长理论中成功分解，但是，为了测算技术进步总量，时间项是一个必然的选择。

---

① 规模经济是一个微观经济学和中观经济学的概念，表示随着经济规模的扩大会导致效益递增。但是规模经济本身经常也是技术进步的产物，例如随着科技的进步，我国乙烯生产装置从20世纪80年代的5万吨、10万吨发展到30万吨的规模经济，后来规模经济逐渐上升为60万吨、120万吨，原来的30万吨装置变成必然亏损的水平，这种效应既是规模经济也是技术进步，不应剔除。应当剔除的规模经济是，随着行业规模扩大、配套能力增强的外部性等造成的止外部性扣除负外部性所造成的效益提升，而且这部分也只能扣除完全无意识造成的外部性，有意识实现的也是技术进步，这种因素可以认为比较小，可以不予考虑。

要素的划分也应当以是否包含技术进步因素来确定，即如果要测算技术进步，则一定要保证技术进步因素都体现在余值中，投入要素即使发生了技术进步，也要认定没有发生，以便将其影响反映在余值中。针对要素进行的质量调整和增加，凡是由于技术进步原因导致的，就不应当调整，如教育和工作年龄差异，而由于性别差异、劳动参与率变化、劳动强度差异导致的，就应当进行调整。

第四节 技术进步的非体含假设与理念

在经济增长核算中，经常提到非体含①（Disembodied，没有包含在其他物体中）技术进步的理念。这个问题从一方面看是一个会计核算的理念，在 Solow 算法和固定参数算法中，它假定不同时期的资本具有相同的性价比，相同价格的资本其效率和质量也完全相同。在进行经济增长核算时，资本和劳动都是以账面值计入的，而账面数字仅仅代表会计价值。在经济增长核算中，依据这个假定将资本中包含的（Embodied）技术进步从性价比提高的因素中被剥离出来，被计入了技术进步总量的一部分，技术进步所创造的贡献完全体现在余值中。从另一方面看，具体的资本都免不了带有技术因素，即资本经常带有"技术的物化"的特征，完全剔除资本中的固有技术因素也是困难的。

反之，跨越对数法的理念是在投入的资本和劳动的质量不变的前提下考察产出率有多少提高，当然这种理念更加符合全要素生产率名称的字面意思。基于这个理念，新资本和新劳动按照其获取收入的能力进行数量调增。在经济增长核算中倡导要素质量调整的理由大约是，考察技术进步的净值，或各个经济体的技术进步的相对绩效。对中国经济运用跨越对数方法测算的孙琳琳、任若恩（2005）也指出不能把它当作技术进步总量，而是扣除了包含在实物资本和人力资本中的技术进步。

---

① 国内通常将该概念翻译为"非体现技术进步"。本书在考察了该项术语的实质意义之后，提出将该概念翻译为"非体含技术进步"。

Lipsey 和 Carlaw（2004）针对跨越对数法实践中的这种概念划分指出，以是否导致要素质量调整来划分技术进步与要素积累是不恰当的，他们的观点是启迪本书提出标准化和不变技术条件理念的又一个来源。

一、质量调整贡献的理解——体含在资本中的技术进步

对于资本品价格的大量研究表明，资本品的实际价格呈现下降的趋势，而且相同价格的新时代的资本可能寿命更长、质量更好，Hulten（1992）为了考察在相同资本质量条件下产出的进步，采用了质量调整的方法，表明相同价格的新资本等效于更多的老资本。

质量调整概念的主要倡导人之一 Grilliches（1960）指出质量调整理念仅仅是为了明白经济增长的源泉和理由，并不关心质量调整是不是技术进步。Nelson（1964）和 Abramovitz（1993）都指出，资本要素质量进步实质是一种包含在资本之中的技术进步。按照首先倡导资本质量调整的 Denison（1964），这个问题是不重要的。对于有关研究的比较发现，资本质量调整使工业化国家的 TFP 减少了 0.1%，东亚国家减少 0.2%，即陈坤耀所提出的质量调整因素导致东亚经济体全要素生产率测算值低的理由是站不住脚的。

二、人力资本贡献的性质——体现在劳动中的技术进步

按照一定比例计提的教育对于经济增长的贡献率是否应当界定为技术进步还是完全的要素投入始终存在争议。依据内生增长理论的论述，"技术进步是知识效应"，而教育恰恰是知识和技能的普及和提高，那么针对人力资本计提的经济增长率，界定为体现在劳动中的技术进步更加合理。

与实物资本相比，人力资本的影响更大一些，对于东亚国家人均 TFP 的影响达到 0.6%~1%，即认为人力资本计算方法差异导致东亚全要素生产率测算值低下的观点只能部分成立。

第五节 Cobb-Douglas 函数现象与扩展

收入份额的长期相对稳定是许多国家，尤其是工业化国家的特征。依据欧拉定理，如果假定经济体是完全竞争的，则生产函数就体现为 Cobb-Douglas 形态。但是，这个收入份额是产出弹性吗？Fisher（1973）指出，要素收入份额的相对稳定与其说是由于社会技术水平服从 Cobb-Douglas 生产函数规律，不如说是劳工组织与资方谈判均衡的结果表现为 Cobb-Douglas 生产函数。Felipe（2003）指出，只要假定在国民收入中的工资和资本收入比例固定不变，不需要任何其他假定，就可以得出 Cobb-Douglas 生产函数。依据经济学关于乘数的原理，这种收入份额稳定的效应也体现了现代社会以人为本的理念，即劳动收入占据社会总产出的大多数。由于各个国家的政策制度不同，收入份额的经济意义可能也完全不同，比如工业化国家的基本制度是禁止资本垄断，保护劳动者的罢工权利，而在许多威权国家禁止罢工，则后者场合下劳动收入份额必然低于前者对应的均衡值，即其劳动的产出弹性是低估的。研究发现，在工业化国家的资本与劳动的收入份额相对比较稳定时，更加接近那个著名的资本收入份额为 1/3、劳动份额为 2/3 的分配规律。然而在发展中国家该份额的离散性特别大，而且同一个国家不同时期的波动也更大，甚至有的国家如加纳，劳动收入份额只有 5%。也就是说，Cobb-Douglass 生产函数现象在发展中国家的应用不是那么肯定。造成这个现象的原因或许是在工业化国家创造性劳动比例更高，而资本的垄断性得到了更好的抑制，而在发展中国家由于研究开发处于落后低位，技术来自技术更先进的国家，为了取得技术，其原有的初级产业尤其是不可贸易的国内服务部门价格贬值，Gollin（2002）指出，将确定收入份额的国内价格调整为不变美元价格后，发展中国家的要素收入份额明显地接近了工业化国家的普遍规律。

从本书提出的算法和生产函数的标准化和尺度工具的理念可以知道，如果要素收入份额保持不变，那么，Fisher 提出的多个 Cobb-Douglass 生产函数合并之后不是 Cobb-Douglass 函数形态,以及 Felipe 提出的总量生产函数不存在的悬疑就得到了解决——Cobb-Douglass 生产函数仅仅是在这种条件下所人为制定的一个尺度工具,关键问题是这个尺度工具及其内在刻度是否合理。

第六节 权重与产出弹性

一、权重的重要性

由于综合要素是把资本和劳动加权得到的,因而权重对其的影响毋庸置疑。Domar(1963)已经指出这个问题,并认为经济增长核算对于低增长的工业化国家的解释性良好,而对于快速增长的经济体的适用性还存在问题。Nelson(1999)曾经进行过相关的资本权重每增加和减少1%对于TFP的影响的研究。

由于权重对于全要素生产率的影响是通过不同要素投入增加速度的不同来实现的,因而 Nelson 的测算只是在某个特定的资本劳动增加配比条件下的考察。如果不同要素的增加速度相同,则权重对于全要素生产率测算结果没有影响。但是在现实中,资本增加的速度通常大大高于劳动,因而资本权重越大,对应的综合要素增加也越多,导致余额减少也越严重。而当代随着经济体收入水平的提高,劳动增加的速度往往越来越慢,在一些发达经济体中,劳动的增加已经几乎为零,那么在全要素生产率测算中资本权重就日益占据了决定性的作用。以 Collins-Bosworth(1996)的测算为例,东亚经济体在其经济快速发展过程中,资本投入(存量)的增长率平均大约是劳动投入增长率的2倍,那么资本权重从30%增加到40%,则全要素生产率从1.4%减少到0.8%,几乎减少一半。而在 Young(1994)的研究中,新加坡的资本产出弹性由于被设定在0.49的高水平(同时计提人力资本贡献),造成了 TFP 只有0.2%。

二、产出弹性（权重）的确定方法

Solow（1994）认为，规模经济不变蕴含了将劳动和资本的收入份额合计确定为1，因而使得产出弹性的确定更加简便。在当代是通过统计得出劳动的收入份额，将剩余部分全部作为资本收入份额，Gomme（2004）指出，真正的劳动要素收入份额还要加上相关的补贴减去间接税，这种方法可以称为劳动收入统计基准法。

在经济增长核算中，假定经济体规模经济不变为确定资本产出弹性提供了方便，即通过 $\alpha = 1 - \beta$，基于完全市场经济假设下要素收入等于产出弹性的假设，在测算了劳动收入份额之后，将余值作为资本收入。这种传统算法对于西方工业化国家来说，由于其制度和经济结构较为稳定，要素收入份额的变化不大，即采用 Solow 余值法与采用 Jorgenson - Grilliches 余值法差异并不大，差异主要体现为人力资本贡献和实物资本质量提高效应。

三、扭曲与矫正

对于发展中国家以及转型经济体来说，经常会出现资本短缺或吸引外国先进技术而对外来资本实施鼓励的措施，而资本要素和劳动要素相比，前者的国际流动性显然更高。为了刺激和吸引资本（当然也包括连带的外国先进技术）流入，要素市场价格倾斜或扭曲的，包含了外国先进技术的资本要素价格上升，劳动要素价格贬值，即导致了市场扭曲。在依据收入份额法确定产出弹性时，收入却往往没有调整，即导致资本弹性被高估，这种情况尤其经常发生在市场汇率与购买力平价（ppp）差距较大的国家，如中低收入的发展中国家。

将劳动和资本收入的份额合计为1，以差额的方式决定资本产出弹性的做法有可能将中间成分模糊，按照会计学应当合理分摊、调转的，即属于价格被政策和制度扭曲的部分算为资本弹性，由于资本增加速度通常远远高于劳动增加导致全要素生产率低估。另外，这种方式还可能由于统计疏漏造成扭曲而高估资本弹性。比如在计划经济时期，由于收入分配原因，即公权力的介入，产生了公共部门积累，导致实际的劳动收入和真实资本收入的份额之和不等于1，而资本收入中包含了政策造成的超额公共积累。

再以新加坡和中国为例，如果我们接受关于工业化国家的完全市场经济体假设，那么在中国和新加坡这样的对外资提供税收和收入优惠的国家，收入份额与产出弹性关系就不是等同的——这种政策倾斜之后的分配比例显然不是市场自然均衡，其中向资本倾斜的部分，一定是剥夺了原来属于劳动的部分；而且这种关系体现的也不是当期的投入产出关系，而仅仅是鼓励和刺激下一期的资本投入（从产出弹性的定义，要素投入增量导致的产出增量变化为要素产出弹性可知，因而在中国和新加坡，收入份额和产出弹性的关系一定是扭曲的）。为了得出正确的产出弹性，应当将针对资本的相关优惠措施效应扣除并划归劳动要素。

第七节　新的产出弹性算法的提出

一、标准应当具备的条件

由于经济增长核算的余值理解为技术进步或要素生产效率，那么实际上它就被当作一项标准，标准应当具有客观性、公正性和一致性。按照定义的核心词，即"进步"或"效率"，应当与投入产出具有一致性，即如果投入相同，产出也相同，那么其测算的全要素生产率也必然相同。经济增长核算的余值无论定义为技术进步还是全要素生产率，都应当满足该逻辑。

二、现行产出弹性算法的缺陷

现行的经济增长核算将要素收入份额作为产出弹性，在工业化国家由于市场比较发达，制度相对完善，有一定的道理，但是在发展中国家、转型国家经常会出现在经济发展的特定阶段,由于要素市场价格变动,比如资本收益率不正常升高,而在经济发展完成后由于汇率升高和劳动保护改善,导致资本收益率降低,体现在最终的测算结果上,与没有发生这种要素价格波动现象的经济体相比,测算出的全要素生产率数值严重降低,即成为"测算陷阱",典型案例见前文所述 Nehru 和 Dareshwar(1995)关于新加坡的测算。这种陷阱效应导致现行的全要素生产率测算具有逻辑上的诡异性和不一致性。

对于中国,如果使用索洛余值法和跨越对数法,采用现行的以劳动收入份额统计值确定要素产出弹性,以派生方式得出的资本产出弹性中隐含的实物资本收益率高达20%[这一数据大大高于中国实际统计测算的企业资本收益率(11.8%),详见蒋云赞和任若恩(2004)],即为资本多计提了将近1倍的贡献率,导致凡是采用主流高级算法的都严重低估了中国的全要素生产率,甚至得出最高估算值的 Bosworth-Collins(2003)的测算也是低估的(这样的问题在发展中国家具有普遍性)。

再如俄罗斯的案例,由于新生权贵掠夺了石油资产,导致收入份额严重倾斜,这种倾斜纯粹属于在不规范制度下不同要素所有者议价能力的差异,与产出能力几乎没有关系,这一点足以否定以要素收入代表产出弹性的有效性和普遍性。

三、资本的投资理念与应计资本产出弹性

在经济学中,资本是为了取得未来收益所进行的投资,资本决策总是以收益率为基准。现实经济生活中,资本的长期收益与储蓄密切关联,并具有普遍的长期稳定性和均衡性。因而在此提出以会计学的应计原理提取相应的资本产出弹性。

四、新的产出弹性确定方法——资本额定产出弹性基准法

基于本书提出的基准化理念,也基于资本收益的长期稳定性明显好于要素收入份额,本书提出以长期均衡资本收益为基准的要素产出弹性测算

方法，即在国民经济核算账户中，由于：

$$\alpha = \frac{K}{Y} \cdot r$$

如果 r 取为长期均衡资本回报率，那么 α 就成为合理推定的基准资本产出弹性。从经济学的角度讲，资本是着眼于未来收益的资产，对于特定的资本投入，这种方法确定的是应计收入份额。以美国的国民收入账户为例，如果核算的资本，是全部财产，则其收入回报率长期稳定在7%左右，而如果以可再生实物资本作为资本（即经济增长核算的通行实践），则其收入回报率长期稳定在12%左右。

在决定了资本产出弹性之后，由于两种要素收入份额为1，因而劳动收入份额是资本应计弹性与1之间的差额。对于某些没有计入增长核算的资本，例如土地，由于没有认定为资本，其对应的收入份额也划归劳动（反之，如果明确了土地的价值并确认为资本，则对于发展中国家，尤其是对于处于工业化早期的发展中国家，经济增长核算中的可再生实物资本项目的增长率以及应计贡献率将会大大降低，也会同样得出近似正确的全要素生产率，而明确了土地价值，则由于一般而言土地是几乎不增加的，也会得出资本投入速度大大降低和最终得出全要素生产率测算值大幅度提高的结论）。

本算法由于是采用工业化国家经济增长通行的资本隐含收益率进行测算，因而应用于工业化国家结果完全不变，仅仅是大大改变了发展中国家的测算结果。相比较而言，与采用索洛余值法或跨越对数法的微妙差别相比，这种弹性确定方法改变的影响是完全颠覆性的。

五、新算法的优越性——实现了公平比较

经济增长核算的余值法，不论是索洛算法、跨越对数法，乃至更早的丁伯根的简化算法，集中关注的都是经济发展中的要素产出效率的提高，而不是严格的狭义的技术进步，而这种要素效率的提高，才是政府和经济学家更加重视的。在实践中，早期的余值算法却拘泥于要素收入份额

○○○ 第二章 我国制造业全要素生产率测算:理论、标准与改造

不变的现实,而在跨越对数法算法时代也仍然拘泥于要素收入等于产出弹性,但是不同国家汇率、统计口径和差异,导致要素收入份额法应用于发展中国家经济核算时大面积失效,导致测算余值产生严重失真(低估)。

在发展中经济体,采用这种资本额定产出弹性法后,不论在大框架上采用索洛余值法还是跨越对数法,测算的全要素生产率无疑会大大提高,因而也就能够轻易地证明,从长期看全要素生产率(技术进步)是人均收入提高的主要原因的一般规律。而应用于工业化经济体,测算结果完全不变,因而达到了公平比较和测算的目的。

该算法与传统算法的差异来源主要是应计要素收入和真实要素收入。以中国为例,改革开放以来,随着对外资吸引的优惠措施的增加,资本收入份额上升,这种超额的资本收入份额体现了引进外资带来的技术进步,即属于输入型的技术进步;另外,中国是转型经济体,制度不完善,名义收入与真实收入差异较大,导致非体含的技术进步难以准确有效地测度,而且在测算实践中还存在账户与参数不匹配导致的失真问题。

第八节 结语

(1)虽然资本在多数情况下是包含了技术进步的,但是全要素生产率所体现出来的是协同效应、"1+1>2"效应,这是在进行资本积累和人力资本投资时,或者进行改革时所应当重点考虑的,即技术进步不一定都表现为创新,在追赶发展阶段的结构优化、学习他人的长处带来的技术进步效果可能更加显著。

(2)联系中国改革开放以来的实践,农村改革、引进外资、产业结构优化带来的技术进步效应、经济增长红利现象随处可见,中国经济运行从大跃进转变为以经济发展为中心,企业由低水平重复建设转变为集团化重组,并逐渐组建具有国际竞争力的企业集团,那些认为中国经济发展中的技术进步慢是站不住脚的,认为中国经济要素生产率提高慢的观点也是不

合理的,这是由测算错误造成的,限于本书的主旨和篇幅,不再深入论述。

(3)关于全要素生产率争论的意义,虽然斯蒂格利茨提出了"无事忙"的尖锐批评,但是 Bosworth-Collins(2003)和 Klenow-Andres(1997)认为,全要素生产率虽然逻辑含糊,内含不清,不同的学者对于这个巨大的"黑盒子"进行了不同方面的研究,得出了诸多重大的结论,但其依然具有重大意义。

第 三 章

我国制造业全要素生产率：
测算方法与比较分析

第一节　引言

对制造业全要素生产率的核算是本书研究的基础，TFP 除了衡量要素投入之外各种因素对增长的综合作用，更是一种具备良好系统性和结构性框架的分析技术（Analytic Tool），一种分析全要素生产率的技术。TFP 分析技术是一个严格定义的量化指标和参数体系，具有良好生产经济学含义，TFP 分析技术为考察它们对增长的作用机制提供了一个内在逻辑一致的分析框架，成为现代经济学认识经济增长的重要工具。不过，在很长一段时期内，TFP 一直被直接当作科技进步的标准测度，其应用受到很大限制。同时，因为核算方法、变量、数据质量及可获得性等问题，现存制造业 TFP 核算结果充满了不确定性，并不稳健。因此，本章中将归纳目前国内外主流的 TFP 测算方法，对我国制造业 TFP 进行测算。

早期对于全要素生产率的测算受索洛余值法影响，文献大多采用平均生产函数尤其是 Griliches 函数估计，例如 Wen（1993）、Lin（1992）和 Xu（1999）。从 1984 年开始，TFP 增长明显减速（Lin，1992）。随着理论研究和核算方法的进展，生产前沿面方法开始得到广泛应用。Mao 和 Koo（1997）、Lambert 和 Parker（1998）、Wu 等（2001）、孟令杰（2000）、陈卫平（2006）和周端明（2009）等利用 Malmqusit 生产率指数（MPI）对不同阶段加总数据分解表明，改革开放以来制造业 TFP 增长较快，但呈明显阶段性波动，地区之间 TFP 增长极不平衡，其中，TFP 主要由技术进步驱动，技术效率贡献有限。吴方卫等（2000）对 DEA 在制造业领域的应用进行了较全面的讨论。王兵、杨华等（2011）利用 SBM 方向性距离函数对制造业的无效率来源进行了求解。

SFA 虽与制造业生产本质特征较一致，但应用相对有限。米建伟、梁勤等（2009）应用 SFA 将制造业 TFP 增长分解为技术进步和技术效率变化。石慧、王怀明和孟令杰（2008）利用 Kumbhakar 和 Lovell（2000）框架对制造业 TFP 增长进行了更详尽的分解（技术效率、技术进步、配置效率和规模效率），发现改革开放以来技术进步是 TFP 增长的主要来源，技术效率和规模效率恶化，配置效率波动是 TFP 波动的主要原因，其中一些结论与米建伟等（2009）相似。全炯振（2008）进一步验证了上述 MPI 研究的一些结论。Li 等（2011）系统地研究了农作物品种的 TFP 增长及差异，发现技术进步和技术效率损失普遍发生在 20 世纪 90 年代，80 年代并不明显，这为相关结论提供了行业基础。

关于制造业 TFP 增长的文献较丰富，各核算方法均得到了不同程度的应用，这是本书的重要起点。但在以往研究中，上述方法往往被分开使用，且更多直接应用于实证，没有考虑到所应用方法对所分析行业和研究对象是否合适。加上投入产出变量选择的随意性和不一致性，导致了 TFP 核算结果的不确定性及争议性。总之，由于涉及核算方法、投入产出变量不同，面临的数据质量及可获得性等问题，导致了现存制造业 TFP 核算的结果存在较大差异，甚至截然相反。这不仅使制造业 TFP 核算本身存在不确定性，而且还会影响到对 TFP 所代表的主流增长核算框架可靠性的讨论。只有综合选择和比较使用那些能合理反映制造业生产要素的具体经济学特征的核算方法，正确反映制造业生产过程的投入产出变量，加上质量调整后的制造业数据，才能更精确地度量制造业 TFP 增长及其成分。我们有必要从经济学理论和实证方法论上综合运用系统分析方法对中国制造业 TFP 进行更深入系统的研究。

第二节 微观层面上 TFP 测算方法

目前对于 TFP 的测算一般要对生产函数进行参数的估计,在对生产函数进行估计时由于单纯利用要素投入没有办法完全解释总产出水平,这就会产生生产函数的剩余问题。因此,一般我们认为 TFP 就是去除生产要素投入贡献后总产出的剩余部分,也可以理解为非生产性投入对产出的贡献水平,例如技术创新和制度创新等。所以,在对 TFP 进行测算时要选择合适的生产函数形式。在当前的国内外文献中,对于生产函数形式的选择用得比较多的是柯布—道格拉斯(C-D)生产函数形式,也有一些作者使用的是超越对数生产函数形式,该函数形式放松了相关假设条件,而且具有更加灵活的函数形式,可以在一定程度上降低由于函数形式导致的估计误差。虽然其他函数形式可能相对于 C-D 生产函数具有优势,但是在实际 TFP 测算中还是利用 C-D 生产函数的比较多,主要是 C-D 生产函数形式简单,能够更好地反映规模经济,C-D 生产函数的基本形式为:

$$Y_{it} = A_{it} L_{it}^{\alpha} K_{it}^{\beta} \tag{3-1}$$

其中,Y_{it} 为总产出水平,L 和 K 为劳动和资本要素投入,A 表示 TFP。

式(3-1)是非线性形式,为了进行估计回归要转化为线性形式。对式(3-1)两边取对数可得:

$$y_{it} = \alpha l_{it} + \beta k_{it} + \mu_{it} \tag{3-2}$$

式(3-2)中所有变量均为式(3-1)变量取对数后的形式,而式(3-1)中的 A 变量取对数后包含在了随机误差项中,在实际测算中一般都是对式(3-2)进行估计。但是当用式(3-2)进行企业微观层面的 TFP 测算时会存在一定的样本选择偏差和同时性偏差。主要是由于考虑到企业层面时,企业的一部分生产效率在当期就可能被观测到,此时企业会随时调整投入要素的组合,以实现利润最大化。这样就导致 TFP 表示的生产效率会影响企业的要素投入决策,在回归时产生变量和误差项相关的问题,从而导致估计值出现偏差。为了降低估计产生的偏差,可以对式(3-2)

中的误差项做一些修改，具体为：

$$y_{it} = \alpha l_{it} + \beta k_{it} + \varpi_{it} + \varepsilon_{it} \quad (3-3)$$

式（3-3）中 ϖ 表示当期就可能被观测到的误差项，ε 表示观察不到的误差项。对于这两类误差项的不同处理方法产生了不同的 TFP 具体估计方法。

一、固定效应法

如果企业的可能被观测到的一部分生产效率在企业之间是有差异的，而且不随时间变化而变化，那么可以参考面板数据的方法，采用固定效应模型进行估计。主要是在式（3-2）中加入企业虚拟变量，来对由于 ϖ 而产生的生产函数内生性问题，从而使得估计结果是无偏一致的估计值。但是这种改进方法同样存在着一定的缺陷：第一，我们只有使用面板数据才能对改进后的生产函数进行估计，其他数据形式无法获得好的效果；第二，由于设置了企业虚拟变量，会导致大量企业层面的数据无法使用。而且估计时只分析了个体企业之间的变化，忽视了由于时间变化导致的产出变化；第三，假定 ϖ 不随时间变化而变化太过严格，在实践层面上缺乏理论支撑。

二、OP 法（Olley-Pakes）

由于固定效应模型存在上述的一些缺陷，Olley 和 Pakes（1996）提出了一种半参数估计方法，用可以观测到的企业投资来作为不可观测到的企业生产率的代理变量，从而解决了生产率的内生性问题（岳文和陈飞翔，2015）。OP 法分两个步骤进行：

第一步，构建资本存量的计算公式，Olley 和 Pakes（1996）的文章中构建了如下资本存量计算公式：

$$K_{it+1} = (1-\sigma) K_{it} + I_{it} \quad (3-4)$$

其中，K 表示资本存量，I 表示资本投入量，式（3-4）说明企业的当期资本存量与当期的资本投入满足正交性的前提条件。式（3-4）的资本形成过程表明，如果企业对 ϖ 的预期水平较高，则企业会在当期中增加资本投入水平，即企业的资本投入水平与当期的 ϖ 成正比。因此，企业的最佳资本投入函数为：

$$i_{it}=i_t(\varpi, k_{it}) \tag{3-5}$$

假设 $h(\ )=i^{-1}(\ )$，求式（3-5）的反函数可得：

$$\varpi_{it}=h_t(i_{it}, k_{it}) \tag{3-6}$$

将式（3-6）代入式（3-3）可得：

$$y_{it}=\alpha l_{it}+\beta k_{it}+h_t(i_{it}, k_{it})+\varepsilon_{it} \tag{3-7}$$

式（3-7）中 αl_{it} 表示劳动对产出的贡献水平，$\beta k_{it}+h_t(i_{it}, k_{it})$ 表示资本对产出的贡献水平，具体表示为：

$$\varphi_{it}=\beta k_{it}+h_t(i_{it}, k_{it}) \tag{3-8}$$

式（3-8）表明企业总产出的资本贡献包括资本存量和资本投入水平两部分，其估计值用 $\widetilde{\varphi}_{it}$ 表示。因此，在该步骤中生产函数的估计方程变为：

$$y_{it}=\alpha l_{it}+\varphi_{it}+\varepsilon_{it} \tag{3-9}$$

对式（3-9）进行估计可以得到生产函数中劳动投入贡献的系数估计值，并利用参数的估计值来计算 $\widetilde{\varphi}_{it}$ 的值。

在通过第一步得到劳动的参数估计值后，第二步要对资本投入系数进行估计。假定 $V_{it}=y_{it}-\hat{\alpha}l_{it}$，估计如下函数：

$$V_{it}=\beta k_{it}+g(\varphi_{t-1}-\beta k_{it-1})+\mu_{it}+\varepsilon_{it} \tag{3-10}$$

式（3-10）中 g（·）是变量的滞后期函数形式，由于式（3-10）中包含资本的当期和滞后期形式，所以要考虑到当期和滞后期的问题，第二步的估计过程复杂性要超过第一步，在该步中拟选择非线性的估计方法进行估计。在式（3-10）的各项系数获得估计值后，则生产函数中的所有参数值都会估计出，利用估计的参数值对式（3-1）进行计算残差可以得到 TFP 的值。

三、LP 法（Levinsohn–Petrin）

虽然 OP 法能够解决生产函数估计时存在的问题，得到企业微观层面上一致的估计值,但是用 OP 法进行估计时,假定产出与资本投入之间一直存在单调关系,这就使得资本投入为 0 的企业的 TFP 无法估计出来。而现实中,包括我们采用的中国工业企业的微观数据中都存在一些企业没有资本投入的情形,所以用 OP 法进行计算 TFP 时,很多企业在计算过程中没有体现出来。因此,为了解决该不足,Levinsohn 和 Petrin(2003)提出了一种新的估计方法,针对 OP 法进行计算 TFP 时资本投入为 0 的问题,不使用资本投入额作为资本的代理变量,而是用中间投入作为资本投入的代理变量,从我国的数据来看,中间投入的数据更容易获得。LP 法对 OP 法的改进主要是在资本投入变量的选取上进行的,而生产函数的选择和计算过程没有发生变化,除了用中间投入作为资本的代理变量之外,Levinsohn 和 Petrin(2003)还验证了其他的代理变量,以得到更好的用来解决资本投入的问题。因此,LP 法能够使得分析人根据不同的数据特点选择合理的资本投入代理变量。

四、GMM 法

前文中提到的 LP 法和 OP 法都是一种半参数法,除了半参数法可以得到对生产函数的一致性估计外,其他的一些方法也可以得到一致的估计值,其中 Blundell 和 Bond(1998)提出的广义矩估计法是比较有名的,该方法通过解决生产函数估计中的内生性问题得到一致的估计值,解决用式(3-2)进行企业微观层面的 TFP 测算时存在的同时性偏差。在 GMM 的具体估计过程中通过用总产出的滞后变量作为工具变量,来解决生产函数估计中的内生性问题。但是,GMM 方法同时也存在一些缺陷,ϖ 的影响可能存在固定效应等一些长期的因素影响,例如:

$$\varpi_{it} = \varpi_i + v_{it} \tag{3-11}$$

对式(3-11)进行差分可得生产函数的差分函数为:

$$\Delta y_{it} = \alpha_L \Delta l_{it} + \alpha_M \Delta m_{it} + \alpha_K \Delta k_{it} + \Delta v_{it} \tag{3-12}$$

但是 ϖ 中的固定效应不是造成生产函数内生性问题的唯一因素,v_{it} 误差项中的序列相关也会产生一定的内生性问题,即 $v_{it} = \rho v_{it-1} + \eta_{it}$。所以式(3-13)成立：

$$y_{it-1} - \alpha l_{it-1} - \beta k_{it-1} - \varpi_i = v_{it-1} \quad (3-13)$$

由式（3-13）可以把生产函数重新改写为：

$$y_{it} = \varpi_i(1-\rho) + \rho y_{it-1} + \alpha l_{it} + \beta k_{it} - \rho \alpha l_{it-1} - \rho \beta k_{it-1} + \eta_{it} \quad (3-14)$$

式（3-14）可以进一步通过差分来去除固定效应：

$$\Delta y_{it} = \rho \Delta y_{it-1} - \alpha \Delta l_{it} + \beta \Delta k_{it} - \rho \alpha \Delta l_{it-1} + \rho \beta \Delta k_{it-1} + \Delta \eta_{it} \quad (3-15)$$

为了对 ρ 进行估计，可以采用 y_{it-2} 为工具变量进行估计。

但是 GMM 方法自身也有缺陷，由于 GMM 方法中要用到各阶差分，用到滞后不同时期的变量作为工具变量，所以对数据时间的跨度要求较高，这也在一定程度上限制了该方法的使用。

第三节 数据、变量和估计方法

一、数据

数据来自国家统计局的《中国工业企业数据库》，研究样本包含2000~2011年按二分位数行业标准划分的共36个行业的制造业企业非平衡面板数据。我们对原始样本进行了以下处理：删除了员工人数少于8的样本，因为大多数异常值来自这些没有可靠会计系统的个体户（谢千里，2008）；删除了统计中的错误记录和变量赋值明显不合理的样本观察值，如总资产、固定资产净值、企业年龄、应付工资总额、实收资本等少于零，工业增加值大于总产值等；由于11、43、44行业中只有零星的几家企业出口，我们删除了这几个行业的企业样本。此外我们还对数据进行了价格指数的平减。在制造业行业的选取上，本书拟选取24个主要的制造业行业，具体选择方法主要参照我国《国民经济行业分类》（GB/T 4754—2002）标准，同时参考李强（2013）对产业的归类方法。本书使用的数据主要来自国家统计局 2000~2011 年的《中国工业企业数据库》，构造了24个主要的制造业行业 2000~2011 年的面板数据。

二、估计方程选择

在上述部分提出了几种常用的 TFP 估计法,每种方法都有自身的优势,同时也存在一定的缺陷。因此,本部分中将对每种微观层面的测算方法都进行使用,利用 FE 法、OP 法、LP 法和 OLS 法①分别对我国 2000~2011 年共 10 年的企业层面的 TFP 进行估算。

采用 FE 法和 OLS 法时,本书拟利用如下方程进行估计:

$$\ln Y_{it} = \beta_0 + \beta_k \ln K_{it} + \beta_l \ln L_{it} + \sum_m \delta_m year_m + \sum_n \lambda_n reg_n + \sum_h \zeta_h ind_h + \mu_{it}$$

(3-16)

式(3-16)中 Y_{it} 表示企业的产出增加值,K 和 L 分别表示企业生产过程中的资本和劳动投入,在对生产函数进行估计时控制了时间、行业和地区变量。由式(3-16)和 TFP 的定义可以得到 $\ln TFP_{it} = \beta_0 + \mu_{it}$,因此,TFP 的测算值为:

$$TFP_{it} = \ln Y_{it} - \beta_k \ln K_{it} - \beta_l \ln L_{it}$$

(3-17)

式(3-17)进行测算时首先对时间、地区和行业变量进行了控制;其次,生产函数的总产出用企业的工业增长值来代替,主要是增加值由于不含中间投入,从而能够更好地体现企业真实的最终产出能力,同时由于中间投入和总产出之间在我国的企业数据中存在较高的相关性,测算时会降低真实的资本和劳动弹性。

采用 OP 法进行测算时,根据 Olley 和 Pakes (1996) 的文章,同时考虑企业的出口行为,本书参考 Loecker (2007) 的做法,在 OP 分析过程中加入企业出口参与行为,具体用以下方程进行测算:

$$\ln Y_{it} = \beta_0 + \beta_k \ln K_{it} + \beta_l \ln L_{it} + \beta_a age_{it} + \beta_s stete_{it} + \beta_e EX_{it} + \sum_m \delta_m year_m + \sum_n \lambda_n reg_n + \sum_h \zeta_h ind_h + \mu_{it}$$

(3-18)

---

① 由于 GMM 方法要用到差分数据和滞后变量,对数据要求严格,特别是样本的时间跨度要足够大,本书用 GMM 方法实验性地进行了估计,发现效果不理想,故在本书中没有分析 GMM 的估计结果。

第三章 我国制造业全要素生产率:测算方法与比较分析

式（3-18）中新变量 age 表示企业成立的时间，stete 表示企业的所有制结构的虚拟变量，国有企业为1，EX 表示企业出口参与虚拟变量，其他变量与前述相同。为了解决 OLS 法中的估计时产生的样本选择和同时性偏误，对式(3-18)进行估计时采用半参数回归估计法。在半参数估计法中，状态变量选择为 $\ln K$ 和 age，控制变量选择为 stete 和 EX，代理变量选择为 $\ln I$，剩余变量为自由变量。

采用 LP 法进行测算时，将中间投入变量作为资本的代理变量，其他不变。

三、投入和产出变量选择

（一）工业增加值变量

在《中国工业企业数据库》中有工业增加值统计，直接选用数据库中的企业该指标数值。但由于指标统计值受到价格因素的影响，因此要对工业增加值进行价格平减。对工业增加值进行价格平减有两种方法：一是同时对原材料和产品进行消除价格影响的方法，即"双缩法"，二是直接对工业增加值进行价格平减的"单缩法"。本书采用第二种方法进行价格平减，价格平减指数来自《中经网统计数据库》，其中2005年之前的价格指数用出厂价格代替，构建以2000年为基期的价格平减指数。

（二）资本存量变量

相对宏观层面上的资本存量核算的困难，本书利用《中国工业企业数据库》中的指标对资本存量核算，数据库中有企业固定资产的详细指标，例如固定资产原值、固定资产清理、在建工程以及待处理固定资产净损失等指标，能够相对准确度量企业层面的资本存量。对于资本存量的价格指数平减，参考大多数文献的做法，以2000年为基期，利用固定资产投资价格指数进行平减，数据来自《中经网统计数据库》。

（三）资本投资变量

在《中国工业企业数据库》中的指标体系中，不存在企业的固定资产投资指标,因此,本书参考宏观经济学中关于有关资本存量的计算方法,把式(3-4)变形为 $I_t = K_t - K_{t-1} + D_t$ 来测算企业层面的固定资产投资额,其中 K 表示企业的固定资产总值,D 表示企业的固定资产折旧水平。价格指数平减方法与资本存量变量相同。

(四) 工业总产值变量

劳动投入水平数据来自《中国工业企业数据库》中的企业从业人员数,具体为数据库中的"全部从业人员年平均人数"指标数值。

(五) 劳动变量

劳动投入水平数据来自《中国工业企业数据库》中的企业工业总产值,具体为数据库中的"工业总产值(现价)"指标数值,价格指数平减方法与资本存量变量相同。

(六) 中间投入变量

表3.1 主要变量的描述性统计

变量	均值	标准差	最小值	最大值
企业工业总产出	12.51	1.26	2.35	19.00
企业工业增加值	11.17	1.29	2.26	17.28
资本	10.55	1.02	3.88	18.04
劳动	7.71	1.17	0.58	12.14
中间投入	12.21	1.29	0.02	18.92
资本投资	9.08	2.31	0.18	16.83
企业存在时间	18.20	13.85	0.99	58.99

第四节 TFP测算:比较与分析

一、要素投入贡献分析

在进行TFP测算之前,本书首先分析了生产函数的相关估计结果,得出生产函数中的要素贡献率。同时为了区分企业的异质性,本书还对企业总体样本依据企业的所有制结构进行了划分。在生产函数估计过程中没有加入中间投入变量,并在实际估计时对区域、行业以及时间变量进了控制。四种生产函数估计方法下,资本和劳动要素的贡献如表3.2所示。

表3.2 四种测算方法的要素投入系数比较

	OLS			FE		
	全部样本	国有企业样本	非国有企业样本	全部样本	国有企业样本	非国有企业样本
资本要素	0.282** (43.56)	0.410** (11.01)	0.248** (12.03)	0.263** (12.50)	0.412** (14.04)	0.303** (12.33)
劳动要素	0.511** (36.36)	0.554** (17.70)	0.526** (12.98)	0.509** (17.21)	0.503** (12.21)	0.470** (12.34)
	OP			LP		
	全部样本	国有企业样本	非国有企业样本	全部样本	国有企业样本	非国有企业样本
资本要素	0.349** (11.01)	0.383** (7.45)	0.343** (9.95)	0.331** (9.00)	0.288** (7.54)	0.323** (5.84)
劳动要素	0.399** (13.26)	0.454** (14.58)	0.400** (10.90)	0.115** (7.98)	0.111** (6.71)	0.140** (14.24)

注:**表示在1%显著性水平下显著。

从表3.2的估计结果可以看到,OLS方法和FE方法下,资本和劳动对产出的贡献率(弹性系数)并没有太明显的大的差异,说明这两种方法具有相似的效果,并没有去除生产函数估计中存在的问题。OP法下,资本对产出的贡献率(弹性系数)要比OLS方法和FE方法高,而劳动对产出的贡献率(弹性系数)要比OLS方法和FE方法低。这个结果与其他学者的研究结果是相似的,例如Biesebroeck(2005)等,这说明OP法可以在一定程度上解决生产函数估计中存在的内生性以及样本选择偏差等问题。LP法下资本对产出的贡献率(弹性系数)要比OP法略小,而劳动对产出的贡献率(弹性系数)要比OP法低很多,这样会使得TFP估计的绝对值增加。因此,LP法并不比OP法存在显著的优越性。

从不同所有制类型企业来看,四种测算方法都表明国有企业的资本要素贡献要超过非国有企业,而劳动要素贡献差别不明显,这说明国有企业中资本对增长的贡献要超过非国有企业,国有企业的发展需要更多的要素投入,尤其是资本要素的投入。

二、不同 TFP 测算方法总样本的比较分析

本部分用四种不同的 TFP 测算方法,对我国 2000~2011 年的企业微观层面的全要素生产率进行测算,并进行比较分析。由于 2000~2011 年的企业样本有数万个,这就使得利用该大样本得到的有效估计点超过 4 万个。为了更直观地和动态地观察不同估计方法的 TFP 变化特征,本书绘制了四种测算方法的 TFP 核密度图,具体如图 3.1 所示。

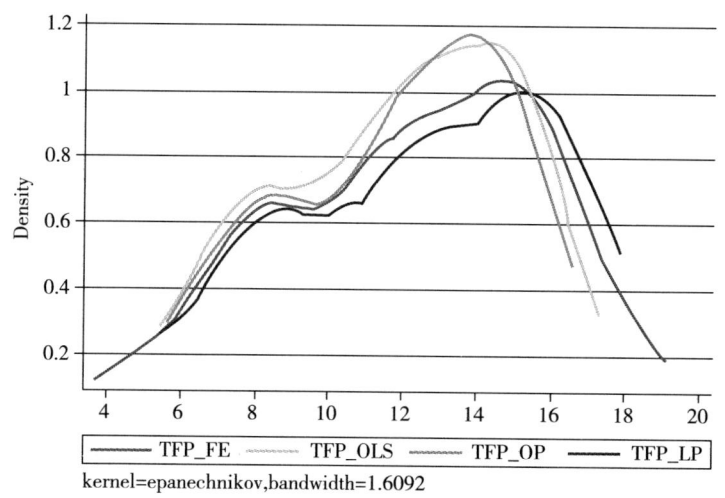

图 3.1 四种测算方法的核密度图

基于偏度和峰度的正态性检验表明,能够显著地拒绝全要素生产率的正态分布假设。从图 3.1 可以看到,四种方法测算的制造业 TFP 中,LP 法测算的制造业 TFP 值最高,后续依次为 FE 法、OP 法和 OLS 法,这说明相对传统基本的 OLS 测算方法,其他三种方法都放大了对制造业 TFP 的估计值。从图 3.1 来看,四种测算方法具有相似的 TFP 核密度分布形状,但

是具体的统计量分析还是具有明显的差异。例如，首先，虽然四种测算方法的偏度系数都是小于0的，但是绝对值大小还是有差异的，其中OP法的偏度系数的绝对值最大，说明OP法中的TFP测算值多数在众数的左边；其次，从核密度图的峰度来看，OLS法是峰度最大的一种测算方法，说明OLS法的TFP测算值更陡。

因此，综合考虑后本书认为LP法具有比其他三种方法更好的表现，所以本书后续的有关制造业全要素生产率的变量都采用LP法的测算结果进行实证分析。

三、不同TFP测算方法分行业样本的比较分析

为了分析不同层面企业TFP的表现，本部分将样本分为不同的行业，分别用四种测算方法进行比较分析，具体制造业行业划分如前文所述，具体测算结果如表3.3所示。由于本书所使用的数据为企业的微观数据，因此，行业的TFP数据为行业内所有企业的加总平均值，不同于宏观层面行业测算的TFP所表示的技术进步水平。从表3.3可以看出，相同行业的四种测算方法间的差异程度不是太大，但是不同行业的制造业TFP之间存在明显的差异性，例如以LP法为例，烟草制品业的TFP最高，其次为通信设备、计算机及其他电子设备制造业。这只是从绝对量上分析了不同制造业行业的TFP，为了更好地分析不同制造业行业的动态变化，本部分还计算了不同行业的TFP增长率。

表3.3 不同制造业行业四种测算方法的TFP测算值

制造业行业	TFP_OLS	TFP_FE	TFP_LP	TFP_OP
食品加工制造业	1.78	2.07	2.03	1.96
饮料制造业	1.78	2.08	2.04	1.98
烟草制品业	2.59	3.70	3.28	3.45
纺织业	1.71	1.93	1.74	1.38
纺织服装、鞋、帽制造业	1.75	2.02	1.92	1.73

续表

制造业行业	TFP_OLS	TFP_FE	TFP_LP	TFP_OP
皮革、毛皮、羽毛（绒）及其制品业	1.68	1.89	1.65	1.20
木材加工及木、竹、藤、棕草制品业	1.65	1.81	1.50	0.90
家具制造业	1.69	1.91	1.69	1.28
造纸及纸制品业	1.69	1.90	1.68	1.27
印刷业和记录媒介的复制	1.64	1.79	1.47	0.84
文教体育用品制造业	1.68	1.88	1.64	1.19
石油加工、炼焦及核燃料加工业	1.67	1.85	1.59	1.07
化学原料及化学制品制造业	1.68	1.89	1.66	1.21
医药制造业	1.84	2.19	2.26	2.43
化学纤维制造业	1.69	1.91	1.70	1.30
黑色金属冶炼及压延加工业	1.70	1.93	1.74	1.38
有色金属冶炼及压延加工业	1.70	1.93	1.74	1.38
金属制品业	1.77	2.05	1.99	1.87
通用设备制造业	1.76	2.05	1.98	1.86
专用设备制造业	1.76	2.04	1.97	1.84
交通运输设备制造业	1.81	2.13	2.14	2.18
电气机械及器材制造业	1.85	2.22	2.31	2.53
通信设备、计算机及其他电子设备制造业	2.00	2.51	2.90	3.70
仪器仪表及文化、办公用机械制造业	1.85	2.21	2.31	2.52

注：各行业内的TFP测算值为行业内所有企业的均值。

从图3.2中的全要素生产率增长率来看，增长最快的行业为金属冶炼行业，其次为通信设备、计算机及其他电子设备制造业，以及仪器仪表及文化、办公用机械制造业，这些制造业行业均为《国家高新技术产业开发区高新技术企业认定条件和办法》中认定的高新技术行业。这表明我国制造业全要素生产率提升最快的行业还是高新技术行业，同时也说明我国的产业结构调整政策起到了良好的效果。而制造业全要素生产率增长较慢的行业为文教体育用品制造业、食品、饮料、烟草制造业以及纺织服装等行业，这些行业多数为我国传统的出口优势劳动密集型行业，这表明这些行业在全要素生产率提升上创新的效用不明显。这类产业虽然技术创新和全要素生产率提升缓慢，但是由于其具有吸纳大量劳动力就业的作用，对经济的发展也具有重要的意义。

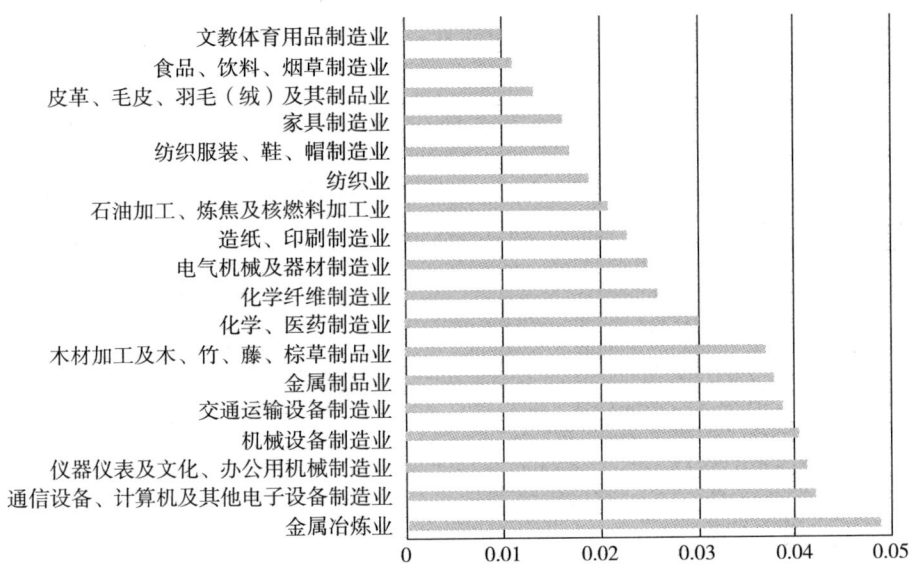

图 3.2　我国不同制造业行业的 TFP 增长率①

在这种高新技术行业全要素生产率增长较快与劳动密集型行业增长较慢的双重背景下，我国的制造业全要素生产率体现出一个非收敛的态势，这种态势虽然在一定程度上符合制造业行业的发展规律，但是也从另一个方面说明了我国制造业行业发展的不均衡。因此，对于传统的劳动密集型产业的改造，促进其全要素生产率的提升，是未来制造业行业政策的一个关键点。

---

① 该图中的行业进行了合并计算，例如食品加工制造业、饮料制造业和烟草制品业的合并等，这样更加方便分析。同时，TFP 增长率的计算方法为先计算每个企业的全要素生产率增长，然后利用企业的工业增加值作为权重计算加权的行业层面的全要素生产率增长率。

四、不同 TFP 测算方法分地区样本的比较分析

前文从制造业行业层面上研究全要素生产率的变化，本部分将从地区层面分析制造业全要素生产率的差异。从表 3.4 的估计结果可以看出，从制造业的 TFP 绝对值来看，具有明显的地区差异，东部地区的制造业 TFP 具有较高的水平，西部地区的制造业 TFP 绝对值水平相对较低，例如 TFP 较高的几个省份为上海、福建、江苏及广东等都是我国东部地区，较低的新疆、山西、甘肃等则属于西部地区。主要原因是西部地区相对来说传统的劳动密集型行业较多，主要依靠劳动等资源的投入，所以导致制造业全要素生产率整体不高。从制造业全要素生产率的增长率来看，与 TFP 绝对值的规律相反，中西部地区的制造业全要素生产率增长率要超过东部地区，结合绝对值表明我国的制造业全要素生产率具有明显的收敛趋势。这说明我国中西部地区的企业在不断地对中部的企业形成追赶效应，但是这种追赶效应是否是一直持续的，本书无法表明，需要进一步地详细研究。但是也要注意到，即使是在西部地区内部也具有差异性，像新疆和贵州等，制造业全要素生产率的绝对值和增长率都是偏低的，导致了这些地区的全要素生产率形成了低端锁定。

表 3.4 不同地区四种测算方法的 TFP 测算值

地区	TFP_OLS	TFP_FE	TFP_LP	TFP_OP	TFP 增长率（%）（LP 法）
安徽	4.03	4.11	4.36	4.13	3.73
北京	4.05	4.13	4.47	4.19	2.10
福建	4.07	4.13	4.52	4.21	2.47
甘肃	3.87	4.04	3.74	3.82	1.92
广东	4.06	4.13	4.50	4.20	2.43
广西	3.93	4.07	3.99	3.95	3.91
贵州	3.92	4.06	3.95	3.93	1.72
海南	4.07	4.14	4.55	4.23	3.44
河北	3.96	4.08	4.11	4.01	3.34

续表

地区	TFP_OLS	TFP_FE	TFP_LP	TFP_OP	TFP 增长率（%）（LP 法）
河南	3.95	4.08	4.06	3.98	4.26
黑龙江	3.83	4.01	3.57	3.74	3.09
湖北	4.00	4.10	4.27	4.09	2.95
湖南	3.95	4.07	4.04	3.97	5.18
吉林	3.99	4.10	4.22	4.06	2.64
江苏	4.09	4.15	4.62	4.26	2.11
江西	3.97	4.08	4.12	4.01	2.16
辽宁	3.97	4.08	4.13	4.02	3.52
内蒙古	4.01	4.11	4.31	4.11	5.04
宁夏	3.98	4.09	4.19	4.05	1.39
青海	3.93	4.06	3.96	3.93	4.36
山东	4.04	4.12	4.40	4.15	3.01
山西	3.88	4.04	3.77	3.84	4.32
陕西	3.93	4.06	3.97	3.94	2.88
上海	4.10	4.15	4.67	4.29	2.50
四川	4.03	4.11	4.36	4.13	3.93
天津	4.04	4.12	4.43	4.17	3.39
新疆	3.82	4.01	3.55	3.73	1.00
云南	3.99	4.10	4.23	4.07	1.45
浙江	4.03	4.11	4.37	4.14	1.88
重庆	4.04	4.12	4.40	4.15	3.68

注：各地区内的 TFP 测算值为地区内所有企业的均值。

第五节 简要结论

本章从当前全要素生产率的测算方法分析中存在的测算偏差入手，提出了针对企业微观层面的制造业全要素生产率的测算方法，并用四种测算方法对我国的企业微观数据进行了测算，并对不同样本的测算结果进行了比较分析。通过实证分析，本章认为：

第一，从不同的企业微观层面的测算方法来看，FE法对于解决OLS法的内生性问题并不是非常有效的，OP法相对来说能够在一定程度上解决OLS法的内生性和样本选择问题，而对OP法进行改进的LP法能够克服样本数据丢失的问题，但是从最终的测算结果来看，利用中间投入工具变量的LP法相对OP法并没有显著的优越性。

第二，从不同制造业行业的TFP估计结果来看，不同行业间的制造业全要素生产率差异较大，其中制造业中的高新技术行业的TFP的绝对值和增长率都要超过劳动密集型行业，这种不同制造业行业全要素生产率的差异表现符合产业发展变化的技术特征。

第三，从我国不同省份的制造业TFP估计结果来看，不同地区间的制造业全要素生产率差异也是非常明显的，虽然中西部地区的制造业全要素生产率的增长速度超过了东部地区，实现了TFP的追赶效应，但是不能否认的是有些省份的TFP的绝对值和增长率还是非常低的，有被锁定在TFP的低端水平的倾向。

第二部分

结构调整与制造业全要素生产率篇

当中国经济以高投入、高耗能、高排放驱动的增长遭遇到产能过剩、资源瓶颈和环境压力加大的阻碍时,中国经济增长进入了结构调整阶段。该阶段里,产业的优化升级和结构的转型都依赖于全要素生产率(TFP)的提高。因此,调结构和促增长已经成为我国当前经济发展中的核心问题,原因是我国的经济结构特别是制造业产业结构存在失衡现象,这已经成为阻碍我国经济持续稳定增长的重要因素。在微观层面上,制造业结构失衡的无效率直接影响企业在最优层面上进行生产要素的配置,导致全要素生产效率的损失。

调结构是转变经济发展方式的重要主题,制造业结构同样正经历着深刻调整。这既是提高效益和收入的战略性需要,也是对产品结构升级和市场开放等需求面变化的响应。尽管如此,从供给面看,这种战略性结构调整与制造业生产率增长又是什么关系呢?这一过程有没有产生显著的"结构红利"抑或"结构负担"呢?在世界经济的发展过程中,经济增长的过程也是制造业结构调整、转变和升级的过程,而经济增长是不断的周期性波动增长。很多学者对制造业全要素生产率和制造业结构变动的关系进行了分析,例如Kuznets(1971)分析了经济增长速度和生产结构变动大小的关系。从经济发展的过程也可以看到,每一次的经济周期波动都伴随着制造业结构的变动。所以制造业全要素生产率和制造业结构变动应该是相互影响、相互制约的关系,制造业全要素生产率会带来制造业结构的升级和调整,而制造业结构的变动,使经济在波动中实现增长。

鉴于此,本部分首先从实际产出与最优配置条件下产出比较的角度出发构建失衡指数,并进一步将制造业结构失衡分解成行业内失衡和行业间失衡,利用中国工业企业数据库进行测算分析;接着分析我国制造业结构变动对制造业全要素生产率的影响以及作用机制;最后从宏观波动和制度安排的角度分析制造业结构调整对全要素生产率的影响。

第 四 章

制造业结构失衡与全要素生产率损失
——基于我国工业企业数据的经验分析

第一节 引言与文献综述

调结构和促增长已经成为我国当前经济发展中的核心问题,原因是我国的经济结构特别是制造业产业结构存在失衡现象,这已经成为阻碍我国经济持续稳定增长的重要因素,在微观层面上,制造业结构失衡的无效率直接影响企业在最优层面上进行生产要素的配置,导致全要素生产效率的损失。本书正是在此背景下,将我国制造业结构失衡与全要素生产效率的损失相结合。首先将资本要素失衡与劳动力要素失衡融合在一起提出一种制造业结构失衡指数的测度方法,该方法将制造业结构失衡具体分解成制造业产业内失衡与制造业产业间失衡,然后重点考察其对全要素生产效率损失的影响,并进一步探讨导致制造业结构失衡发生的各种要素,从而对制造业结构失衡的影响有一个全面的认识。

在新古典主义的理论框架下,市场有效和资本收益递减规律决定了跨国人均收入的差距只能由国别间的 TFP 差距导致,且技术差距是导致 TFP 国别差距的唯一因素。但伴随 20 世纪信息通信技术的蓬勃发展和世界经济一体化程度的不断深入,国别间的技术差距在不断缩小(Comin 和 Hobijn,2010),如果是技术差距导致跨国间的人均收入差距,那么为何差距没有缩小反而扩大呢?对此,学者们从结构失衡视角给予了合理解释(Brandt

等，2013；Opp 等，2014）。

导致结构失衡的诱因很多，从市场运行机制本身存在的缺陷看，不完全竞争市场结构导致企业加成的差异（Opp 等，2014）、调整成本阻碍技术冲击发生时资本的及时调整（Asker 等，2011）、就业市场存在的信号摩擦导致人力资本的失衡（Jovanovic 和 Goldberg，2014）、金融市场借贷双方信息不对称导致的信贷失衡等都会导致 TFP 的损失。从政府之手对市场运行的干预看，行业存在的行政性进入壁垒（Foster 等，2001）、工会对经济衰退时期企业自由裁员的阻碍、央行针对国有部门和非国有部门采取的非对称金融管制方式（Brandt 等，2013）、政府对大企业和小企业设置的异质性税率（Hsieh 和 Peter，2012）也会诱导结构失衡和 TFP 损失。尽管关于结构失衡发生的原因学界不一而足，但最新文献更倾向于认为结构失衡并非是单一因素作用下的结果，更多的是政治过程、制度安排、技术进步和资源配置（包括物质资本、人力资本、技术创新、自然资源）相互作用的均衡结果（Acemoglu 等，2002）。开放经济背景下，关税等贸易壁垒的存在也会影响资源配置效率。当不同行业面临的贸易壁垒不相同时，贸易壁垒低的行业比贸易壁垒高的行业更易被卷入到激烈的国际竞争中，在这个过程中，低效率企业会被挤出市场而潜在的高效率企业会随之进入该市场，行业内的企业数量就会因为贸易壁垒的异质性而处于不断变化的过程中，造成结构的失衡（Tombe，2012）。根据 Hsieh 和 Klenow（2009）的研究，如果中国消除这些失衡的制度，按美国要素的边际产品重新配置中国的劳动力和资本，可使我国制造业 TFP 提高 30%~50%。

关于中国三次产业内部的结构失衡程度以及结构失衡原因的研究表明，尽管自 20 世纪 90 年代以来，国企制度改革、户籍制度进一步放开等措施在总体上有助于中国整体资源配置效率的改善，但因结构失衡导致的总 TFP 损失仍有 20%（Brandt 等，2013）。值得注意的是，阻碍要素自由流动的障碍不仅影响经济的产出总量及产出水平，还会对经济的生产前沿面产生影响（曹玉书、楼东玮，2012），据测算，结构失衡导致我国年均 GDP 增长率损失了 0.9 个百分点。造成各产业结构失衡的原因也不尽相同。非农就业机会增加、农村金融信贷和土地规模化利用是影响农户资源配置效率的主要因素，尽管非农就业机会的增加可以改善农户的劳动配置效率，但考虑到资本配置效率存在的地区差异，现行制度下土地规模的调整可能是改善要素配置效率的更优解决方案（朱喜等，2011）；国企制度安排、地区分割对产品和要素自由流动的阻碍是造成制造业 TFP 损失的主要原因（Hsieh 和 Peter，2009；简泽，2011；聂辉华、贾瑞雪，2011）。关于服务业结构失衡的研究较少，其中柏培文（2014）从三次产业的劳动力配置状况以及劳动力不同层次的无失衡配置对社会产出的影响进行了考察，但他们的研究并未细分到产业内的每个行业，也没有测算资本在不同行业的失衡程度。曹玉书和楼东玮（2012）分解了各地区及三次产业的结构失衡系数，但在他们的核算框架下，并未对造成各行业的资本、劳动力和产品失衡系数进行分别的测算，也未对造成各行业结构失衡的原因进行实证检验。

与现有文献相比，本书借鉴 Oberfield（2013）的思想，在 Hsieh 和 Klenow（2009）的框架下，通过实际产出与最优资源配置条件下的最大产出进行对比，来获得失衡指数，并将失衡指数分解成行业内（Within-industry）失衡部分与行业间（Between-industry）失衡部分，前者主要考察制造业各行业实际产出与该行业内最优资源配置条件下产出之比，后者考察制造业各行业内最优资源配置条件产出与整个制造业产业最优资源配置条件下的产出之比。接下来，为了具体说明制造业结构失衡的特征，本书构建了资本楔子（Capital Wedge）、劳动力楔子（Labor Wedge）与企业规模楔子（Scale Wedge）来反映具体的制造业结构失衡特征，最后，将失衡指数与制造业各行业的具体行业特征相结合，具体考察影响我国制造业各行业失衡程度大小的因素。

为了精确地评估制造业结构失衡情况，有两个重要的问题需要我们注意，那就是测度误差与模型设定误差。在测度误差方面，最重要的问题就是资本的测度问题，对于资本测度的不精确会直接导致失衡情况被过高估计，因此在评估失衡指数时，要充分注意该问题。本书假设测度误差不会在某个时刻显著地发生变化,从而降低测度误差的影响。在模型设定误差方面,最主要的问题就是在微观层面上无法精确评估企业的生产函数,由于企业的边际生产无法精确估计,所以最终失衡指数将严重依赖于生产函数的设定形式。同时,企业层面数据一个显著的特征是企业间的资本强度存在着显著差异:一方面这种差异来自企业持续的失衡行为(例如一些企业可以持续以较低的成本获得资本),另一方面来自企业采取了不同的技术。如果是后者则不会对失衡产生影响,本书在实证模型设定时将充分考虑这些情况。假设企业具有不同的资本强度,能够防止由于严格假设所导致的对失衡的放大估计,而由其带来的问题则是加总的问题,为了能够进行各产业间的总产出、劳动、资本的比较,本书将严格进行索洛剩余与失衡程度变化的比较。本书假定索洛剩余将由最优的资本强度条件计算而成,并被分解成技术的改变以及资源配置效率的变化。

第二节 测度模型与公式

一、测度模型

本书在构建测度制造业结构失衡对全要素生产率损失的影响模型时,参考 Oberfield(2013)的思路,将索洛剩余改变分解为生产效率的改变和结构配置效率的改变。具体来说,假设一个由不同制造业行业组成的经济体,每个制造业行业由许多生产差异性产品的企业组成,而每个产品又由不同的企业加总而成。假设企业的生产函数是具有希克斯中性的柯布—道格拉斯生产函数形式 $Y_i = A_i K_i^{\alpha} L_i^{1-\alpha}$,则制造业行业和整个制造业的总产出为 $Y_j = \left(\sum_{i \in I_j} Y_i^{\frac{\tau-1}{\tau}} \right)^{\frac{\tau}{\tau-1}}$ 和 $Y = \prod_{j \in J} Y_j^{\varphi_j}$,其中 $\sum_{j \in J} \varphi_j = 1$,而且 φ_j 是随着时间改变的。假设消费者是价格的接受者,P_i 表示企业出售产品的价格,$P_j = (\sum_{i \in I_j} P_i^{1-\tau})^{\frac{1}{1-\tau}}$ 和 $P = \sum_{j \in J} \left(\frac{P_j}{\theta_j} \right)$ 分别表示制造业行业产品价格指数和制造业产品价格指数。

第四章 制造业结构失衡与全要素生产率损失

首先分析无结构失衡时的最优化问题，假定经济体中的劳动 L 和资本 K 总量是给定的，假定制造业的最优产出为 Y^*，结合前文中对生产函数的界定，制造业最优产出表示为：

$$Y^* \equiv \max_{\{K_i, L_i\} i \in I_j, j \in J} \prod_{j \in J} \left[\sum_{i \in I_j} (A_i K_i^{\alpha} L_i^{1-\alpha})^{\frac{\tau-1}{\tau}} \right]^{\frac{\tau}{\tau-1}\varphi_j} \quad (4-1)$$

由资本和劳动总量给定的前提条件可得 $\sum_{i \in I_j} \sum_{j \in J} K_i \le K$，$\sum_{i \in I_j} \sum_{j \in J} L_i \le L$，利用生产函数的求最优解的方法，可得制造业的最优总产出为：

$$Y^* = \prod_{j \in J} \left\{ \sum_{i \in I_j} \left[A_i \left(\frac{\alpha_i}{\alpha^*} \varphi_j K \right)^{\alpha_i} \left(\frac{1-\alpha_i}{1-\alpha^*} \varphi_j L \right)^{1-\alpha_i} \right]^{\tau-1} \right\}^{\frac{\varphi_j}{\tau-1}} \quad (4-2)$$

式（4-2）中 α^* 表示制造业生产过程中的最优资本密度，且 α^* 满足下述的关系式：

$$\alpha^* = \sum_{j \in J} \varphi_j \sum_{i \in I_j} \frac{\left[A_i \left(\frac{\alpha_i}{\alpha^*} K \right)^{\alpha_i} \left(\frac{1-\alpha_i}{1-\alpha^*} L \right)^{1-\alpha_i} \right]^{\tau-1}}{\sum_{m \in I_j, m \neq i} \left[A_m \left(\frac{\alpha_m}{\alpha^*} K \right)^{\alpha_m} \left(\frac{1-\alpha_m}{1-\alpha^*} L \right)^{1-\alpha_m} \right]^{\tau-1}} \alpha_i$$

(4-3)

按照制造业最优产出的计算方法，下面计算制造业行业的最优产出和行业的最优资本密度，假定资本和劳动总量给定的前提条件可得 $\sum_{i \in I_j} K_i \le K_j$，$\sum_{i \in I_j} L_i \le L_j$，同时假定制造业行业的最优产出和制造业总的最优产出之间存在 $Y^* = \prod_{j \in J} (Y_j^*)^{\varphi_j}$ 的关系式，则利用生产函数的求最优解的方法，可得制造业行业的最优总产出为：

$$Y_j^* = \left(\sum_{i \in I_j} \left[A_i \left(\frac{\alpha_i}{\alpha_j^*} \right)^{\alpha_i} \left(\frac{1-\alpha_i}{1-\alpha_j^*} \right)^{1-\alpha_i} \right]^{\tau-1} \right)^{\frac{1}{\tau-1}} \quad (4-4)$$

式（4-4）中 α_j^* 表示制造业行业生产过程中的最优资本密度，且 α_j^* 满足下述关系式：

$$\alpha_j^* = \sum_{i \in I_j} \frac{\left[A_i\left(\frac{\alpha_i}{\alpha_j^*}K_j\right)^{\alpha_i}\left(\frac{1-\alpha_i}{1-\alpha_j^*}L_j\right)^{1-\alpha_i}\right]^{\tau-1}}{\sum_{m \in I_j, m \neq i}\left[A_m\left(\frac{\alpha_m}{\alpha_j^*}K_j\right)^{\alpha_m}\left(\frac{1-\alpha_m}{1-\alpha_j^*}L_j\right)^{1-\alpha_m}\right]^{\tau-1}}\alpha_i \qquad (4-5)$$

二、测度公式

参考 Oberfield（2013）的思路，将索洛剩余变化分解为生产技术变化和行业结构失衡，然后计算实际产出和有效产出的差额，差额可以分成两部分，制造业行业内结构失衡（Within-industry）和制造业行业间结构失衡（Between-industry），具体用 M_W 和 M_B 分别表示制造业行业内结构失衡和制造业行业间结构失衡指数，制造业综合结构失衡指数为 M，计算公式为 $M_W = \frac{Y}{Y_j^*}$，$M_B = \frac{Y_j^*}{Y^*}$，$M = M_W \times M_B = \frac{Y}{Y^*}$。从计算公式可以看出，$M_W$ 表示的是实际产出与制造业行业内最优产出的比值，当 $M_W = 1$ 时表示制造业行业内结构是最优的，M_B 表示的是制造业行业内最优产出与制造业行业间最优产出的比值。

接下来通过对（4-3）式的变形，将制造业最优资本强度下的索洛剩余分解成为技术进步的影响和结构失衡的影响，即：

$$d\ln Y - \alpha^* d\ln K - (1-\alpha^*)d\ln L = d\ln M_B + d\ln M_W + d\ln A^* \qquad (4-6)$$

式（4-6）中对于技术进步的测度与 Oberfield（2013）不同，采用半参数估计方法。对于 M_W 和 M_B 以及 α^* 和 α_j^* 的测度方程，首先从消费者的消费最优化开始，消费者最优化条件下的生产函数满足 $Y_i = Y_j(P_iY_i/P_jY_j)^{\frac{\tau}{\tau-1}}$，与企业的生产函数 $Y_i = A_iK_i^\alpha L_i^{1-\alpha}$ 进行整合可得：

$$A_i = Y_j \frac{(P_iY_i/P_jY_j)^{\frac{\tau}{\tau-1}}}{K_i^\alpha L_i^{1-\alpha}} \qquad (4-7)$$

将式（4-7）代入式（4-3）和式（4-5）可得：

$$\sum_{j \in J}\varphi_j \sum_{i \in I_j}\left[\left(\frac{P_iY_i}{P_jY_j}\right)^{\frac{\tau}{\tau-1}}\left(\frac{K/\alpha^*}{K_i/\alpha_i}\right)^{\alpha_i}\left(\frac{L/(1-\alpha^*)}{L_i/(1-\alpha_i)}\right)^{1-\alpha_i}\right]^{\tau-1}(\alpha_i - \alpha^*) = 0$$

$$(4-8)$$

$$\sum_{i\in I_j}\left[\left(\frac{P_iY_i}{P_jY_j}\right)^{\frac{\tau}{\tau-1}}\left(\frac{K_j/\alpha_j^*}{K_i/\alpha_i}\right)^{\alpha_i}\left(\frac{L_j/(1-\alpha_j^*)}{L_i/(1-\alpha_i)}\right)^{1-\alpha_i}\right]^{\tau-1}(\alpha_i-\alpha_j^*)=0$$

(4-9)

通过式（4-8）和式（4-9）的非线性方程可以得出 α^* 和 α_j^* 的数值，同样可以将式(4-7)代入式(4-2)和式(4-4)可得：

$$\frac{Y^*}{Y}=\frac{1}{M_W\cdot M_B}=\prod_{j\in J}\left\{\sum_{i\in I_j}\left[\left(\frac{P_iY_i}{P_jY_j}\right)^{\frac{\tau}{\tau-1}}\left(\frac{\varphi_j K/\alpha^*}{K_i/\alpha_i}\right)^{\alpha_i}\left(\frac{\varphi_j L/(1-\alpha^*)}{L_i/(1-\alpha_i)}\right)^{1-\alpha_i}\right]^{\tau-1}\right\}^{\frac{\varphi_j}{\tau-1}}$$

(4-10)

$$\frac{Y_j^*}{Y}=\frac{1}{M_W}=\prod_{j\in J}\left\{\sum_{i\in I_j}\left[\left(\frac{P_iY_i}{P_jY_j}\right)^{\frac{\tau}{\tau-1}}\left(\frac{K_j/\alpha_j^*}{K_i/\alpha_i}\right)^{\alpha_i}\left(\frac{L_j/(1-\alpha_j^*)}{L_i/(1-\alpha_i)}\right)^{1-\alpha_i}\right]^{\tau-1}\right\}^{\frac{\varphi_j}{\tau-1}}$$

(4-11)

本书中的各种测度指标用到的都是无单位指数，因此在计算失衡指数时具体的变量都可以使用名义变量值，而不需要对变量进行修正，这样可以在一定程度上避免由于数据修正导致的测度误差，而且本书提出的测度方法不需要关注价格及其形成方式。

无论是何种原因造成了结构失衡，最终都会反映到目标函数的一阶条件上，即要素的边际收益产品和要素价格之间多出一个经济楔子（wedge）。因此，本书进一步定义若干经济楔子，其中 $S_{K_i}=\frac{P_iY_i/K_i}{P_j^*Y_j^*/K_j^*}$ 称为资本楔子，反映企业 i 的资本规模对其制造业行业内最优资本构成的偏离；$S_{K_i}=\frac{P_iY_i/L_i}{P_j^*Y_j^*/L_j^*}$ 称为劳动楔子，反映企业 i 的劳动规模对其制造业行业内最优劳动构成的偏离；$S_{G_i}=S_{K_i}^{\alpha_i}S_{L_i}^{1-\alpha_i}$ 称为规模楔子，反映企业 i 的总体规模对其制造业行业内最优整体规模的偏离。

三、测度数据及相关指标说明

本书使用的数据主要来自国家统计局 2002~2011 年的《中国工业企业数据库》，另外，考虑到《中国工业企业数据库》存在指标缺失、指标异常等问题,本书根据一般公认的会计准则(GAAP)对样本数据进行了如下筛选:①删除企业工业总产值、企业固定资产净值年平均余额缺失的观测值;②删除不符合会计原则的样本,即总资产小于流动资产、总资产小于固定资产净值年平均余额以及累计折旧小于当期折旧的企业样本;③删除不满足"规模以上"标准的样本,即职工人数少于30人,主营业务收入少于500万元,或者固定资产净值年平均余额低于1000万元的观测值(谢千里等,2008)。对于制造业行业的数据,具体来说,本书以我国制造业的二位码行业为基础进行数据收集和实证分析。在制造业行业的选取上,本书拟选取24个主要的制造业行业,具体选择方法主要参照我国《国民经济行业分类》(GB/T 4754—2002)标准,同时参考李强和郑江淮(2013)对产业的归类方法。

本书为了进一步降低计算误差,除了在数据选取上做上述处理外,在计算方法选取上也做了一些改进。为了降低极端值对测量误差的影响,本书在计算劳动和资本楔子时用winsorize方法对变量进行1%分位的缩尾处理。同时为了降低计算全要素生产率时的总产出加总问题,本书用Tornqvist指数进行加总计算。本书假设企业长期的要素投入的变化是由技术而不是结构失衡导致的,在该假设条件下,企业的最优资本密度α^*由所有年份的最优资本密度的中位数确定,以此得出企业的生产函数。

第三节 制造业结构失衡实证分析

一、总体结构失衡分析

(一)资本结构失衡分析

本书在构建结构失衡测度公式时,提出了资本楔子的计算方法,在本部分中利用S_{K_i}的计算公式来测算资本楔子反映的制造业资本要素失衡状态。具体来说,本书分别计算了资本楔子75和25分位值的比值以及90和10分位值的比值,具体结果如图4.1所示。从图4.1可以看到,我国制造业中资本要素失衡状况是比较平稳的，两种缩减方法得出的资本楔子变化趋势基本相似，75 和 25 分位值的比值相对来说更加平稳。但是从 2008 年开始，两种比值开始出现分化，75 和 25 分位值的比值开始缓慢上升，而 90 和 10 分位值的比值开始缓慢下降。这说明从 2008 年开始，制造业企业之间的结构失衡出现新的特点，具体是什么特点从图 4.1 的趋势中无法获得，本书将在后续内容中结合其他研究内容进一步分析。

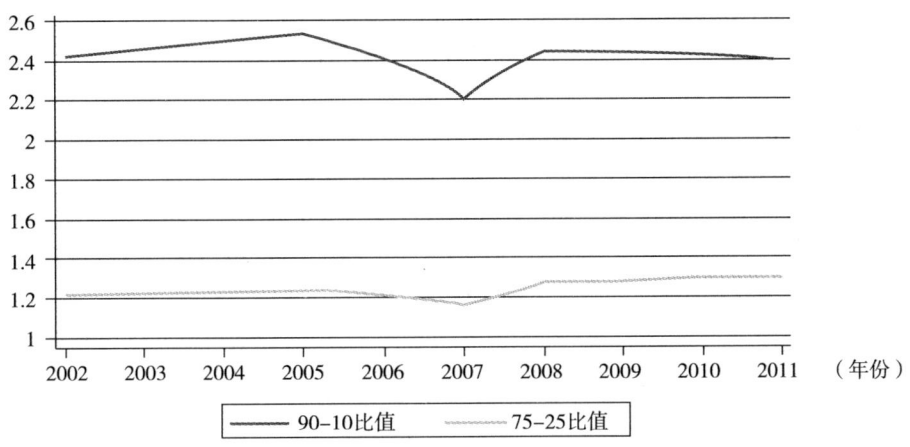

图 4.1 资本楔子的变化趋势

(二) 规模结构失衡分析

制造业行业中的规模因素是企业全要素生产率发展的关键制约因素，有的制造业行业中集中度过高，导致行业中的企业规模过大，偏离了行业的最优企业规模水平，这会导致制造业行业中全要素生产率的损失；相反，有的制造业行业中集中度过低，导致行业中的企业规模偏小，同样偏离了行业的最优企业规模水平，这也会导致制造业行业中全要素生产率的损失。因此，本书本部分对制造业各行业中的规模失衡现状进行分析。具体来说，本书在构建结构失衡测度公式时，提出了规模楔子的计算方法，在本部分中利用 S_{G_i} 的计算公式来测算规模楔子反映的制造业资本失衡状态，具体测算结果如表 4.1 所示。

表4.1 制造业行业的规模失衡现状

年份	2002	2003	2004	2005	2006	2007	2008	2009	2010	2011
食品加工制造业	↓	↓	↓	↓	↓	↓	↓	↓	↓	↓
饮料制造业	↓	↑	↑	↑	↓	↓	↑	↑	↑	↑
烟草制品业	↑	↑	↑	↑	↑	↑	↑	↑	↑	↑
纺织业	↓	↓	↓	↓	↓	↓	↓	↓	↓	↓
纺织服装、鞋、帽制造业	↓	↓	↓	↓	↓	↓	↓	↓	↓	↓
皮革、毛皮、羽毛（绒）及其制品业	↓	↓	↓	↓	↓	↓	↓	↓	↓	↓
木材加工及木、竹、藤、棕草制品业	↓	↓	↑	↓	↓	↓	↓	↓	↓	↓
家具制造业	↓	↓	↓	↓	↓	↓	↓	↓	↓	↓
造纸及纸制品业	↓	↓	↑	↓	↓	↓	↓	↓	↓	↓
印刷业和记录媒介的复制	↓	↑	↑	↓	↓	↓	↓	↓	↓	↓
文教体育用品制造业	↓	↓	↓	↓	↓	↓	↓	↓	↓	↓
石油加工、炼焦及核燃料加工业	↓	↑	↑	↓	↓	↓	↓	↓	↓	↓
化学原料及化学制品制造业	↓	↑	↑	↓	↓	↓	↓	↓	↓	↓
医药制造业	↓	↓	↓	↓	↓	↓	↓	↓	↓	↓
化学纤维制造业	↓	↓	↓	↓	↓	↓	↓	↓	↓	↓
黑色金属冶炼及压延加工业	↓	↓	↑	↓	↓	↓	↓	↓	↓	↓
有色金属冶炼及压延加工业	↓	↓	↓	↓	↓	↓	↓	↓	↓	↓
金属制品业	↓	↓	↓	↓	↓	↓	↓	↓	↓	↓
通用设备制造业	↓	↓	↓	↓	↓	↓	↑	↑	↓	↓
专用设备制造业	↓	↓	↓	↓	↓	↓	↑	↓	↓	↓
交通运输设备制造业	↓	↓	↓	↓	↓	↑	↑	↑	↑	↑
电气机械及器材制造业	↓	↓	↓	↓	↓	↓	↓	↓	↓	↓
通信设备、计算机及其他电子设备制造业	↓	↓	↓	↓	↓	↓	↓	↓	↓	↓
仪器仪表及文化、办公用机械制造业	↓	↓	↓	↓	↓	↓	↑	↓	↓	↓

注："↓"表示制造业行业的企业规模平均要低于制造业的最优规模，即规模楔子在1和2之间，从结构失衡的角度来说，该类制造业行业的企业要增加企业规模；"↑"表示制造业行业的企业规模平均要高于制造业的最优规模，即规模楔子小于1，从结构失衡的角度来说，该类制造业行业的企业要降低企业规模。

从表4.1的估计结果可以看到，大部分制造业行业都表现出"↓"的特征，即大多数制造业行业中企业的生产规模相对制造业最优规模来说都是偏小的，从前文中的理论分析可以看到，最优规模是行业中效率最优的规模。因此，从最优规模的角度来说，我国大部分企业的规模需要扩张，从而解决制造业行业中规模结构失衡的问题，实现生产效率的最优化。从具体的制造业行业中的规模结构失衡大小来看，规模失衡表现最严重的几个行业主要是资源开采和加工类行业，例如黑色金属冶炼及压延加工业和有色金属冶炼及压延加工业等，这些制造业行业中的企业虽然平均规模要高于其他行业的企业，但是相对该类行业中的最优规模来讲还是偏低的；在所有的制造业行业中，也有几类制造业行业的规模是相对偏大的，例如烟草制品业、饮料制造业和交通运输设备制造业等，特别是烟草制品业，所有年份的规模结构失衡指数都显示其规模相对偏大，对于这样的制造业行业，要靠政府干预引入竞争，一方面可以降低行业的准入门槛，另一方面可以把行业的企业细化优化。

（三）制造业行业内和行业间失衡分析

制造业的结构失衡除了体现在要素在不同制造业行业间的配置失衡以及不同行业间的规模失衡外，还体现在制造业行业自身也存在不同程度的失衡，制造业行业间和行业内的两种失衡共同作用造成制造业的总体失衡。前文中已经对制造业行业间和行业内失衡的测度方法做了介绍，M_W和M_B分别表示制造业行业内结构失衡指数和制造业行业间结构失衡指数，制造业综合结构失衡指数为M。为了更好地对比分析和稳健性分析，本书进一步地对前文的制造业行业间和行业内失衡的测度方法进行调整，构建制造业行业间失衡、行业内失衡和总失衡的转换测度指数。具体来说，制造业行业内结构失衡转换指数为$M_W^{-1}-1$，表示在制造业行业自身规模保持不变的情形下，实现最优资源配置所带来的实际产出增加量；制造业行业间结构失衡转换指数为$M_B^{-1}-1$，表示制造业行业内的企业都实现最优资源配置，所带来的最优行业产出增加量；制造业总结构失衡转换指数为$M^{-1}-1$，表示制造业行业内的企业都实现最优资源配置，所带来的实际行业产出增加量。

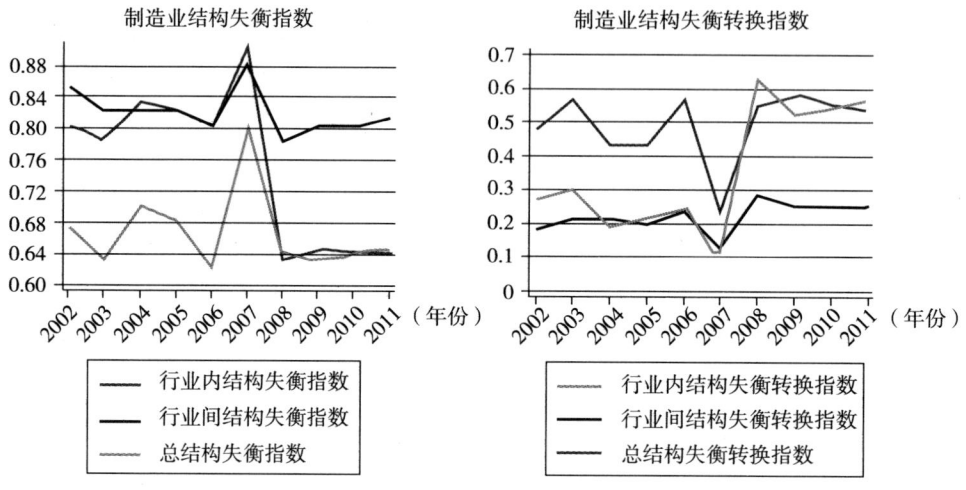

图 4.2 制造业行业内和行业间失衡指数

具体两种制造业结构失衡指数的变化趋势如图 4.2 所示。从图 4.2 可以看到，两种失衡指数都显示我国制造业结构失衡现状是比较严重的，从具体失衡类别来看，制造业行业内的失衡程度最大，行业间失衡程度最小，但总失衡程度还是很大的。图 4.2 中的制造业结构失衡转换指数显示，制造业行业内结构失衡转换指数在 2008 年达到最大值，说明在制造业行业自身规模保持不变的情形下，实现最优资源配置能够使实际产出增加 64.1%；制造业行业间结构失衡转换指数同样在 2008 年达到最大值，说明制造业行业内的企业都实现最优资源配置，所带来的最优行业产出增加 55.8%；制造业总结构失衡转换指数在 2009 年达到最大值，说明制造业行业内的企业都实现最优资源配置，能够带来的实际行业产出增加 58.4%。

二、制造业结构失衡与全要素生产率损失

前文中分析了我国制造业结构失衡的现状，制造业的这种结构失衡对我国企业全要素生产率会产生怎样的影响。本部分将通过构建衡量结构失衡与企业全要素生产率关系的测度指标进行分析。具体来说，利用式（4-

6)来计算索洛剩余的改变,即计算 $d\ln Y - \alpha^* d\ln K - (1-\alpha^*) d\ln L$ 的数值,然后计算制造业行业内失衡和行业间失衡的变化值 $d\ln M_B$ 与 $d\ln M_W$ 的和,然后将 $d\ln M_B$ 与 $d\ln M_W$ 的和与索洛剩余进行比较,如果这两个数值相等,则表明生产效率的损失都是由于制造业结构失衡导致的。因此,本书用制造业行业内失衡和行业间失衡之和与索洛剩余的比值,来表示制造业失衡对全要素生产率的影响。该比值越大表示制造业失衡对全要素生产率损失的影响越严重。

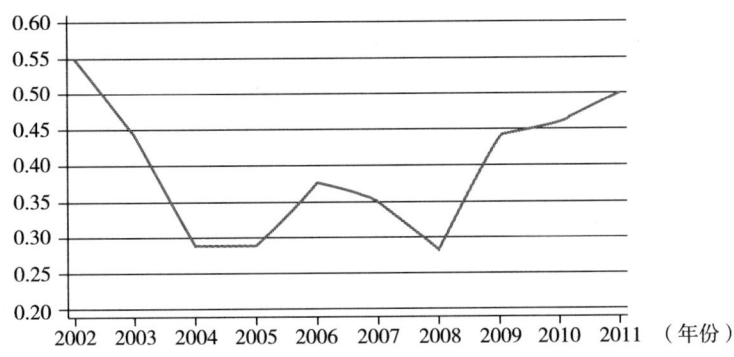

图 4.3 制造业结构失衡对全要素生产率的影响

从图 4.3 可以看到,制造业行业内失衡和行业间失衡之和与索洛剩余的比值呈现波动态势,大体上由于制造业结构失衡可以解释全要素生产率变动的 25%～55%,这表明我国的制造业结构失衡是影响全要素生产率变动的主要原因,也进一步说明了我国制造业结构失衡是非常严重的。

第四节 制度因素与制造业结构失衡

既然测算结果表明结构失衡造成了行业生产效率的损失,下面研究到底哪些制度安排或政府政策造成了结构失衡。本书从政府干预角度分析可能会对结构失衡产生影响的一些制度安排,集中表现为信贷配置制度、国企制度安排、户籍制度和财政制度四个方面。计量模型和变量选取方法及理由如下。

一、计量模型

$$mis_{i,t} = \alpha_0 + \alpha_1 institution_t + \alpha_2 control_t + \varepsilon_t$$

其中，$mis_{i,t}$ 表示第 i 产业的结构失衡指数，$institution_t$ 表示现实中可能会造成结构失衡的一系列制度安排，$control_t$ 表示除制度因素以外其他可能会对结构失衡效率产生影响的控制变量，ε_t 是随机误差项。

二、变量选取和数据来源

由于此处需要研究造成结构失衡的制度安排或政策措施，故用结构失衡作为被解释变量，用影响结构失衡的制度安排为解释变量。考虑到前文中对结构失衡的分类，本书用总的结构失衡指数、行业结构失衡指数和行业间结构失衡指数分别作为被解释变量对解释变量进行回归检验。考虑到中国经济运行的现实和已有相关研究，影响结构失衡效率的制度安排有：

（一）金融约束

斯蒂格利茨、赫尔曼等认为造成转型经济体结构失衡的主要原因是金融约束而非金融抑制。因为前者完全是由政府干预造成的，而后者内生于经济发展水平。张维迎也指出，这种为了实现宏观调整和结构调整的政府意图，针对不同所有制企业的主体实施有选择性的信贷配给和补贴政策，不仅会造成资源和时间的浪费，还会带来收入再分配从而产生效率损失并产生腐败和社会福利的净损失。显然，过去常用的金融信贷总额/GDP 来衡量政府的金融约束对结构失衡的影响是不合适的，本书采纳鲁晓东（2008）和韩剑（2012）的做法，通过国有商业银行贷款额度/社会融资规模来近似地反映金融信贷的所有制偏向，用 credit 表示。

（二）国企制度

根据 Hsieh 和 Klenow（2009）的研究，国企制度安排是造成中国制造业低效率的主要原因。国企制度安排之所以会造成结构失衡，一是这种所有制差异为金融机构实施选择性的金融信贷提供了配套的可能，国有企业和非国有企业面临的资金借贷成本的差额就会造成行业的静态效率损失；二是行政性壁垒对行业内高效率企业进入的阻碍和低效率企业的保护也会造成行业的动态效率损失。由于现有的年鉴中并未公布国有企业总产值和非国有企业总产值，此处将各地区的城镇国企职工数加总得到全国的总国企职工数，再用全国总国企职工数/全国总职工数来反映国企规模，用 $state$ 表示。

（三）户籍制度

已有研究表明户籍制度对结构失衡产生显著的负效应（朱喜等，2011；柏培文，2014；Brandt，2013）。辜胜阻等（2014）指出，户籍制度造成的进城务工人员和城市居民福利待遇的二元结构是阻碍劳动力自由流动的主要障碍。因此，本书用农村户籍人口数/总人口数来反映户籍制度对劳动力自由流动的阻碍程度，用 $hukou$ 表示。

（四）财政制度

已有研究基本都是基于政府补贴视角来检验财政支出对结构失衡的影响。由于无法获得政府对三次产业的财政补贴金额，因此无法检验政府财政补贴政策对结构失衡的影响，但我们却可以检验政府支出偏向对结构失衡的影响。事实上，政府财政制度对资源配置的影响，既表现为政府支出，又表现为政府收入。Restuccia 等（2008）的研究表明税收征收方式、税率高低都会对资源配置效应产生影响。考虑到近十多年来我国对企业所得税征收制度进行了一系列税改，从开征国营企业所得税到外资税收优惠，再到内外资企业所得税税率并轨等变革，本书采用企业所得税税收收入/总税收收入反映税收制度，用 $fiscal-tax$ 表示，考虑税收制度对结构失衡的影响。根据李强和郑江淮（2013）的研究，基础设施状况会对一国的资源配置效率产生影响，因为不同地区的基础设施状况会以交易成本形式反映到企业的平均成本里，造成不同地区企业成本加成的差异。考虑到基础设施建设主要由政府承担，因此本书将政府支出分为促进生产性支出①、促进消费性支出和政府自身支出三个方面，用生产性支出/政府总支出来反映政府支出结构，用 $fiscal\text{-}exp$ 表示。

此外，考虑到国际经济背景下，国际投资也会对国内的资源配置效率产生影响，本书在计量模型中加入外资依存度。用外商直接投资金额/(国内生产总值－外商直接投资金额）反映对外资的利用程度，表示为 fdi；一般认为，外资进入带来的竞争效应会促使本土企业提高生产效率，进而促进国内资源配置效率的改善，但是 Atkeson 和 Burstein（2008）等研究表明，当国内市场对于外资进入领域施加限制时，反而有可能会加剧国内的结构失衡。因此，外资进入对我国结构失衡效率的整体影响可通过控制变量的系数符号及大小综合反映出来。

三、实证结果及分析

和发达国家相比，我国对资源配置效率发挥作用的制度性安排无疑会更多。但从表 4.2 的实证结果表明，对三种制造业结构失衡最明显的制度安排是户籍制度和国企制度。可以看出，无论是总的结构失衡，还是行业内和行业间结构失衡对户籍制度和国企制度的回归系数都大于零且都通过 1% 显著性检验。这与聂辉华、贾瑞雪（2011）和简泽（2011）等的研究结论一致。从经济学原理可知，实现资源有效配置的前提是允许要素自由流动，在市场"看不见的手"的指引下，要素从投资回报率低的部门流向投资回报率高的部门，直到各部门边际产品价值趋同的过程，就是资源实现帕累托最优配置的过程。但长期存在的户籍制度和国企制度安排却成为当下要素自由流动的最大障碍。前者表现为不同户口类型对应的差别化待遇对劳动力从农村向城市、从小城市向大城市转移过程的阻碍，后者既表现为行政性壁垒对新企业投资进入和低效率企业退出的阻碍，也表现为所

---

① 促进生产性的支出包括：基本建设、企业挖潜改造资金、简易建筑费、地质勘探费、科技三项费用、流动资金、农林水利气象等部门事业费、工业交通部门事业费、流通部门事业费、科学事业费。

有制差异为国有企业提供的融资成本和融资规模优势。大量事实证明，企业的自由进入和退出引起的资源在新进入企业和原有企业间的重新配置效应、原有企业内部的资源再配置效应对整个行业生产率的提高至关重要（Foster等，2001）。

本书实证结果与已有研究也存在一定的差异，表现为信贷政策和财政制度对三种结构失衡的影响。普遍认为，中国金融在很大程度上仍是支持国有企业的政府控制性金融，所以现有的金融体制不能很好地发挥优化资金配置的功能（鲁晓东，2008；韩剑，2012）。但本书却发现，金融约束对三种结构失衡的作用不明显。可能是因为既有的研究都是基于狭义口径下的行业内结构失衡的研究，对于既定的某一行业而言，金融机构基于国有企业的"预算软约束"自然会把更多的资金借贷给国有企业，这种选择性信贷配给政策无疑会造成行业生产率的损失。而本书的研究对象是针对三种结构失衡，考虑到国有企业及国有控股企业在制造业行业间的准均匀分布特征，金融约束造成的不同产业间资金借贷成本的差异可能并不明显。鉴于已有研究表明，补贴机制不透明、补贴规则不统一造成的寻租行为不仅不能提高企业竞争效率，反而起到了保护落后产能、提高退出壁垒的作用，进而造成结构失衡。本书此处侧重于研究政府基础设施投资支出对资源配置的影响。原理上，政府增加基础设施等公共投资会降低企业的运输成本，促进市场规模的扩大，由此带来的市场竞争效应会促进资源配置效率，但实证结果表明，政府促进生产方面的支出对制造业的资源配置效率的促进作用并不明显。这与我国地域辽阔、各地区基础设施投资不平衡的发展路径有关，当各地基础设施投资存在差距时，意味着基础设施落后的区域为本地企业提供了市场势力，造成本地企业与外地企业成本加成的差异自然会放大结构失衡程度。从财政收入结构看，政府近年来实施的企业所得税优惠政策对总结构失衡的改善起到明显的促进作用，从实证结果可以看出，三类制造业结构失衡程度对税收制度的回归系数都为负，且总结构失衡和行业内结构失衡的回归系数都通过1%显著性检验。

表 4.2　三种结构失衡的回归结果

	总结构失衡			行业间结构失衡			行业内结构失衡		
Hukou	10.43** (1.89)								
Fiscaltax		-4.56** (1.46)							
Fiscalexp			-0.53 (1.73)	-1.19** (0.36)					
Credit					0.20 (0.25)			0.04 (0.06)	
State						0.99** (0.24)	2.86** (0.35)		0.27** (0.05)
Fdi	0.22 (0.17)	0.41 (0.51)	0.55** (0.18)	-0.15 (0.21)	0.24** (0.03)	0.38** (0.04)	0.30* (0.12)	0.47** (0.05)	0.28** (0.05)
constant	-6.30** (1.11)	0.98* (0.43)	0.06 (0.93)	-0.26 (0.27)	0.23 (0.21)	-1.65** (0.20)	0.33 (0.21)	0.01 (0.07)	0.13* (0.05)
R^2	0.84	0.69	0.43	0.46	0.76	0.98	0.91	0.90	0.96
F	31.19	13.09	4.58	5.06	19.42	371.15	62.11	52.68	170.80
Prob>F	0.00	0.00	0.03	0.03	0.00	0.00	0.00	0.00	0.00

续表

	行业间结构失衡			
Hukou	2.42** (0.49)			
Fiscaltax		-0.74 (0.42)		
Fiscalexp			-0.38 (0.40)	
Credit				-0.00 (0.06)
state				0.29** (0.03)
Fdi	0.12* (0.05)	0.27** (0.05)	0.21 (0.12)	0.32** (0.04)
				0.11** (0.03)
constant	-1.61** (0.29)	-0.01 (0.13)	-0.00 (0.22)	-0.20** (0.07)
				-0.07** (0.03)
R^2	0.94	0.85	0.83	0.81
				0.98
F	92.37	34.43	28.63	26.2
				248.39
Prob>F	0.00	0.00	0.00	0.00
				0.00

注：表中括号为标准误，** 表示1%的显著性水平下显著，* 表示5%的显著性水平下显著。

第五节　结论及政策建议

后金融危机时期在人口、资源、环境、能源的紧约束下，中国经济能否实现由过去的高速增长向中高速增长的平稳过渡，关键在于能否实现有限资源的有效配置。而现代市场经济已然脱离了最初的自由市场经济状态，需要同时发挥政府和市场在不同层次和不同领域的资源配置功能。这就要求我们了解存在制造业结构失衡的关键领域和主要原因。本书尝试对制造业行业内和行业间结构失衡程度进行综合测度，并试图找到造成制造业结构失衡的制度性根源。实证结果表明，户籍制度和国企制度是造成制造业结构失衡的主要原因。对此，得到以下相关结论和启示：

一、完善市场在资源配置中的决定性作用的"改革红利"巨大

据测算，在给定的资源供给总量下，通过资源在制造业行业再配置效应的释放，可使产出水平提高65个百分点，经济增长率提高2个百分点，根据2015年的国内生产总值和就业岗位数，我们认为新一轮市场化改革可以释放24973亿元的增加值和767个就业岗位。且市场化对于制造业结构优化和高端制造业的发展尤为显著。根据测算，结构失衡的消除对于高端制造业的溢出效应最强，相对于低端制造业行业而言，高端制造业行业的产值可以翻一番，从而实现从发展低端制造业为主到以发展高端制造业为主的格局，这既是经济发展规律的客观要求，也是新常态下国内经济保持稳定发展的必然选择。

二、发挥市场在资源配置中决定性作用的关键在于深化资金管理体制改革

根据测算结果，资金管理制度不完善也是我国制造业结构失衡的主要原因，这意味着企业获取资金成本远远高于市场价格水平，这和多年来我

国存在的资金价格非市场化定价机制有关，尽管近年来金融管制在逐步放松，从放开银行间同业拆借利率到货币市场、债券市场利率和境内外币存贷款利率市场化，从对金融机构人民币存款利率上限、贷款利率下限双边管制到贷款利率放开，对促进实体经济发展、经济结构调整与转型升级具有重要意义，但仍未从根本上发挥市场在资金配置中的根本性作用。众所周知，金融是现代经济的核心、现代市场体系的枢纽，从市场配置资源的实践来看，往往是资金配置到哪里，技术、劳动力等生产要素就随之集聚在哪里，因此资金配置在生产要素配置中发挥着龙头作用，资金配置偏离市场规律，就会导致信贷错配，加剧经济结构的失衡。而降低资金成本的关键就在于打破金融行业的进入壁垒和完善金融行业的退出机制。因为从学理和发达国家的经验看，允许企业在各行业自由投资，打破垄断、强化竞争，会使各行业的平均利润率趋同，实现资金价格的降低，进而促进实体经济的健康发展。

三、深化户籍制度和国企制度改革，消除劳动力和资金要素自由流动的障碍

户籍制度改革的关键不以户籍废除为标志，而在于改变城镇基本公共服务业城市市民和农民工的二元结构。只有加大政府在公共领域的投资力度，切实推进基本公共服务的均等化，从广度和深度上向城镇常住人口全覆盖并推进城乡、城市间社保的有效对接，让转移人口有稳定的就业并享受教育、医疗等基本公共服务，才能彻底消除劳动力跨区域转移的顾忌，切实有效地推进劳动力的自由流动。考虑到国有企业对于中国特色社会主义制度的重要作用，在坚持国有经济主体地位的同时，关键在于强化对国有企业的权责约束，开启对竞争性的国有企业的市场化改革。为使其能够按照市场规则经营发展，依托资本市场进行股权多样化改革不失为可行的办法。更为关键的是应该降低一些竞争性领域的进入门槛，允许民营企业进入与竞争性国有企业的公平竞争，让市场来决定企业的去留对资源配置效率的改善至关重要。

第五章

结构调整加剧还是抑制制造业全要素生产率波动
——方差分解的视角

第一节 引言

从 20 世纪 80 年代到 2008 年金融危机发生,以信息技术革命为基础的新产业革命使得世界制造业结构经历了深刻变革,高端的现代服务业逐渐成为世界经济发展的动力,传统产业也在不断地升级,世界经济变得相对稳定,其波动的幅度也越来越小。但是从 2008 年的金融危机开始,世界经济稳定化趋势似乎受到了质疑。但曹永福(2010)分析认为即便经济的波动增大,但制造业结构变动依然起到了缓解制造业全要素生产率的作用,如果美国的制造业结构回到 20 世纪 80 年代的水平,经济会表现出更大程度的波动。因此,在各国经济联系不断增强的背景下,如何更好地规避制造业全要素生产率的风险,在平稳的制造业全要素生产率下实现制造业结构的调整升级是每个国家面临的新问题。中国在过去的几十年里经历了一个高速的增长期,制造业结构进行了巨大的调整,但仍有很多不合理的地方。因此,从制造业结构变动的角度来研究制造业全要素生产率,在制造业结构调整过程中降低经济的波动性,具有实现经济稳定增长重大的现实意义。

在世界经济的发展过程中,经济增长的过程也是制造业结构调整、转变和升级的过程,而经济增长是不断地周期性波动增长。很多学者对制造业全要素生产率和制造业结构变动的关系进行了分析,例如 Kuznets (1971) 分析了经济增长速度和生产结构变动大小的关系。从经济发展的过程也可以看到,每一次的经济周期波动都伴随着制造业结构的变动。因此,制造业结构变动和制造业全要素生产率之间存在相互的联系,制造业全要素生产率会带来制造业结构的变动,同时制造业结构的变动也会产生经济周期性增长。所以制造业全要素生产率和制造业结构变动应该是相互影响、相互制约的关系,制造业全要素生产率会带来制造业结构的升级和调整,而制造业结构的变动,使经济在波动中实现增长。目前的研究主要是关注制造业全要素生产率和制造业结构变动,而关于制造业结构变动对于制造业全要素生产率的研究较少,特别是关于中国的实证分析更少。

因此,本书以制造业结构变动和制造业全要素生产率的相关理论为基础,分析我国制造业结构变动对制造业全要素生产率的影响以及作用机制。第二部分中主要是对制造业结构变动和制造业全要素生产率的相关文献进行了综述;第三部分以我国 1980~2008 年 27 个地区的面板数据为基础,实证分析制造业结构变动对制造业全要素生产率的影响;第四部分对我国制造业结构变动影响制造业全要素生产率的机制进行分析;最后在前面理论和实证分析的基础上提出我国在保持经济快速稳定增长过程中的制造业结构调整政策。

第二节 文献综述

有关制造业全要素生产率的研究已经成为国内外研究者热切关注的现实热点问题,但关于制造业结构变动和制造业全要素生产率之间关系的研究观点是比较接近的。有些国外学者认为经济结构变动没有对经济的稳定产生促进作用,例如 Blanchard 和 Simon (2001) 利用对支出法 TFP 的分解认为经济结构变动没有促进经济稳定,Stock 和 Watson (2002) 通过分析美国劳动力在产业部门间的流动也发现经济结构变动没有促进经济稳定。但是大多数的国外研究者从不同的角度研究还是认为制造业结构变动具有缓解制造业全要素生产率的作用。Peneder（2002）通过对 OECD 国家的数据利用动态面板检验了制造业结构变化对制造业全要素生产率的影响，结果显示 30%的制造业全要素生产率的降低可以用制造业结构转变来解释。Eggers 和 Ioannides（2006）对美国 1950 年以来的研究发现制造业结构的演进对降低经济的波动具有十分重要的作用。Alessio（2009）通过构建一个两部门动态一般均衡投入产出模型分析了制造业向服务业转变对降低美国制造业全要素生产率的作用，研究认为从制造业向服务业的结构转变有效地降低了美国经济的波动。

国内的研究在国家层面上学者都认为制造业结构变动对制造业全要素生产率具有稳定作用，研究的角度主要集中在两个方面。

一方面是验证制造业结构变动是否对制造业全要素生产率具有稳定作用。董琨和原毅军（2007）通过运用时间序列数据实证分析了我国制造业结构变动和经济增长的关系，发现制造业结构变动是影响我国实际经济增长的重要原因，但是反过来经济增长对制造业结构变动没有显著的影响。干春晖等（2011）通过构建制造业结构变迁与经济增长的计量模型，把产业机构变动分为制造业结构合理化和制造业结构高级化，分析制造业结构变动对制造业全要素生产率的影响。分析认为两种结构对经济都具有稳定作用。方福前和詹新宇（2011）利用 TGARCH 模型研究了改革开放以来我国制造业结构升级对制造业全要素生产率的影响效应，发现制造业结构升级对制造业全要素生产率具有明显的熨平效应。制造业结构升级越快，熨平作用越明显。但是并没有分析产业机构变动对制造业全要素生产率的贡献率。

国内有的学者从地区层面上也证实了这种稳定作用的存在，例如徐诚玮（2010）在分析了三个产业发展对浙江省经济增长的贡献度后，发现制造业结构升级对稳定经济有积极的作用。齐福全（2010）利用北京改革开放以来的数据研究发现三类制造业行业的波动均会对北京的制造业全要素

第五章 结构调整加剧还是抑制制造业全要素生产率波动

生产率产生减缓效应,其中制造业的影响强度明显高于其他产业。楼琳琳(2011)利用方差分解的方法,分析广东省改革开放以来的经济增长,研究认为广东经济相对平稳较快增长主要源于其三大产业自身向着特别稳定的方向转变。

另一方面是研究产业机构变动对制造业全要素生产率的贡献,主要是用不同的实证方法分析三类制造业行业对制造业全要素生产率的贡献率,在对全要素生产率进行分解时,常用的方法就是方差分解法。李云娥(2008)利用方差分解法对我国1952~2004年全要素生产率进行研究,发现劳动密集型行业和制造业的波动都会在很大程度上引发经济的波动。杨天宇和刘韵婷(2011)利用方差分解方法,计算了在支出法和生产法TFP核算下,经济结构调整对制造业全要素生产率的"熨平效应"。但是作者只是分析了制造业内部调整对制造业全要素生产率的影响,并没有分析三次制造业结构变动对制造业全要素生产率的贡献率。

综上所述,对于我国制造业结构波动对制造业全要素生产率影响的分析主要集中在两个方向:一个方向主要分析我国制造业结构变动是否对制造业全要素生产率具有影响效应,得出的结论认为我国制造业结构变动对制造业全要素生产率具有"熨平效应",但是没有进一步从制造业结构变动的角度分析对制造业全要素生产率的影响效应大小;另一个方向是在假定制造业结构变动对制造业全要素生产率有影响的前提下,使用不同的数学方法来分析经济结构或者产业内部结构对制造业全要素生产率影响的大小,而且这些研究也只是集中在单个产业上。本书的研究就是把这两个方向统一起来:首先通过实证检验制造业结构变动是否对制造业全要素生产率具有影响效应,而且本书不同于其他学者研究的地方在于把制造业结构变动进行了细分,分成了产业机构合理化和制造业结构高级化;其次在实证检验的基础上通过方差分解的方法来度量制造业结构变动对稳定制造业全要素生产率的贡献率,本书在度量贡献率时不是只度量某一产业的贡献率,而是度量三类制造业行业对制造业全要素生产率的影响。

第三节 制造业结构调整对制造业全要素生产率的影响：加剧还是抑制

从我国经济发展过程中制造业结构的变动对宏观制造业全要素生产率影响的直观判断可知，制造业结构的调整能够对制造业全要素生产率产生一定的影响。因此，在本部分中，通过构建度量制造业结构调整和制造业全要素生产率指标，实证分析制造业结构变动对制造业全要素生产率的影响。

一、制造业结构调整和制造业全要素生产率的度量

（一）制造业结构调整的度量

制造业结构调整在国民经济中主要体现在产业比例结构的变动，是制造业结构对经济的内外环境变化做出的调整，而国民经济中不同产业对制造业全要素生产率的反应是不一样的。从经济动态演进的角度看，制造业结构调整可以从制造业结构合理化和制造业结构高级化这两个维度去衡量。

1. 制造业结构合理化

制造业结构合理化是社会生产过程中各个产业部门间比例的合理程度，度量具有投入产出关系的各个产业部门的需求和供给结构平衡程度的指标。学术上一般采用制造业结构偏离度来衡量制造业结构合理化程度，而对于制造业结构偏离度的度量在本书中使用泰尔指数。泰尔指数的表达式为：

$$TL = \sum_{i=1}^{n} \left(\frac{Y_i}{Y}\right) \ln\left(\frac{Y_i}{L_i} \Big/ \frac{Y}{L}\right)$$

其中，TL 表示泰尔指数，Y 为制造业总产出的增加值，L 为制造业总就业人数，Y_i 和 L_i 分别表示不同制造业行业[①] i 的产出增加值和制造业行

---

① 这里的制造业行业分类，参考李强和郑江淮（2013）的方法，分为劳动密集型制造业行业、资本密集型制造业行业和技术密集型制造业行业。

业就业人数，Y/L 和 Y_i/L_i 分别表示社会总劳动生产率和制造业行业劳动生产率。

由上式可知，当 $Y/L=Y_i/L_i$ 时，即社会总劳动生产率和每个制造业行业劳动生产率相同时，泰尔指数为0，此时经济实现均衡，TL 值越大说明社会总劳动生产率和每个产业劳动生产率相差越大，制造业结构越不合理。

2. 制造业结构高级化

制造业结构的高级化是指制造业结构的不断升级，即制造业结构的服务化。本书借鉴克拉克定律的内容，产业升级是第一产业向第二产业转移，第二产业向第三产业转移的过程。本书中用技术密集型制造业行业产值占比（RS）来衡量制造业结构高级化的程度。

（二）制造业全要素生产率的度量

制造业全要素生产率的测量参考第二章中的测算方法，具体选用OP法来测度地区层面的全要素生产率，具体方法和结果已在第二章中列出。但制造业全要素生产率波动的分析主要是利用时间序列数据，而时间序列往往是非平稳的，所以需要剔除时间序列数据中的趋势成分，得到真实的制造业全要素生产率波动序列数据。在实际操作中有很多方法可以剔除时间序列中的趋势成分，在本书中采用具有较强适应性的HP滤波法。

HP滤波法首先将时间序列数据分解成长期趋势成分和周期波动成分：

$$y_t = s_t + c_t$$

其中，y_t 表示趋势成分，s_t 表示长期趋势成分，c_t 表示周期波动成分。在趋势分解的基础上得出制造业全要素生产率波动的度量公式：

$$TFP_t = (y_t - s_t/s_t) \times 100\%$$

二、模型设定与变量选取

（一）模型设定

在本部分中通过实证来分析制造业结构调整对制造业全要素生产率波

动的影响，考虑到本书中使用的是地区层面的1980~2014年的面板数据，因此选择固定效应模型作为本部分的计量分析模型。基本模型如下：

$$TFP_{it} = \alpha_i + \beta_1 TL_{it} + \beta_2 RS_{it} + \mu_{it} \qquad (5-1)$$

其中，TFP_{it} 表示 i 企业 t 年的制造业全要素生产率，TL 表示制造业结构合理化程度，RS 表示制造业结构高级化程度。

制造业结构调整只是影响制造业全要素生产率波动的因素之一，为了真实地反映制造业机构变动对制造业全要素生产率波动的影响，在基本模型的基础上加入控制变量。对于制造业全要素生产率影响因素的研究，不同的学者从自己的分析角度给出了合理的影响因素。例如有的学者认为市场化程度是影响制造业全要素生产率的一个主要因素，我国经济经历的快速稳定增长得益于经济体制改革带来的市场化程度的不断提高（睢国余，2005）。也有的学者认为我国正确的宏观经济政策是经济稳定增长的原因，从理论和实证两个方面都进行了论证（贾俊雪和郭庆旺，2008）。另外，我国改革开放后经济的稳定增长伴随着外资的大量进入，同时在全球化的背景下对外依赖程度也逐步提高，所以外部需求和外商直接投资也被很多学者认为是影响制造业全要素生产率的主要原因（李巍，2008）。

因此，从不同学者的研究来看，影响制造业全要素生产率周期波动的因素有很多，不同研究者的观点也不尽一致，为了更准确地分析制造业结构波动对制造业全要素生产率的影响，本书把基本计量模型式（5-1）进行扩展，加入控制变量，具体为：

$$TFP_{it} = \alpha_0 + \alpha_1 TL_{it} + \alpha_2 RS_{it} + \alpha_3 mar_{it} + \alpha_4 macro_{it} + \alpha_5 exp_{it} + \alpha_6 FDI_{it} + \mu_{it} \qquad (5-2)$$

其中，mar 表示经济市场化程度，$macro$ 表示宏观经济政策指数，$Gexp$ 表示国外需求，$GFDI$ 表示外国直接投资。

（二）变量及数据说明

1. 市场化程度

我国作为一个处于转型期的国家，经济体制一直在不断调整，我国的经济体制调整主要是计划经济体制向市场经济体制的转变，因此本书中用市场化程度来度量经济体制的调整。对于市场化程度的度量目前还没有一个权威的指标，本书参照大部分学者的做法，利用非国有企业职工人数占整个社会职工人数的比重来度量，具体计算方式如下：

$$mar = (非国有企业职工人数/全社会职工人数) \times 100\%$$

2. 宏观经济政策指数

在经济运行过程中，政府会运用各种经济政策来调控经济，因此经济政策会影响制造业全要素生产率，而其中财政政策和货币政策是常用的手段。本书参照卜永祥和周晴（2004）的方法，把财政政策和货币政策结合到一起构建宏观的经济政策指数，计算方式如下：

$$macro = w_R(R_t - R_0) + w_E(E_t - E_0) + w_M(M_t - M_0) + w_G(G_t - G_0)$$

其中，R 表示实际利率，E 表示有效汇率，M 表示货币供应量，G 表示财政支出，w 表示变量的权重。权重的计算参照卜永祥和周晴（2004）的做法，通过估计 IS 曲线得到，具体方程为：

$$GDP_t = w_0 + \sum_{s=1}^{k} w_s GDP_{t-s} + w_R R_t + w_E E_t + w_M M_t + w_G G_t + \mu_t$$

计算宏观经济政策指数的数据中，E 的数据来自国际货币基金组织的国际金融统计数据库，M 和 G 的数据来自我国统计局各年的统计年鉴。

3. 国外需求

随着经济全球化的发展和国际分工的深化，国外市场的需求对我国经济起着非常重要的作用，外需的波动会直接影响我国国内经济的波动。因此，在本书中用出口增长率来度量外部需求的变动，具体计算公式如下：

$$Gexp = [(exp_t - exp_{t-1})/exp_{t-1}] \times 100\%$$

4. 外商直接投资

国外资金的进入会对国内经济造成一定的冲击，外商直接投资的变动会影响国内经济的波动，因此，本书选择 FDI 作为影响制造业全要素生产率的一个因素，具体用 FDI 的增长率来衡量，即：

$$GFDI_t = [(FDI_t - FDI_{t-1})/FDI_{t-1}] \times 100\%$$

三、实证分析

利用1980~2014年省级面板数据，采用固定效应模型对式（5-2）进行估计，具体回归结果如表5.1所示。

表5.1 制造业结构变动影响的回归结果

	制造业全要素生产率（TFP）			
	1980~2014年	1980~1997年	1998~2014年	1995~2014年
制造业结构合理化（TL）	0.210** (2.37)	0.237 (1.80)	0.208 (1.92)	0.132 (1.77)
制造业结构高级化（RS）	-1.167** (-2.48)	-1.622*** (-3.78)	-2.205*** (-4.82)	-1.586*** (-9.78)
市场化程度（mar）	-0.179 (-1.67)	-0.264 (-1.51)	-0.155 (-0.67)	-0.170 (-1.73)
宏观经济政策指数（macro）	0.810*** (3.69)	1.264*** (5.85)	0.497*** (4.12)	0.448*** (6.78)
国外需求（Gexp）	0.084 (1.87)	0.073** (2.06)	0.125*** (2.97)	0.101*** (13.21)
外商直接投资（FDI）				0.052*** (9.28)
F值	13.627	6.231	6.258	8.182
D-W	1.615	2.028	0.967	1.278

注：括号内为t值，**和***分别在5%和1%的显著性水平下显著；由于1992年以前没有相关外商直接投资的数据，因此在1980~1997年和1998~2014年的回归中没有包含外商直接投资（FDI）变量。

从表5.1的回归结果可以看出，制造业结构合理化变量的回归系数为正，说明制造业结构合理化程度的提高，即合理的产业部门间比例有助于降低制造业全要素生产率。从不同的时间阶段来看，1980~1997年的回归系数为0.237，大于1998~2014年的0.208，说明改革初期制造业结构合理化对经济影响更大，笔者认为主要是由于改革初期制造业结构合理度比较低，随着改革的深入产业部门间的比例逐渐合理，其对制造业全要素生产率的影响程度也在下降。虽然不同的时间阶段的回归数值是合理的，但都是不显著的。

制造业结构高级化变量的回归结果为负，而且都是非常显著的，说明在任何时期技术密集型行业占比的提高都有利于缓解制造业全要素生产率。从不同的时间阶段来看，1998~2014年的回归系数为-2.205，大于1980~1997年的-1.622，说明随着改革的深入，服务业对稳定经济的作用越来越明显。

因此，不论从制造业结构的合理化还是高级化来看，都有利于缓解经济的波动。差别在于在任何经济的发展阶段制造业结构高级化对稳定经济的作用都大于合理化，这个研究结论与干春晖等（2011）的研究结论是一致的。这主要是由于我国服务业的发展，尤其是生产性服务业的发展相对发达国家来说严重滞后，对制造业全要素生产率有较大的影响。而由于经过30多年的发展，随着劳动力等要素的流动性不断增加，制造业结构合理化可改进的空间逐渐缩小。制造业结构合理化进一步的改进主要是体制性的问题，例如农地制度和户籍制度改革，垄断行业的进入限制等问题。

第四节 制造业结构变动对制造业全要素生产率的贡献：方差分解的视角

上一部分中通过计量分析考察了制造业结构变动对稳定经济具有的积极作用，但是并没有分析制造业内不同类型行业对制造业全要素生产率的影响，而且也没有计算制造业内不同类型行业对稳定制造业全要素生产率的贡献度，在本部分中首先分析制造业内不同类型行业对制造业全要素生产率的影响过程，然后利用方差分解的方法来计算制造业内不同类型行业对稳定制造业全要素生产率的贡献率。

一、制造业内不同类型行业对制造业全要素生产率的影响路径

从改革开放以来，三类制造业行业（资本密集型、劳动密集型和技术

密集型制造业）在总产值中的比重发生了重大的变化,为了研究三类制造业行业占比的变化对制造业全要素生产率的影响,通过对全要素生产率与三类制造业行业占比进行脉冲响应函数分析,来研究我国产业内部结构变动对制造业全要素生产率的影响时间过程和动态轨迹。

(一) 三类制造业行业占比变动与制造业全要素生产率

从图 5.1 的制造业全要素生产率对劳动密集型行业占比变动的脉冲响应图可以看出,在整个分析期内劳动密集型行业占比变动对制造业全要素生产率产生了正向效应。在 1~3 年的时间里正效应逐渐增加达到极值,然后下降,在第 6 年负效应达到最大值,这说明劳动密集型行业的结构变动在短期内对制造业全要素生产率起到了稳定的作用。然而这个稳定作用持续的时间是非常短的,在第 10 年又到达一个正效应的极值,以后一直维持正的效应。因此,总体上来说劳动密集型行业占比的变化在一定程度上影响了我国的制造业全要素生产率。

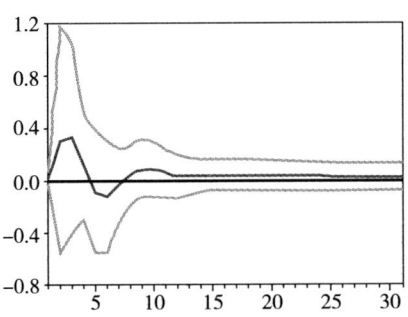

图 5.1　TFP 对劳动密集型行业占比变动冲击的反应

从图 5.2 的制造业全要素生产率对资本密集型行业占比变动的脉冲响应图可以看出,资本密集型行业占比变动对制造业全要素生产率的影响和劳动密集型行业占比变动的影响相似,也经历了初期正效应增加并逐渐到达极值,然后下降,在第 5 年达到负效应的极值,此后负效应开始减小并最终转变为正的影响一直持续到期末。因此,总体上来说资本密集型行业占比的变化在一定程度上也影响了我国制造业的全要素生产率。

第五章 结构调整加剧还是抑制制造业全要素生产率波动

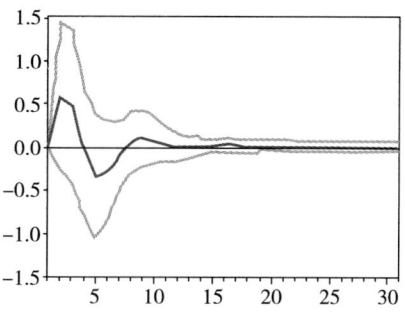

图 5.2 TFP 对资本密集型行业占比变动冲击的反应

图 5.3 的制造业全要素生产率对技术密集型行业占比变动的脉冲响应图则表现出不同的变化途径，在整个分析期内，技术密集型行业占比变动对制造业全要素生产率在初期时就具有负的效应，并在第 3 年达到最大的负效应，虽然以后负效应开始下降并在短暂的时期里出现了正的影响，但从第 6 年开始始终处于负的影响效应。这说明技术密集型行业的比重变动在短期内加大了我国制造业全要素生产率，但从长期来看技术密集型行业占比变动会抑制我国经济的波动，因此逐步提高技术密集型行业的比重有利于平缓制造业全要素生产率，促进经济平稳发展。

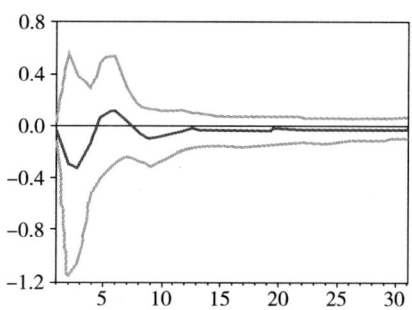

图 5.3 TFP 对技术密集型行业占比变动冲击的反应

（二）三类制造业行业增长率与制造业全要素生产率

图 5.4 表示全要素生产率和三类制造业行业增长率的变动轨迹，从图中可以看出，各行业的增长率变动与全要素生产率的变动基本上是比较一致的，这从另一个侧面也说明制造业增长波动与制造业全要素生产率之间

存在内在联系。但是各行业的增长率波动也具有一定的差异性,劳动密集型行业增长率波动较为平缓,而且增长率大部分时间节点下都低于 TFP 的增长率,说明劳动密集型行业的发展并不是造成我国经济增长波动的主要原因。资本密集型行业增长率的波动比较剧烈,而且增长率在经济繁荣期时大于 TFP 的增长率,当经济处于萧条期时与 TFP 的增长率持平。这说明资本密集型行业的发展是我国制造业全要素生产率的主要原因,当经济过热时进一步加速经济扩张,而经济衰退时并没有起到拉动经济的作用。技术密集型行业在 1990 年后的增长率与 TFP 的增长率基本一致,这说明技术密集型行业的发展对稳定制造业全要素生产率起到了重要的作用。因此,在我国的经济发展过程中,技术密集型行业相对于劳动密集型和资本密集型行业来说波动性更小,所以技术密集型行业的发展有利于缓解经济的波动,使我国的经济发展呈现越来越稳定化的趋势。

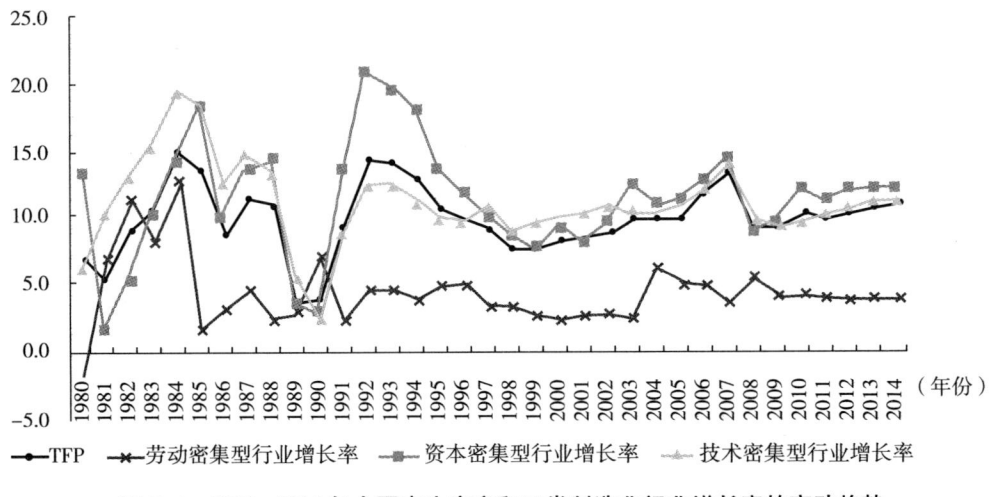

图 5.4　1980~2014 年全要素生产率和三类制造业行业增长率的变动趋势

二、产业内部结构变动对制造业全要素生产率的贡献

(一) 制造业全要素生产率的方差分解

对于总产出的分解,本书参照 Eggers 和 Ioannides 的方法,把全要素生

产率分解为各产业部门增长率的加权平均,具体计算如下:

$$TFP_t = \sum_t y_{i,t-1} Y_{it}$$

其中,$y_{i,t-1}$ 表示 i 行业部门在 $t-1$ 期的 TFP 占比,Y_{it} 表示 i 行业部门在 $t-1$ 期到 t 期的增长率。

假定行业部门的占比是不变的,即 $y_{i,t-1} = y_i$,则包含两部门的总产出增长率的方差为:

$$Var(TFP_t) = y_i^2 Var(Y_{it}) + y_j^2 Var(Y_{jt}) + 2y_i y_j Cov(Y_{it}, Y_{jt}) \quad (5-3)$$

假定在一个只有部门的经济中,只考虑两期时间,则下式成立:

$$\Delta Var(TFP) = Var(TFP_2) - Var(TFP_1) \quad (5-4)$$

结合式(5-3)把式(5-4)分解为:

$$\begin{aligned}\Delta Var(TFP) &= Var(TFP_2) - Var(TFP_1) = \Delta y_i^2 Var(Y_{i1}) + y_{i1}^2 \Delta Var(Y_i) + \\ &\quad \Delta y_i^2 \Delta Var(Y_i) + \Delta y_j^2 Var(Y_j) + y_{j1}^2 \Delta Var(Y_j) + \Delta y_j^2 \Delta Var(Y_j) + \\ &\quad 2\Delta(y_i, y_j) Cov(Y_{i1}, y_{j1}) + 2y_i y_j \Delta Cov(Y_i, y_j) + \\ &\quad 2\Delta(y_i, y_j) \Delta Cov(Y_i, y_j) \\ &= \Delta y_i^2 Var(Y_{i1}) + \Delta y_j^2 Var(Y_{j1}) + 2\Delta(y_i, y_j) Cov(Y_{i1}, y_{j1}) + \\ &\quad y_i^2 \Delta Var(Y_i) + y_{j1}^2 \Delta Var(Y_i) + 2y_i y_j \Delta Cov(Y_i, y_j) + \\ &\quad \Delta y_i^2 \Delta Var(Y_i) + \Delta y_j^2 \Delta Var(Y_j) + 2\Delta(y_i, y_j) Cov(Y_i, y_j)\end{aligned}$$

$$(5-5)$$

从式(5-5)的最终方差分解结果可以看出,通过对经济结构变动的方差分解,有三种不同的影响效应,具体解释如下:

(1)$\Delta y_i^2 Var(Y_{i1}) + \Delta y_j^2 Var(Y_{j1}) + 2\Delta(y_i, y_j) Cov(Y_{i1}, y_{j1})$ 表示行业部门的 TFP 占比变动对制造业全要素生产率的影响效应,笔者把行业部门的 TFP 占比变动对制造业全要素生产率的影响称为"行业结构变动效应"。

(2)$y_i^2 \Delta Var(Y_i) + y_{j1}^2 \Delta Var(Y_i) + 2y_i y_j \Delta Cov(Y_i, y_j)$ 表示行业部门增长率的方差和协方差的变动对制造业全要素生产率的影响,笔者把这个效应称为"行业发展波动效应"。

(3)$\Delta y_i^2 \Delta Var(Y_i) + \Delta y_j^2 \Delta Var(Y_j) + 2\Delta(y_i, y_j) Cov(Y_i, y_j)$ 表示由行业部门的 TFP 占比变动和行业部门增长率变动的交互作用构成,笔者把这个

效应称为"行业交互效应"。

(二) 实证分析

从表5.2的方差分解结果可以看出，行业结构变动效应为36.5%，说明大约36.5%的TFP波动的下降是由于劳动密集型和资本密集型行业向技术密集型行业的结构转变带来的。行业发展波动效应的贡献率达到了80.7%，说明三类制造业行业自身的稳定性对经济的波动具有更大的作用，三类制造业行业自身波动性的下降，更有利于缓解整体的制造业全要素生产率。行业交互效应负数，说明三类制造业行业的相互影响加剧了制造业全要素生产率。因此，从方差分解的实证结果来看，制造业结构变动和三类制造业行业自身的稳定性对缓解制造业全要素生产率都有正向的作用，而三类制造业行业自身波动性的下降对缓解制造业全要素生产率的贡献率要大于制造业结构调整对缓解制造业全要素生产率的贡献率。

表5.2 TFP波动的方差分解结果

	比例
行业结构变动效应（%）	36.5
行业发展波动效应（%）	80.7
行业交互效应（%）	-21.4

为了进一步分析制造业内不同类型行业对制造业全要素生产率的影响，笔者计算了三类制造业行业总产出增长率的标准差的变化，以便于更直观地看出产出构成的变动对制造业全要素生产率的影响，具体结果如表5.3所示。从表5.3可以看出，三类制造业行业增长的标准差都具有不同程度的下降，技术密集型行业的标准差最小，意味着技术密集型行业是所有行业中发展最稳定的，而且占比逐步提高。因此，进一步加强制造业全要素生产率的稳定性要积极发展技术密集型行业，提高技术密集型行业在制造业中的占比，同时降低波动性较强的资本密集型行业的份额，不断促进制造业结构的优化和合理化。

第五章 结构调整加剧还是抑制制造业全要素生产率波动

表5.3 三类制造业行业占比及增长标准差

	1980~1994年	1995~2010年
劳动密集型行业	0.296/0.0457	0.165/0.0130
资本密集型行业	0.421/0.0552	0.446/0.0329
技术密集型行业	0.283/0.0371	0.389/0.0118

注：前面的数字表示三类制造业行业占比，后面的表示增长标准差。

第五节 主要结论与政策建议

本书从制造业结构变动与全要素生产率变动的相关性，以及方差分解分析了制造业内不同类型行业对制造业全要素生产率的影响，得出了如下结论：制造业结构变动是制造业全要素生产率的一个重要原因，主导产业的不断变化和要素在不同产业部门间的流动，以及重新配置对制造业全要素生产率产生影响；从度量制造业结构变动的制造业结构合理化和高级化指标来看，制造业结构合理化和高级化都有助于缓解制造业全要素生产率，但制造业结构高级化比制造业结构合理化对制造业全要素生产率的影响更大；从三类制造业行业的变动来看，劳动密集型行业在国民经济中的占比不断下降，对于稳定经济的作用也在减弱，制造业目前仍然是影响制造业全要素生产率的主要原因，技术密集型制造业行业相对于其他行业波动性更小，发展技术密集型制造业行业有利于经济的稳定发展；三次制造业结构变动对制造业全要素生产率有不同的影响，随着制造业结构逐渐合理化，制造业全要素生产率明显降低。

世界经济面临结构调整和经济增长恢复的局面，我国又处于经济结构调整的关键时期，正确认识制造业结构调整与制造业全要素生产率的关系，在实现制造业结构调整和优化的前提下，实现经济的稳定增长，减少波动具有重要的现实意义。因此，基于以上的理论和实证分析，对我国目前的制造业结构调整提出一些政策建议。

一、坚持劳动密集型行业的基础地位,促进现代劳动密集型行业的发展

从本书的分析可知,劳动密集型行业产值的占比逐渐降低,对 TFP 增长的贡献较小,但作为国民经济的基础,劳动密集型行业的发展直接关系到另外两个产业的发展。所以,必须坚持劳动密集型行业的基础地位,深化调整劳动密集型行业内部结构,促进现代劳动密集型行业的发展。一是要加大劳动密集型行业中资本和技术的投入,加大对劳动密集型行业基础设施的建设,增强抵御自然灾害和抗风险能力。二是要提高劳动密集型行业社会化服务水平和信息化水平,降低农产品价格波动的风险,促进经济的稳定运行。

二、坚持资本密集型行业的改造升级,促进新兴产业的发展

资本密集型行业目前仍然是我国经济增长的主要动力,资本密集型行业的波动直接影响制造业全要素生产率的大小。因此,一方面要保持资本密集型行业的稳定发展,另一方面要优化调整资本密集型行业结构,避免资本密集型行业结构失衡带来的经济剧烈波动。具体措施是:转变增长方式,变粗放型为集约型的增长,引导资源向优势行业和企业集聚,通过集约型增长来调整资本密集型行业结构;用先进的技术改造传统资本密集型行业,发展信息产业,走新型工业化道路;促进新兴产业的发展,利用金融危机的契机,发展和重点培育新能源、高端装备制造业等一批战略性新兴产业和高新技术产业,促进资本密集型行业结构高级化。

三、坚持制造业结构的调整,积极发展技术密集型行业

技术密集型行业的波动对制造业全要素生产率的影响较小,而且技术密集型行业自身的波动不显著,但技术密集型行业的发展具有明显的增长效应。因此,积极发展技术密集型行业,尤其是新兴技术密集型行业,不仅能够促进经济增长,而且能够增强经济的稳定性。

第 六 章

结构调整与制造业全要素生产率
——三次产业结构变动的视角

第一节 问题的提出

自卢卡斯提出"资本为什么不从富国流向穷国"的命题以来,全要素生产率和经济增长的关系得到广泛研究。而与以往仅从技术进步视角关注一国经济增长和跨国收入差距不同(Acemoglu 和 Zilibotti,1999;Benhabib 和 Perla 等,2014),近年来,结构扭曲日益成为新的研究视角(Caselli,2005;Jones,2011)。

当中国经济以高投入、高耗能、高排放驱动的增长遭遇到产能过剩、资源瓶颈和环境压力过大的阻碍,中国经济增长进入了结构调整阶段。该阶段中,产业的优化升级和结构的转型都依赖于全要素生产率(TFP)的提高。因此,如何实现全要素生产率的有效提高,成为理论和政策关心的课题。已有研究表明,当实现帕累托有效配置的完全竞争市场条件在现实中不能被满足时,全要素生产率由技术水平和资源配置效率共同决定。考虑到技术进步也内生于微观主体关于创新成本和创新收入的决策函数,提高全要素生产率的关键就落脚于如何提高国内稀缺资源的配置效率。这是因为,一方面,随着后发国家经济基础在向发达国家不断收敛的过程中,前沿技术国家输出核心技术的意愿在逐渐减弱,这意味着我国的技术进步只能通过自主创新来实现,而自主创新下的技术进步依赖于微观主体的持续创新意愿，在市场机制下，这种意愿内生于研发成果带来的创新回报的激励程度。如果要素价格不能及时反映稀缺程度，产品价格不能及时对供求状况做出调整，那么企业自主创新的意愿也会因为创新成果得不到足够的市场激励而发生改变。另一方面，技术进步是一个漫长的过程，考虑到现阶段外需持续疲软、国内投资乏力的现实，短期内就业率和增长率的维持也依赖于资源配置效率的改善来实现。

事实上，相对于市场化程度高度发达的西方国家，中国地方政府一直以"市场缔造者"角色参与到经济运行中，并通过一些特殊的制度安排来实现就业的增加和经济的增长，但这种试图运用政府力量改变市场结果的做法不可避免地会带来道德风险、效率损失和资源配置扭曲等问题。大量研究表明，在中国渐进式、双轨制的改革过程中，结构扭曲的存在可以说是一个客观现象（Hsieh 和 Klenow，2009；简泽，2011；聂辉华，2011；Brandt 和 Tombe，2013）。而结构扭曲问题的解决对增长质量的提高和增长潜力的发挥都有着重要的意义（Prescott 和 P.，1999；Hsieh 和 Klenow，2007；Jovanovic，2014）。自 2013 年以来，结构扭曲问题得到了政府的高度重视，中共中央正在极力推动深度转型，旨在减少不必要的政府干预，消除政策扭曲导致的结构扭曲。例如，《中共中央关于全面深化改革若干重大问题的决定》明确指出，要紧紧围绕使市场在资源配置中起决定性作用，深化经济体制改革，完善主要由市场决定价格的机制，凡是能由市场形成价格的都交给市场，政府不进行不当干预，切实推进水、石油、天然气、电力、交通、电信等领域价格改革，放开竞争性环节价格。

为此，需要回答存在结构扭曲的重点领域和造成结构扭曲的主要原因。尽管已有研究已经对中国的结构扭曲程度及影响因素做了一些探索研究，但多是基于制造业微观数据对制造业内的错配程度进行了测算和研究，对中国全行业的结构扭曲程度却缺乏考量，尤其是关于服务业结构扭曲的研究尚属空白。因而也无法判断结构扭曲将如何影响产业结构的升级和转型，而这是中国未来增长方式转型成功与否的关键。因此，本书把三次产业（农业、制造业、服务业）首次纳入到一个统一的核算框架里，对三次产业及产业内各行业的产品市场扭曲和要素市场扭曲程度进行统一的测度。对以下问题给予回答：我国整体的结构扭曲程度有多严重？结构扭曲造成的效率损失有多大？存在结构扭曲的重点行业是哪些？结构扭曲程度的变动呈现何种趋势？造成行业效率损失的原因究竟是哪些？这些问题的解决对中国深化经济领域改革，推进市场化进程，提高全要素生产率增长具有重要的政策含义。

第二节　文献综述

在新古典主义的理论框架下，市场有效和资本收益递减规律决定了跨国人均收入的差距只能由国别间的 TFP 差距导致，且技术差距是导致 TFP 国别差距的唯一因素（Solow，1956）。但伴随 20 世纪信息通信技术（ICT）的蓬勃发展和世界经济一体化程度的不断深入，国别间的技术差距在不断缩小（Comin 和 Hobijn，2010），如果是技术差距导致跨国间的人均收入差距，那么为何差距没有缩小反而加大呢？对此，学者们从结构扭曲视角给予了合理解释（Hsieh 和 Klenow，2007；Restuccia 和 Rogerson，2008；Brandt 和 Tombe，2013；Jones，2011；Opp 和 Parlour 等，2014）。

导致结构扭曲的诱因有很多，从市场运行机制本身存在的缺陷看，不完全竞争市场结构导致企业加成的差异（Opp 等，2014）、调整成本阻碍技术冲击发生时资本的及时调整（Asker 等，2016）、就业市场存在的信号摩擦导致人力资本的错配（Jovanovic，2014）、金融市场借贷双方信息不对称导致的信贷错配等都会导致 TFP 的损失。从政府之手对市场运行的干预看，行业存在的行政性进入壁垒（Foster 等，2001）、工会对经济衰退时期企业的自由裁员的阻碍、央行针对国有部门和非国有部门采取的非对称金融管制方式（Brandt 等，2013）、政府对大企业和小企业设置的异质性税率（Hsieh 和 Peter，2012）也会诱导结构扭曲和 TFP 损失。尽管关于结构扭曲发生的原因学界不一而足，但最新文献更倾向认为结构扭曲并非是单一因素作用下的结果，更多的是政治过程、制度安排、技术进步和资源配置（包括物质资本、人力资本、技术创新、自然资源）相互作用的均衡结果（Acemoglu 和 Johnson 等，2002）。

　　有关政府政策安排对资源配置效率的影响得到了大量研究。发展中国家普遍存在的针对特定市场（对产业关联性大的行业的政策偏向）和特定主体（对国有企业和正规部门的政策偏向）实施的有选择性的资金信贷配给政策会造成资源配置效率的降低，因为这意味着一部分高效率的非国有企业要么得不到足够的资金安排，要么被人为地排斥在一些存在高额垄断利润的行业之外（Erosa，2001；Midrigan 和 Xu，2010；Udry，2012；Brandt 和 Tombe 等，2013）。开放经济背景下，关税等贸易壁垒的存在也会影响资源配置效率。当不同行业面临的贸易壁垒不相同时，贸易壁垒低的行业比贸易壁垒高的行业更易被卷入到激烈的国际竞争中，在这个过程中，低效率企业会被挤出市场而潜在的高效率企业也会随之进入该市场，行业内的企业数量就会因为贸易壁垒的异质性而处于不断的动态变化中，造成资源的错配（Waugh，2010；Epifani 和 Gancia，2011；Tombe，2012）。根据 Hsieh 和 Klenow（2009）的研究，如果中国消除这些扭曲制度，按美国要素的边际产品重新配置中国劳动力和资本，可使我国制造业 TFP 提高 30%~50%。

　　关于中国三次产业内部的结构扭曲程度以及结构扭曲原因的研究表明，尽管自 20 世纪 90 年代以来，国企制度改革、户籍制度进一步放开等措施在总体上有助于中国整体资源配置效率的改善，但因结构扭曲导致的总 TFP 损失仍有 20%（Brandt 等，2013），值得注意的是，阻碍要素自由流动的障碍不仅影响经济的产出总量及产出水平，还会对经济的生产前沿面产生影响（曹玉书和楼东玮，2012）。据测算，结构扭曲导致我国年均 GDP 增长率损失了 0.9 个百分点。造成各产业结构扭曲的原因也不尽相同。非农就业机会增加、农村金融信贷和土地规模化利用是影响农户资源配置效率的主要因素，尽管非农就业机会的增加可以改善农户的劳动配置效率，但考虑到资本配置效率存在的地区差异，现行制度下土地规模的调整可能是改善要素配置效率的更优解决方案（朱喜，2011）；国企制度安排、地区分割对产品和要素自由流动的阻碍是造成制造业 TFP 损失的主要原因（Hsieh 和 Peter，2009；简泽，2011；聂辉和贾瑞雪，2011）。关于服务业结构扭曲的研究较少，其中柏培文（2014）从三次产业的劳动力配置状况以及劳动力不同层次的无扭曲配置对社会产出的影响进行了考察，但他的研究并未细分到产业内的每个行业，也没有测算资本在不同行业的错配程度。曹玉书（2012）分解了各地区及三次产业的结构扭曲系数，但在他的核算框架下，并未对造成各行业的资本、劳动力和产品的扭曲系数进行分别测算，也未对造成各行业结构扭曲的原因进行实证检验。

与已有文献相比，本书的工作主要表现为三个方面：首先，为了解资源在全行业间的配置状况，本书从产业关联视角构建包含全行业（农业、制造业、服务业）的统一的核算框架，分别计算资本和劳动力在不同行业的扭曲程度。其次，本书借助数值分析测算了结构扭曲对全要素生产率和产出的影响，既包括对产出水平的影响，也包括对产出增长率的影响。再次，本书的结论也与已有国内外文献有一定差别。尽管制造业部门存在严重错配，但测算结果显示服务业部门的错配程度较农业部门和制造业部门更严重，要素市场的扭曲程度比产品市场严重，资本市场的扭曲程度比劳动力市场严重。数值比较的结果显示，如果中国全行业的资源配置效率达到和美国一样的水平，可使产出水平提高 65%，产出增长率提高 2%。最后，本书对造成三次产业结构扭曲的制度因素进行实证检验，发现户籍制度和国企制度安排是造成我国三次产业结构扭曲的主要原因。

第三节 核算全行业结构扭曲的模型框架

本书考虑一个静态的资源配置模型，考察各年度资本供给数量 $\overline{K}_t$ 和劳动力供给数量 $\overline{L}_t$ 既定下，两种要素在不同产业及产业内不同部门间的配置如何影响部门产出及总产出。总产出或 GDP（假设总产出价格为计价物，则二者同义）的产出函数为：

$$Y_t = \left(\sum_{i=1}^{3} \lambda_i Y_{i,t}^{\eta}\right)^{\frac{1}{\eta}} \qquad (6-1)$$

其中，$i=A$，M，S，分别表示第一、第二、第三产业，Y_i 表示第 i 产业的产出水平，λ_i 表示各产业产出在总产出的比重，式(6-1)的函数形式反映了两个特点：(1) 总产出由三次产业的产出按照 $\frac{1}{1-\eta}$ 的替代弹性合成；(2) 之所以采用 CES 的函数形式，而放弃了 C-D 函数形式的假定，是因为前者更加符合现实。C-D 函数形式意味着某一个产业产值在一国总产值中占比很低会导致总 GDP 很低，极端情形就是当某个产业产值为零时，总产出为零，这显然不符合现实，如新加坡、中国香港的第二产业在总产值中占比非常低，但人均收入水平却名列世界前位。第 i 产业的产出函数为：

$$Y_{i,t} = \left(\sum_{j=1}^{m} \sigma_j Y_{i,j,t}^{\varphi}\right)^{\frac{1}{\varphi}} \qquad (6-2)$$

其中，$Y_{i,j}$ 表示第 i 产业内第 j 行业的产出水平，每个产业内各行业间的替代弹性为 $\frac{1}{1-\varphi}$，σ_j 表示各行业在其所在产业内的重要程度。产业内各行业的生产函数为：

$$Y_{i,j,t} = A_{i,j,t} K_{i,j,t}^{\alpha_i} L_{i,j,t}^{1-\alpha_i} \qquad (6-3)$$

其中，α_i 表示第 i 产业的资本产出弹性，$1-\alpha_i$ 表示第 i 产业的劳动产出弹性，意味着同一产业内部各行业的要素产出弹性相同，但三次产业之间的要素产出弹性不同。

一、存在结构扭曲情形：实际 TFP 测度

假设经济体中存在两种扭曲，一是产品市场扭曲，二是要素市场扭曲。无论是何种原因造成了结构扭曲，最终都会反映到目标函数的一阶条件上，即要素的边际收益产品和要素价格之间多出一个经济楔子（wedge）。设产业内各行业面临的资本扭曲用 $\tau_{i,j,t}^{k}$ 表示，劳动力扭曲用 $\tau_{i,j,t}^{l}$ 表示，第 i 产业面临的产品扭曲用 $\tau_{i,t}^{y}$ 表示，第 i 产业内的第 j 行业面临的产品扭曲为 $\tau_{i,j,t}^{y}$。由此可得，最终品部门决策函数的一阶条件为：

$$Y_{i,t} = \left[\frac{\left(\frac{\tau_{i,t}^{\gamma} \cdot p_{i,t}}{\lambda_{i,t}} \right)^{\frac{1}{\eta-1}}}{p_t} \right] \cdot Y_t \tag{6-4}$$

$$p_t = \left[\sum_i \lambda_i^{\frac{1}{1-\eta}} (\tau_i^{\gamma} \cdot p_i)^{\frac{\eta}{\eta-1}} \right]^{\frac{\eta-1}{\eta}} \tag{6-5}$$

各产业生产厂商的决策函数的一阶条件为:

$$Y_{i,j,t} = \left[\frac{p_{i,j,t}}{\sigma_j \cdot p_{i,t}} \cdot \frac{\tau_{i,j,t}^{\gamma}}{\tau_{i,t}^{\gamma}} \right]^{\frac{1}{\eta-1}} \cdot Y_{i,t} \tag{6-6}$$

$$\eta \cdot \tau_{i,t}^{\gamma} \cdot p_{i,t} = \left[\sum_j \sigma_j^{\frac{1}{1-\varphi}} \cdot (\tau_{i,j,t}^{\gamma} \cdot p_{i,j,t})^{\frac{\varphi}{\varphi-1}} \right]^{\frac{\varphi-1}{\varphi}} \tag{6-7}$$

产业内各行业生产厂商的决策函数的一阶条件为:

$$MPL_{l,t} @ (1-\alpha_i) \frac{Y_{i,j,t}}{L_{i,j,t}} = \frac{w_t}{\left(\frac{\tau_{i,j,t}^{\gamma} \cdot p_{i,j,t} \cdot \varphi}{\tau_{i,j,t}^{l}} \right)} \tag{6-8}$$

$$MPL_{k,t} @ \alpha_i \frac{Y_{i,j,t}}{K_{i,j,t}} = \frac{r_t}{\left(\frac{\tau_{i,j,t}^{\gamma} \cdot p_{i,j,t} \cdot \varphi}{\tau_{i,j,t}^{k}} \right)} \tag{6-9}$$

其中, p_t 为最终品的价格, $p_{i,t}$ 为第 i 产业产出的价格, $p_{i,j,t}$ 为第 i 产业第 j 部门的产品价格, $\frac{\tau_{i,j,t}^{\gamma} \cdot p_{i,j,t} \cdot \varphi}{\tau_{i,j,t}^{l}}$ 称为劳动力市场存在的经济楔子, $\frac{\tau_{i,j,t}^{\gamma} \cdot p_{i,j,t} \cdot \varphi}{\tau_{i,j,t}^{k}}$ 称为资本市场存在的经济楔子。再由式(6-4)至式(6-9)及劳动力市场出清 $\sum_i \sum_j L_{i,j,t} = \bar{L}_t$ 和资本市场出清 $\sum_i \sum_j K_{i,j,t} = \bar{K}_t$, 得出存在经济楔子下的产业层面的 TFP 为:

$$\tilde{A}_i = \left[\sum_j \sigma_{i,j}^{\frac{1}{1-\varphi}} A_{i,j,t}^{\frac{\varphi}{1-\varphi}} \left(\frac{\tau_{i,j,t}^{l}}{\tau_{i,j,t}^{k}} \right)^{\frac{\varphi}{1-\varphi} \cdot \alpha_i} \right]^{\frac{1-\varphi}{\varphi}} \tag{6-10}$$

存在经济楔子下的总量层面 TFP 为:

$$\tilde{A} = \left[\sum_i \lambda_i^{\frac{1}{1-\eta}} \cdot \left(\frac{\alpha_i}{1-\alpha_i} \cdot \frac{w_t}{r_t} \right)^{\frac{\eta}{1-\eta}} \cdot \tilde{A}_i^{\frac{\eta}{1-\eta}} \right]^{\frac{1-\eta}{\eta}} \tag{6-11}$$

由式（6-10）、式（6-11）可以看出，要素市场结构扭曲程度可以通过产业层面 TFP 和总量层面 TFP 分别反映出来，值得注意的是，尽管这里没有出现产品市场扭曲楔子，但从式（6-8）、式（6-9）可以看出，产品市场楔子的大小会进一步放大或缩小要素市场楔子，进而通过要素市场结构扭曲间接作用于 $\tilde{A}_i$ 和 $\tilde{A}$。

二、不存在结构扭曲情形：有效 TFP 测度

当结构不存在扭曲时，即产品市场存在的经济楔子和要素市场存在的经济楔子等于 1，同样，我们可以得到不存在结构扭曲状况下的产业层面的有效 TFP 为：

$$A_{i,t}^* = \left[\sum_j \sigma_{i,j}^{\frac{1}{1-\varphi}} A_{i,j,t}^{\frac{\varphi}{1-\varphi}} \right]^{\frac{1-\varphi}{\varphi}} \quad (6\text{-}12)$$

$$A_t^* = \left[\sum_i \lambda_i^{\frac{1}{1-\eta}} \cdot \left(\frac{\alpha_i}{1-\alpha_i} \cdot \frac{w_t}{r_t} \right)^{\frac{\eta}{1-\eta}} \cdot A_{i,t}^{*\frac{\eta}{1-\eta}} \right]^{\frac{1-\eta}{\eta}} \quad (6\text{-}13)$$

三、结构扭曲程度和扭曲效应

本书借鉴（Brandt 等，2013）的方法，用实际 TFP 和有效 TFP 差距来反映经济中存在结构的总扭曲程度；用结构扭曲的变动对 TFP 增长率的影响程度来反映扭曲效应。结构扭曲程度和扭曲效应的测度方法如下：

总扭曲程度：
$$D = \log \left(\frac{A_t^*}{\tilde{A}_t} \right) \quad (6\text{-}14)$$

市场扭曲效应：
$$De = g_{\log \tilde{A}_t} - g_{\log A_t^*} \quad (6\text{-}15)$$

第四节　经验分析

一、估计方法和参数校准

从实际 TFP 的计算公式可以看出，需要先计算出产品市场和要素市场

存在的一组经济楔子($\tau_{i,t}^y$, $\tau_{i,j,t}^y$, $\tau_{i,j,t}^k$, $\tau_{i,j,t}^l$)，计算方法如下：

由式（6-4）得： $\tau_{i,t}^y = \lambda_i \cdot \left(\dfrac{p_{i,t} Y_{i,t}}{p_t Y_t}\right)^{\eta-1} \left(\dfrac{p_t}{p_{i,t}}\right)^{\eta}$ （6-16）

由式（6-7）得： $\tau_{i,j,t}^y = \sigma_j \cdot \tau_{i,t}^y \cdot \left(\dfrac{p_{i,j,t} Y_{i,j,t}}{p_{i,t} Y_{i,t}}\right)^{\varphi-1} \left(\dfrac{p_{i,t}}{p_{i,j,t}}\right)^{\varphi}$ （6-17）

由式（6-8）得： $\tau_{i,j,t}^k = \dfrac{\tau_{i,j,t}^y \cdot \varphi \cdot \alpha_i \cdot p_{i,j,t} Y_{i,j,t}}{r_t \cdot K_{i,j,t}}$ （6-18）

由式（6-9）得： $\tau_{i,j,t}^l = \dfrac{\tau_{i,j,t}^y \cdot \varphi \cdot (1-\alpha_i) \cdot p_{i,j,t} Y_{i,j,t}}{w_t \cdot L_{i,j,t}}$ （6-19）

由式（6-16）至式（6-19）可知，计算经济楔子之前，首先需要先对一组参数进行校准（λ_i, σ_j, η, φ, α_i），并对无结构扭曲经济下的要素价格（w, r）进行计算，然后根据国家统计局公布的固定资产投资金额估算出各部门的资本存量 $K_{i,j,t}$，由于官方数据仅公布了一般物价水平，并没有公布具体产业部门的价格水平，还需要根据 p_t 对三次产业价格水平产业内各部门价格水平（$p_{i,t}$, $p_{i,j,t}$）进行估算。最后根据《中国统计年鉴》公布的 GDP、三次产业产值、劳动力投入数量，结合估算出的 {（λ_i, σ_j, η, φ），（w, r），（$p_{i,t}$, $p_{i,j,t}$），（$K_{i,j,t}$）}，即可计算出导致结构扭曲的经济楔子。下面分别给出相关参数的校准值和相关变量的估算值。

（1）参数校准：经验研究表明，产业间替代弹性取值范围一般在 3~10 之间（Broda 和 Weinstein，2006），本书取中间值，假设三次产业的替代弹性 $\dfrac{1}{1-\eta}$ 和产业内各部门的替代弹性 $\dfrac{1}{1-\varphi}$ 均为 5，意味着 $\eta = \varphi = 0.8$；假定第二产业的劳动力产出弹性为 0.67（Hsieh 和 Klenow，2009），由要素产出弹性的性质以及中国第一、第三产业要素投入相对密集程度[①]，假设第

---

① 正如姚洋（1998）指出：劳动力产出弹性大于资本产出弹性的现象只有在资本密集度达到一定程度时才可能出现。考虑到我国第三产业发展滞后，目前仍是消费性服务业占主要比重，而消费性服务业多为劳动力密集型，因此假设第三产业的劳动力产出弹性小于第二产业的劳动力产出弹性，大于第三产业的资本产出弹性。考虑到大量劳动力已从农村转移至工业部门和消费性服务业部门，农业部门存在的"613899"结构，假设第一产业劳动力产出弹性处于第二产业和第三产业之间应该是合理的。

一产业的劳动力产出弹性为 0.6，第三产业的劳动力产出弹性为 0.4，即三次产业的资本产出弹性分别为：$\alpha_A = 0.40$，$\alpha_M = 0.33$，$\alpha_S = 0.6$；三次产业在总产出中的权重 λ_i 用 1995~2011 年各产业产值在 GDP 中占比的算数平均数近似计算，即 $\lambda_i = \dfrac{\sum_{t=1995}^{2011} \dfrac{p_{i,t} Y_{i,t}}{p_t Y_t}}{17}$，各部门在其所在产业中的权重 σ_i 用 1995~2011 年各部门产值在其所在产业产值中占比的算数平均数近似计算，即 $\sigma_i = \dfrac{\sum_{t=1995}^{2011} \dfrac{p_{i,j,t} Y_{i,j,t}}{p_{i,t} Y_{i,t}}}{17}$。

（2）要素价格估算：无论是产品市场结构扭曲还是要素市场结构扭曲最终都会表现为要素价格的变动，因此官方公布的实际工资水平和利率实际已经包含了结构扭曲因素在内。为了获得无结构扭曲状况下的工资水平和资金使用成本，必须通过结构扭曲程度最小经济体的劳动力工资资金使用成本来近似。本书根据 2013 年 SSA（Social Security Administration）公布的数据，2002~2012 年美国劳动力工资中位数基本维持在 2.8 万美元左右，中国 2002~2012 年美元兑人民币汇率均值约为 7.7，经过汇率折算后，无结构扭曲的劳动力工资约为 21.56 万元，以 1995 = 100 进行价格指数平减后，得到无结构扭曲的劳动力实际工资水平为 11.73 万元；按照 Diego Restuccia 和 Richard Rogerson（2008）的计算结果，设无结构扭曲下的资金使用成本 $r = 0.02$。

（3）产业内各部门资本存量估算：采用永续盘存法，即 $K_t = K_{t-1}(1-\delta_t) + I_t$，对各部门资本存量进行估算，采用张军（2004）对折旧率的设定值，令 $\delta_t = 9.6\%$，初期资本存量等于固定资产投资额除以 10%，由此得到 1995~2011 年各部门的名义资本存量，再以 1995 年的价格为基数，计算出 1995~2011 年各部门的实际资本存量。

（4）部门价格指数估算：国家统计局已公布的价格指数里面包括了 GDP 价格指数、三次产业价格指数，但是关于产业内各部门价格指数并未全部公布，为了保证价格指数估算的连续性，本书根据已公布的 GDP 价格指数，根据式（6-4）、式（6-6）隐含的估算方法对1995~2011年三次产业的价格指数及产业内各部门价格指数进行统一估算，估算方法如下：根据式（6-4）和式（6-6），可以得到三次产业价格指数和产业各部门指数的估算方法为：

$$\hat{p}_{i,t} = \left(\frac{p_{i,t}Y_{i,t}}{p_t Y_t}\right)^{\frac{\eta-1}{\eta}} \cdot \lambda_i^{\frac{1}{\eta}} \cdot p_t \tag{6-20}$$

$$\hat{p}_{i,j,t} = \left(\frac{p_{i,j,t}Y_{i,j,t}}{p_{i,t}Y_{i,t}}\right)^{\frac{\varphi-1}{\varphi}} \cdot \lambda_i^{\frac{1}{\varphi}} \cdot \hat{p}_{i,t} \tag{6-21}$$

由式（6-20）、式（6-21）可知，根据GDP价格指数、产业权重、产业产值在GDP中占比即可估算出产业层面价格指数，再根据估算出的产业价格指数、部门在产业中的全职、部门产值在产业产值中占比即可估算出产业内各部门的价格指数。

二、测算结果

（一）产品市场、要素市场的结构扭曲系数

表6.1至表6.4分别给出了造成产品市场扭曲和要素市场扭曲的经济楔子的大小，从中可以看出：首先，从三次产业的产出扭曲系数看，第三产业的结构扭曲程度最高，第一产业虽然比第二产业稍高，但差距较小，前者的结构扭曲系数为0.03，后者的结构扭曲系数近乎为0，从侧面反映了我国服务业发展滞后于制造业的现实。其次，各行业的要素结构扭曲系数大于产品市场扭曲系数（见图6.1），这和改革开放以来我国要素市场化改革滞后于产品市场改革，要素市场尚未充分放开的现实相符。经过30多年的发展，尽管产品市场的竞争格局已基本形成，但在一些关键性的资源型领域（如土地、能源、金融）行政权力长期以来的高度参与既是导致这些行业运营低效率的主要原因，也是导致社会矛盾冲突的根源。最后，资本市场中的结构扭曲系数比劳动力市场的结构扭曲系数更为严重。从时间序列的均值来看，资本市场结构扭曲程度最高的行业是金融业，扭曲系数为3.88，最低的行业是工业，扭曲系数为1.42。而劳动力市场结构扭曲程

度最高的行业是房地产业，扭曲系数为 1.95，最低的行业也是工业，结构扭曲系数为-0.11。且从图 6.1 可以看出，金融业的资本市场结构扭曲系数最高，1995~2011 年均扭曲系数为 3.88，意味着长期以来我国资金价格偏高，郑新立[①]（2014）曾指出与世界发达国家相比，我国的资金价格是世界上最高的，约为发达国家的 2~6 倍。本书的结果刚好与这一论断相符，既从侧面证明本书测度结果的合理性，也为其观点提供了数据支持。

因此，未来改革的重点在于深化要素市场改革，尤其是金融体制改革。尽管我国资本市场经过二十多年的变革，实现了从过去的直接调控向间接调控的转变、从存、贷款利率双边管制到贷款利率管制放开的转型，但央行针对国有部门和非国有部门采取的非对称金融管制方式，仍然是影响资金有效配置的最主要障碍（高玉泽，2013）。尽管阻碍劳动力自由流动的障碍也在逐渐减少，但"地区分割"和"行业垄断"仍是长期以来导致劳动力错配的主要原因（柏培文，2014）。

表 6.1 产业内具体行业的资本结构扭曲

行业 年份	农林牧副渔	工业	建筑业	交通运输、仓储和邮政业	批发和零售业、住宿和餐饮业	金融	房地产	地质勘查业和水利管理	教育文化、体育娱乐	卫生、社会保障和社会福利
1995	3.32	1.64	1.88	2.81	3.56	3.97	3.46	3.89	3.15	4.22
1996	3.32	1.66	1.91	2.83	3.58	4.00	3.46	3.87	3.19	4.22
1997	3.25	1.65	1.89	2.79	3.57	3.99	3.46	3.83	3.19	4.25
1998	3.16	1.61	1.90	2.75	3.55	3.95	3.48	3.72	3.19	4.27
1999	3.04	1.58	1.89	2.71	3.53	3.93	3.47	3.64	3.19	4.25
2000	2.92	1.57	1.90	2.75	3.52	3.96	3.49	3.57	3.20	4.25
2001	2.83	1.55	1.85	2.62	3.40	3.85	3.40	3.40	3.08	3.29
2002	2.71	1.53	1.83	2.56	3.35	3.84	3.39	3.30	3.03	3.22
2003	2.63	1.50	1.66	2.46	3.22	3.83	2.55	2.89	2.92	3.15

---

① 中国国际经济交流中心常务副理事长、中国工业经济学会会长。

续表

行业 年份	农林牧副渔	工业	建筑业	交通运输、仓储和邮政业	批发和零售业、住宿和餐饮业	金融	房地产	地质勘查业和水利管理	教育文化、体育娱乐	卫生、社会保障和社会福利
2004	2.62	1.46	1.52	2.57	3.39	3.72	2.83	3.11	3.12	3.52
2005	2.50	1.40	1.39	2.52	3.25	3.75	2.65	2.94	3.06	3.45
2006	2.38	1.33	1.27	2.45	3.12	3.83	2.50	2.78	2.96	3.35
2007	2.31	1.28	1.17	2.37	3.00	3.96	2.39	2.66	2.89	3.28
2008	2.22	1.24	1.09	2.29	2.98	3.91	2.30	2.55	2.87	3.24
2009	2.05	1.12	1.00	2.12	2.82	3.86	2.23	2.41	2.79	3.09
2010	1.95	1.07	0.92	2.03	2.75	3.81	2.16	2.32	2.72	3.02
2011	1.83	1.04	0.84	2.00	2.68	3.75	2.07	2.25	2.69	2.99

表 6.2 产业内具体行业的劳动结构扭曲

行业 年份	农林牧副渔	工业	建筑业	交通运输、仓储邮政	批发零售业、住宿餐饮	金融	房地产	地质勘查业、水利管理	教育、文化、体育和娱乐	卫生、社会保障和社会福利
1995	0.79	-0.38	0.58	1.15	0.75	1.69	1.89	2.04	0.64	1.65
1996	0.84	-0.34	0.62	1.17	0.77	1.69	1.86	2.06	0.67	1.65
1997	0.81	-0.31	0.62	1.16	0.77	1.68	1.83	2.04	0.67	1.69
1998	0.84	-0.22	0.70	1.22	0.91	1.65	1.84	2.04	0.69	1.73
1999	0.82	-0.20	0.73	1.24	0.95	1.63	1.82	2.04	0.72	1.74
2000	0.80	-0.15	0.74	1.33	1.01	1.65	1.82	2.04	0.75	1.77
2001	0.82	-0.12	0.70	1.25	0.97	1.54	1.72	1.93	0.68	0.84
2002	0.82	0.27	0.10	1.24	1.00	1.52	1.68	1.92	0.67	0.82
2003	0.74	-0.09	0.67	1.17	0.94	1.40	1.62	1.23	0.64	0.79
2004	0.81	-0.06	0.69	1.34	1.25	1.28	2.16	1.63	0.92	1.2
2005	0.79	-0.05	0.68	1.37	1.26	1.30	2.13	1.62	0.93	1.20
2006	0.77	-0.05	0.68	1.38	1.27	1.38	2.12	1.58	0.90	1.15

续表

行业年份	农林牧副渔	工业	建筑业	交通运输、仓储邮政	批发零售业、住宿餐饮	金融	房地产	地质勘查业、水利管理	教育、文化、体育和娱乐	卫生、社会保障和社会福利
2007	0.80	-0.04	0.69	1.37	1.28	1.50	2.12	1.56	0.89	1.14
2008	0.85	0.00	0.73	1.35	1.36	1.46	2.13	1.54	0.92	1.16
2009	0.86	-0.04	0.73	1.28	1.33	1.45	2.15	1.53	0.93	1.11
2010	0.88	-0.02	0.73	1.29	1.36	1.46	2.14	1.53	0.93	1.11
2011	0.92	-0.04	0.64	1.30	1.32	1.46	2.10	1.54	0.96	1.14

表6.3 产业内具体行业的产出扭曲

行业年份	农林牧副渔	工业	建筑业	交通运输、仓储邮政	批发零售业、住宿餐饮	金融	房地产	地质勘查业、水利管理	教育、文化、体育和娱乐	卫生、社会保障和社会福利
1995	0.03	0.00	0.07	0.40	0.38	0.39	0.38	0.41	0.32	0.39
1996	0.03	0.00	0.07	0.40	0.38	0.39	0.38	0.41	0.32	0.39
1997	0.03	0.00	0.07	0.39	0.37	0.38	0.37	0.41	0.31	0.38
1998	0.03	0.00	0.06	0.39	0.37	0.38	0.37	0.40	0.31	0.38
1999	0.03	0.00	0.07	0.39	0.37	0.38	0.37	0.40	0.31	0.38
2000	0.03	0.00	0.07	0.40	0.38	0.38	0.38	0.41	0.32	0.38
2001	0.03	0.00	0.07	0.35	0.33	0.34	0.33	0.37	0.27	0.34
2002	0.03	0.00	0.07	0.35	0.33	0.34	0.33	0.36	0.27	0.34
2003	0.03	0.00	0.07	0.34	0.32	0.33	0.32	0.35	0.26	0.33
2004	0.03	0.00	0.07	0.36	0.34	0.35	0.34	0.37	0.28	0.35
2005	0.03	0.00	0.07	0.36	0.34	0.35	0.34	0.37	0.28	0.34
2006	0.03	0.00	0.07	0.36	0.34	0.34	0.34	0.37	0.28	0.34
2007	0.03	0.00	0.07	0.35	0.33	0.34	0.33	0.36	0.27	0.34
2008	0.03	0.00	0.07	0.34	0.32	0.33	0.32	0.36	0.26	0.33

续表

行业 年份	农林牧副渔	工业	建筑业	交通运输、仓储邮政	批发零售业、住宿餐饮	金融	房地产	地质勘查业、水利管理	教育、文化、体育和娱乐	卫生、社会保障和社会福利
2009	0.03	0.00	0.06	0.33	0.31	0.32	0.31	0.34	0.25	0.32
2010	0.03	0.00	0.06	0.33	0.31	0.32	0.31	0.34	0.25	0.32
2011	0.03	0.00	0.06	0.33	0.31	0.32	0.31	0.34	0.25	0.32

表 6.4　三大产业的产出扭曲

年份	第一产业	第二产业	第三产业
1995	0.03	0.00	0.38
1996	0.03	0.00	0.38
1997	0.03	0.00	0.37
1998	0.03	0.00	0.37
1999	0.03	0.00	0.37
2000	0.03	0.00	0.38
2001	0.03	0.00	0.33
2002	0.03	0.00	0.33
2003	0.03	0.00	0.32
2004	0.03	0.00	0.34
2005	0.03	0.00	0.34
2006	0.03	0.00	0.34
2007	0.03	0.00	0.33
2008	0.03	0.00	0.32
2009	0.03	0.00	0.31
2010	0.03	0.00	0.31
2011	0.03	0.00	0.31

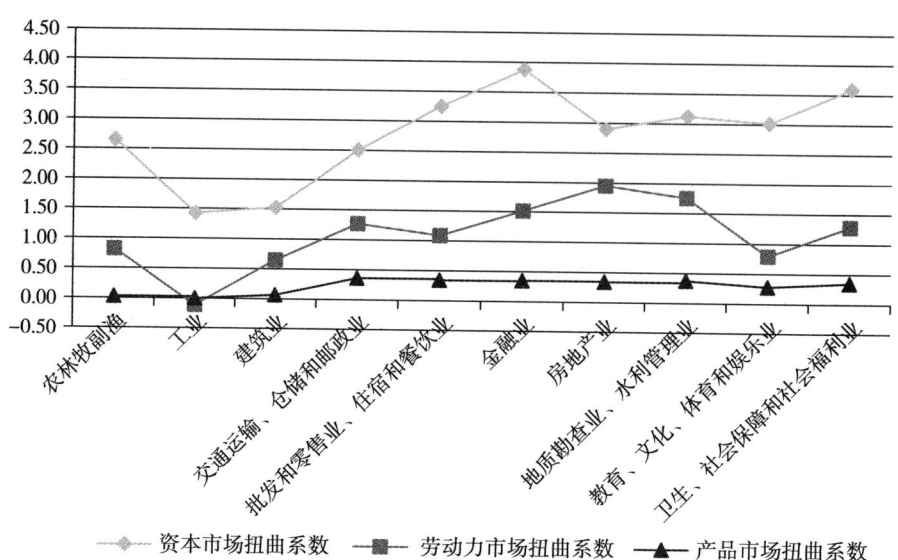

图 6.1　各行业扭曲系数均值（1995~2011 年扭曲系数的简单算术平均年）

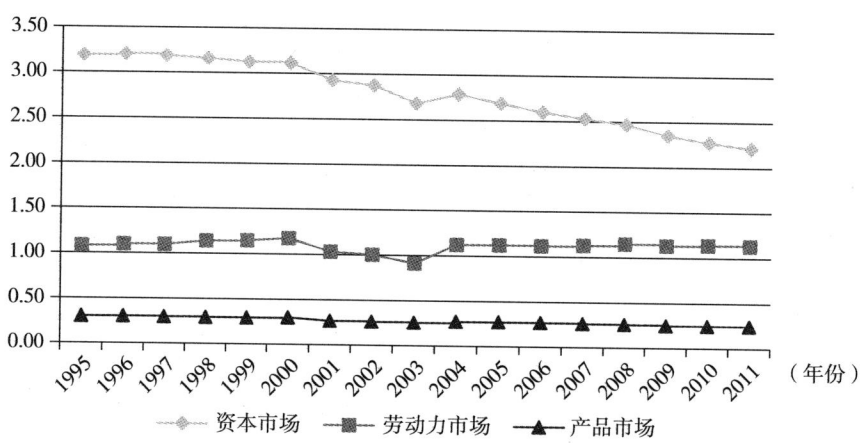

图 6.2　平均市场扭曲系数时间序列变动趋势（各年所有行业市场扭曲系数均值）

（二）结构扭曲程度和扭曲效应

根据表 6.1 至表 6.4 计算结果及实际 TFP 计算式（6-12）、有效 TFP 计算式（6-13），可以得到总量层面和产业层面的存在结构扭曲状况下的实际 TFP 水平和无结构扭曲状况下的有效 TFP 水平（见表 6.5）。首先，综合来看，1995~2011 年，三次产业 TFP，无论是存在结构扭曲状况下的实际 TFP 还是消除结构扭曲状况后的有效 TFP，普遍呈现出"制造业洼地"特征。这与改革开放以来我国制造业普遍采用的"加工贸易"有很大关系；其次，从实际 TFP 有效 TFP 差距测度的扭曲程度看，有效消除结构扭曲后，可使总产出水平提高 65%，其中，第一产业的产值提高 73%，第二产业提高 28%，第三产业提高一倍。从扭曲系数看，有效消除结构扭曲，可使总 TFP 增长率提高 2 个百分点，第一、第二、第三产业分别可提高 1 个百分点。此外，从扭曲程度的时间序列变动趋势看，三次产业的结构扭曲状况总体均呈现下降趋势，侧面反映了我国坚持市场化取向的改革成效。

表 6.5 总量层面 TFP 和产业层面 TFP

年份	结构扭曲状况下实际 TFP				无结构扭曲状况下有效 TFP			
	总体	第一产业	第二产业	第三产业	总体	第一产业	第二产业	第三产业
1995	3.22	2.01	1.23	1.99	4.54	3.02	1.66	3.31
1996	3.18	2.02	1.24	1.94	4.08	3.01	1.66	3.27
1997	3.12	1.94	1.19	1.89	4.07	2.92	1.61	3.25
1998	3.10	1.93	1.24	1.86	4.06	2.86	1.64	3.25
1999	3.06	1.88	1.23	1.82	4.02	2.77	1.62	3.20
2000	3.04	1.82	1.22	1.80	4.00	2.67	1.60	3.18
2001	2.83	1.78	1.12	1.59	3.63	2.59	1.50	2.81
2002	2.77	1.75	0.85	1.53	3.57	2.50	1.28	2.76
2003	2.57	1.62	1.01	1.34	3.46	2.37	1.34	2.65
2004	3.14	1.65	0.99	1.90	3.34	2.37	1.27	2.52
2005	3.06	1.58	0.94	1.83	3.28	2.26	1.18	2.46
2006	3.00	1.50	0.89	1.76	3.30	2.14	1.09	2.48
2007	2.94	1.46	0.84	1.71	3.39	2.06	1.00	2.58
2008	2.92	1.47	0.84	1.68	3.30	2.02	0.97	2.48
2009	2.90	1.44	0.81	1.67	3.23	1.91	0.91	2.42
2010	2.86	1.41	0.77	1.63	3.16	1.84	0.84	2.34

续表

年份	结构扭曲状况下实际TFP				无结构扭曲状况下有效TFP			
	总体	第一产业	第二产业	第三产业	总体	第一产业	第二产业	第三产业
2011	2.78	1.42	0.64	1.55	3.09	1.78	0.72	2.28
均值	2.97	1.69	1.00	1.73	3.62	2.42	1.29	2.78

表6.6 结构扭曲程度和扭曲效应的度量

年份	总产出		第一产业		第二产业		第三产业	
	扭曲程度	扭曲效应	扭曲程度	扭曲效应	扭曲程度	扭曲效应	扭曲程度	扭曲效应
1995	1.32		1.01		0.43		1.32	
1996	0.91	0.09	0.99	0.01	0.42	0.00	1.33	−0.01
1997	0.95	−0.01	0.98	−0.01	0.42	−0.01	1.37	−0.02
1998	0.96	−0.01	0.93	0.01	0.40	0.03	1.38	−0.01
1999	0.96	0.00	0.89	0.00	0.39	0.00	1.38	−0.01
2000	0.96	0.00	0.85	0.00	0.39	0.00	1.38	−0.01
2001	0.80	0.02	0.80	0.01	0.38	−0.02	1.22	0.00
2002	0.81	−0.01	0.76	0.00	0.43	−0.09	1.22	−0.02
2003	0.89	−0.04	0.75	−0.02	0.33	0.14	1.31	−0.09
2004	0.20	0.26	0.72	0.00	0.28	0.03	0.62	0.47
2005	0.22	−0.01	0.68	0.00	0.24	0.02	0.64	−0.02
2006	0.30	−0.03	0.64	0.00	0.20	0.02	0.72	−0.04
2007	0.45	−0.05	0.60	0.01	0.17	0.02	0.87	−0.07
2008	0.38	0.02	0.55	0.01	0.13	0.04	0.80	0.02
2009	0.33	0.01	0.47	0.03	0.10	0.03	0.75	0.02
2010	0.30	0.01	0.43	0.00	0.07	0.02	0.72	0.01
2011	0.31	−0.01	0.36	0.04	0.08	−0.03	0.73	−0.02
均值	0.65	0.02	0.73	0.01	0.28	0.01	1.04	0.01

第五节 实证检验

既然测算结果表明结构扭曲造成了行业生产效率的损失,下面研究到

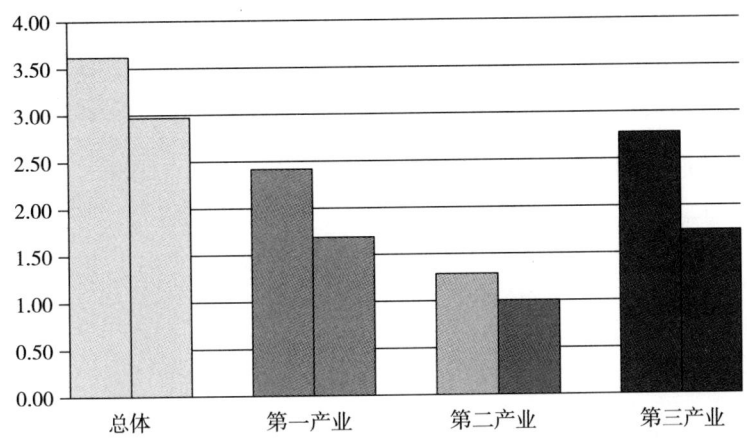

图 6.3　1995~2011 年三次产业年均 TFP

注：图形左边均为有效 TFP，右边为实际 TFP。

底哪些制度安排或政府政策造成了结构扭曲。本书从政府干预角度分析可能会对结构扭曲产生影响的一些制度安排，集中表现为信贷配置制度、国企制度安排、户籍制度和财政制度四个方面。计量模型和变量选取方法及理由如下。

一、计量模型

$$mis_{i,t} = \alpha_0 + \alpha_1 institution_t + \alpha_2 control_t + \varepsilon_t \quad (6-22)$$

其中，$mis_{i,t}$ 表示第 i 产业的全要素生产率计算的结构扭曲效率，$institution_t$ 表示现实中可能会造成结构扭曲的一系列制度安排，$control_t$ 表示除制度因素以外其他可能会对结构扭曲效率产生影响的控制变量，ε_t 是随机误差项。

二、变量选取和数据来源

由于此处需要研究造成结构扭曲的制度安排或政策措施，故用结构扭曲作为被解释变量，用影响结构扭曲的制度安排为解释变量。考虑到三次产业本身存在要素密集度和产业内结构的差异，分别用总的结构扭曲程度

(Agg-mis)、第一产业内结构扭曲程度（First-mis）、第二产业结构扭曲程度（Second-mis）、第三产业结构扭曲程度（Third-mis）作为被解释变量对解释变量进行回归检验。考虑到中国经济运行的现实和已有相关研究，影响结构扭曲效率的制度安排有：

(1) 金融约束：斯蒂格利茨、赫尔曼等认为造成转型经济体结构扭曲的主要原因是金融约束而非金融抑制。因为前者完全是由政府干预造成的，而后者内生于经济发展水平。张维迎也指出，这种为了实现宏观调整和结构调整的政府意图，针对不同所有制企业的主体实施有选择性的信贷配给和补贴政策，不仅会造成资源和时间的浪费，还会带来收入再分配，从而产生效率损失并产生腐败和社会福利的净损失。显然，过去常用的金融信贷总额/GDP 来衡量政府的金融约束对结构扭曲的影响是不合适的，本书采纳鲁晓东（2008）和韩剑（2012）的做法，通过国有商业银行贷款额度/社会融资规模来近似反映金融信贷的所有制偏向，用 credit 表示。

(2) 国企制度：根据 Hsieh 和 Klenow（2009）的研究，国企制度安排是造成中国制造业低效率的主要原因。之所以国企制度安排会造成结构扭曲，一是这种所有制差异为金融机构实施选择性的金融信贷提供了配套的可能，国有企业和非国有企业面临的资金借贷成本的差额就会造成行业的静态效率损失；二是行政性壁垒对行业内高效率企业进入的阻碍和低效率企业的保护也会造成行业的动态效率损失。由于现有的年鉴中并未公布国有企业总产值和非国有企业总产值，此处将各地区的城镇国企职工数加总得到全国的总国企职工数，再用全国总国企职工数/全国总职工数来反映国企规模，用 state 表示。

(3) 户籍制度：已有研究表明户籍制度对结构扭曲产生显著的负效应（朱喜，2011；柏培文，2014；Brandt，2013）。辜胜阻（2014）指出，户籍制度造成的进城务工人员和城市居民福利待遇的二元结构是阻碍劳动力自由流动的主要障碍。因此，本书用农村户籍人口数/总人口数来反映户籍制度对劳动力自由流动的阻碍程度，用 hukou 表示。

(4) 财政制度：已有研究基本都是基于政府补贴视角来检验财政支出

对结构扭曲的影响。

由于无法获得政府对三次产业的财政补贴金额，因此无法检验政府财政补贴政策对结构扭曲的影响，但我们却可以检验政府支出偏向对结构扭曲的影响。事实上，政府财政制度对资源配置的影响，既表现为政府支出，又表现为政府收入。Restuccia（2008）的研究表明税收征收方式、税率高低都会对资源配置效应产生影响。考虑到近十多年来我国对企业所得税征收制度进行了一系列税改，从开征国营企业所得税到外资税收优惠，再到内外资企业所得税税率并轨等变革，本书采用企业所得税收入/总税收收入反映税收制度，用 fiscal-tax 表示，考虑税收制度对结构扭曲的影响。根据 Asturias（2014）的研究，基础设施状况会对一国资源配置效率产生影响，因为不同地区基础设施状况会以交易成本形式反映到企业的平均成本上，造成不同地区企业成本加成的差异。考虑到基础设施建设主要由政府承担，本书将政府支出分为促进生产性支出①、促进消费性支出和政府自身支出三个方面，用生产性支出/政府总支出来反映政府支出结构，用 fiscal-exp 表示。

此外，考虑到国际经济背景下，国际投资也会对国内的资源配置效率产生影响，本书在计量模型中加入外资依存度。用外商直接投资金额/（国内生产总值-外商直接投资金额）反映对外资的利用程度，表示为 fdi；一般认为，外资进入带来的竞争效应会促使本土企业提高生产效率，进而促进国内资源配置效率的改善，但是 Atkeson（2008）等研究表明，当国内市场对外资进入领域施加限制时，反而有可能会加剧国内的结构扭曲。因此，外资进入对我国结构扭曲效率的整体影响可通过控制变量的系数符号及大小综合反映出来。

三、实证结果及分析

和发达国家相比，我国对资源配置效率发挥作用的制度性安排无疑会

---

① 促进生产性的支出包括：基本建设、企业挖潜改造资金、简易建筑费、地质勘探费、科技三项费用、流动资金、农林水利气象等部门事业费、工业交通部门事业费、流通部门事业费、科学事业费。

更多。但实证结果表明，对三次产业结构扭曲最明显的制度安排是户籍制度和国企制度。可以看出，无论是总的结构扭曲，还是三次产业结构扭曲，对户籍制度和国企制度的回归系数都大于零且都通过1%显著性检验。这与聂辉华（2011）和简泽（2011）等的研究结论一致。从经济学原理可知，实现资源有效配置的前提是允许要素自由流动，在市场"看不见的手"的指引下，要素从投资回报率低的部门流向投资回报率高的部门直到各部门边际产品价值趋同的过程，就是资源实现帕累托最优配置的过程。但长期存在的户籍制度和国企制度安排却成为当下要素自由流动的最大障碍。前者表现为不同户口类型对应的差别化待遇对劳动力从农村向城市、从小城市向大城市转移过程的阻碍，后者既表现行政性壁垒对新企业投资进入和低效率企业退出的阻碍，也表现为所有制差异为国有企业提供的融资成本和融资规模优势。大量事实证明，企业的自由进入和退出引起的资源在新进入企业和原有企业间的重新配置效应、原有企业内部的资源再配置效应对整个行业生产率的提高至关重要（Foster 和 Haltiwanger 等，2001）。

本书实证结果与已有研究也存在一定的差异，表现为信贷政策和财政制度对三次产业结构扭曲的影响。普遍认为，中国金融在很大程度上仍是支持国有企业的政府控制性金融，所以现有的金融体制不能很好地发挥优化资金配置的功能（鲁晓东，2008；韩剑，2014）。但本书却发现，金融约束对三次产业结构扭曲的作用不明显。可能是因为既有的研究都是基于狭义口径下的行业内结构扭曲的研究，对于既定的某一行业而言，金融机构基于国有企业"预算软约束"的自然会把更多的资金借贷给国有企业，这种选择性信贷配给政策无疑会造成行业生产率的损失。而本书的研究对象是针对三次产业间的结构扭曲，考虑到国有企业及国有控股企业在三次产业间的准均匀分布特征，金融约束造成的不同产业间资金借贷成本的差异可能并不明显。鉴于已有研究已经表明，补贴机制不透明、补贴规则不统一造成的寻租行为不仅不能提高企业竞争效率，反而起到了保护落后产能、提高退出壁垒的作用，进而造成结构扭曲。本书此处侧重于研究政府基础设施投资支出对资源配置的影响。原理上，政府增加基础设施等公共投资会降低企业的运输成本，促进市场规模的扩大，由此带来的市场竞争效应会促进资源配置效率，但实证结果表明，政府促进生产方面的支出对三次产业的资源配置效率的促进作用并不明显。这与我国地域辽阔、各地区基础设施投资不平衡的发展路径有关，当各地基础设施投资存在差距时，意味着基础设施落后的区域为本地企业提供了市场势力，造成本地企业与外地企业成本加成的差异自然会放大结构扭曲程度。从财政收入结构看，政府近年来实施的企业所得税优惠政策对第一产业和第三产业的结构扭曲自己置效率产生明显的促进作用，从实证结果可以看出，三次产业的结构扭曲程度对税收制度的回归系数都为负，且第一产业和第二产业的回归系数通过1%显著性检验（见表6.7）。

表6.7 三次产业结构扭曲的回归结果

	总结构扭曲程度					第一产业结构扭曲程度				
Hukou	10.43** (1.89)					2.86** (0.35)				
Fiscaltax		-4.56** (1.46)					-1.19** (0.36)			
Fiscalexp			-0.53 (1.73)					-0.62 (0.40)		
Credit				0.20 (0.25)					0.04 (0.06)	
State					0.99** (0.24)					0.27** (0.05)
FDI	-0.29 (0.18)	0.22 (0.17)	0.41 (0.51)	0.55** (0.18)	-0.15 (0.21)	0.24** (0.03)	0.38** (0.04)	0.30* (0.12)	0.47** (0.05)	0.28** (0.05)
constant	-6.30** (1.11)	0.98 (0.43)	0.06 (0.93)	-0.26 (0.27)	0.23 (0.21)	-1.65** (0.20)	0.33** (0.11)	0.33 (0.21)	0.01 (0.07)	0.13* (0.05)
R^2	0.84	0.69	0.43	0.46	0.76	0.98	0.95	0.91	0.90	0.96
F	31.19	13.09	4.58	5.06	19.42	371.15	103.97	62.11	52.68	170.80
Prob>F	0.00	0.00	0.03	0.03	0.00	0.00	0.00	0.00	0.00	0.00

续表

	第二产业结构扭曲程度					第三产业结构扭曲程度				
Hukou	2.42** (0.49)					10.43** (1.89)				
Fiscaltax		-0.74 (0.42)					-4.56** (1.46)			
Fiscalexp			-0.38 (0.40)					-0.53 (1.73)		
Credit				-0.00 (0.06)					0.20 (0.25)	
state					0.29** (0.03)					0.99** (0.24)
FDI	0.12* (0.05)	0.27** (0.05)	0.21 (0.12)	0.32** (0.04)	0.11** (0.03)	-0.29 (0.18)	0.22 (1.72)	0.41 (0.51)	0.55** (0.18)	-0.15 (0.20)
constant	-1.61** (0.29)	-0.01 (0.13)	-0.00 (0.22)	-0.20* (0.07)	-0.07* (0.03)	-5.88** (1.11)	1.40** (0.43)	0.48 (0.93)	0.16 (0.27)	0.65** (0.21)
R^2	0.94	0.85	0.83	0.81	0.98	0.84	0.69	0.43	0.46	0.76
F	92.37	34.43	28.63	26.2	48.39	31.19	13.09	4.58	5.06	19.42
Prob>F	0.00	0.00	0.00	0.00	0.00	0.00	0.00	0.03	0.03	0.00

注：*和**分别表示在5%和1%的水平上显著，括号内的数字为标准误。

第六节　结论及政策建议

后金融危机时期在人口、资源、环境、能源的紧约束下，中国经济能否实现由过去的高速增长向中高速增长时期的平稳过渡，关键在于能否实现有限资源的有效配置。而现代市场经济已然脱离了最初的自由市场经济状态，需要同时发挥政府和市场在不同层次和不同领域的资源配置功能。这就要求我们了解存在结构扭曲的关键领域和主要原因。本书尝试对三次产业结构扭曲程度进行综合测度，并试图找到造成三次产业结构扭曲的制度性根源。核算结果表明，从市场门类看，要素市场存在的结构扭曲程度远大于产品市场，其中，资金市场扭曲大于劳动力市场扭曲；从产业类别看,第三产业存在的结构扭曲程度最大。结构扭曲的消除,从水平效应看可使第一产业产值提高73%,第二产业提高28%,第三产业提高一倍,总产出水平提高65%,从增长效应看可使第一、第二、第三产业TFP增长率分别提高1个百分点,总TFP增长率提高2个百分点。实证结果表明,户籍制度和国企制度是造成三次产业结构扭曲的主要原因。对此,得到相关结论和启示。

一、完善市场在资源配置中的决定性作用的"改革红利"巨大

据测算,在给定的资源供给总量下,通过资源在三次产业再配置效应的释放,可使产出水平提高65个百分点,经济增长率提高2个百分点,根据上一年的国内生产总值和就业岗位数,这意味着新一轮市场化改革可以释放24973亿元增加值和767个就业岗位。且市场化对于经济结构优化、第三产业的发展尤为显著。根据测算,结构扭曲的消除对于第三产业的溢出效应最强,相对于第二产业而言,可实现第三产业产值的翻一番,而实现从发展制造业为主到发展服务业为主的格局,这既是经济发展规律的客观要求,也是新常态下国内经济保持稳定发展的必然选择。

二、发挥市场在资源配置中决定性作用的关键在于深化金融体制改革

根据测算结果,金融行业的资金成本的扭曲系数最高(约为3.88),意味着金融领域的资金成本远远高于市场价格水平,这和多年来我国存在的资金价格非市场化定价机制有关,尽管近年来金融管制在逐步放松,从放开银行间同业拆借利率到货币市场、债券市场利率和境内外币存贷款利率市场化,从对金融机构人民币存款利率上限、贷款利率下限双边管制到贷款利率放开,对促进实体经济发展、经济结构调整与转型升级具有重要意义,但仍未从根本上发挥市场在资金配置中的根本性作用。众所周知,金融是现代经济的核心、现代市场体系的枢纽,从市场配置资源的实践来

看，往往是资金配置到哪里，技术、劳动力等生产要素就随之集聚在哪里，因此资金配置在生产要素配置中发挥着龙头作用，资金配置偏离市场规律，就会导致信贷错配，加剧经济结构的扭曲。而降低资金成本的关键就在于打破金融行业的进入壁垒和完善金融行业的退出机制。因为从学理和发达国家的经验看，允许企业在各行业自由投资，打破垄断、强化竞争，会使各行业的平均利润率趋同，实现资金价格的降低，进而促进实体经济的健康发展。

三、深化户籍制度和国企制度改革，消除劳动力和资金要素自由流动的障碍

户籍制度改革的关键不以户籍废除为标志，而在于改变城镇基本公共服务业城市市民和农民工的二元结构。只有加大政府在公共领域的投资力度，切实推进基本公共服务的均等化，从广度和深度上向城镇常住人口全覆盖并推进城乡、城市间社保的有效对接，让转移人口有稳定的就业并享受教育、医疗等基本公共服务，才能彻底消除劳动力跨区域转移的顾忌，切实有效地推进劳动力的自由流动。考虑到国有企业对于中国特色社会主义制度的重要作用，在坚持国有经济主体地位的同时，关键在于强化对国有企业的权责约束，开启对竞争性的国有企业的市场化改革。为使其能够按照市场规则经营发展，依托资本市场进行股权多样化改革不失为可行的办法。更为关键的是应该降低一些竞争性领域的进入门槛，允许民营企业进入与竞争性国有企业公平竞争，让市场来决定企业的去留对资源配置效率的改善至关重要。

第 七 章

结构调整与制造业全要素生产率
——宏观经济的视角

第一节 引言

全要素生产率长期以来一直是经济增长中激发人们兴趣的变量。经验证据表明全要素生产率不是生产要素的积累,决定了国家之间的发展水平差异和人均收入的增长速度。例如 Abromovitz(1956)和 Solow(1957)的研究认为,只有一小部分产出的增长可以归因于生产要素的积累,88%~90%的生产增长要归因于全要素生产率的增长。因此,找出全要素生产率增长的影响因素成为许多研究者的研究目标。后续的研究认为,生产要素质量的变化是引起全要素生产率增长的重要考虑因素,有很多研究者提出了影响全要素生产率增长的因素有,教育投资培训、人力资本的发展、经济开放引致的国际贸易和国外直接投资、低的通货膨胀率、机械和设备方面的投资等。影响全要素生产率增长的因素除了上面提到的外,还有很多学者提出了其他因素,具体如表 7.1 所示。但是除了 Miller 和 Upadhyay(2000)认为开放波动对全要素生产率增长具有负效应外,现有研究中没有提到其他由于宏观结构调整产生的相关宏观环境变量的波动对全要素生产率影响。

表 7.1 相关文献结果

影响因素	效应	代表学者
人力资本发展水平	正效应	Harris（1999）；Aiyar 和 Feyrer（2002）；Black 和 Lynch（1996）；Schultz（1961）；Becker（1962）；Becker 和 Tamura（1990）
	取决于开放水平：当一个地区开放水平较低时，人力资本发展水平与全要素生产率增长呈负相关关系，相反为正相关关系	Miller 和 Upadhyay（2000）
经济开放水平	正效应	Harris（1999）；Cororatan 和 Zingapan（1999）；Miller 和 Upadhyay（2000）；Edwards（1998）；Alcala 和 Ciccone（2004）
出口波动	负效应	Miller 和 Upadhyay（2000）
利率水平	正效应	Miller 和 Upadhyay（2000）
通货膨胀	负效应	Harris（1999）；Miller 和 Upadhyay（2000）；Clark（1982）
税收	负效应	Harris（1999）
劳动市场弹性	正效应	Harris（1999）；Scarpetta 和 Tressel（2002）
R&D	效应取决于市场结构和技术制度	Cororatan 和 Zingapan（1999）；Miller 和 Upadhyay（2000）；Singh 和 Trieu（1996）；Scarpetta 和 Tressel（2002）
机构设置	正效应	Scarpetta 和 Tressel（2002）
FDI	正效应	Cororatan 和 Zingapan（1999）；Ferrett（2004）；De Mello（1999）；Sadik 和 Bolbol（2001）；Liu 和 Wang（2003）；Aitken 和 Harrison（2004）
金融开放程度	正效应	Kugler 和 Neusser（1998）；Tadesse（2005）；Jeong 和 Townsend（2004）；Beck Levine 和 Loayza（2000）
创新	正效应	Harris（1999）

本章的目的就是使用一个简化的分析模型来评估宏观经济结构调整导致的宏观环境的波动对制造业全要素生产率的影响，基于我国各种变量数

据的可用性，本书拟选取三个宏观经济结构调整领域来分析其对制造业全要素生产率的影响，具体为：货币市场结构调整产生的通货膨胀波动、开放市场结构调整导致的经济开放波动以及金融市场结构调整导致的金融市场波动。为了分析这三个领域的结构调整对制造业全要素生产率的影响，本书首先在 VAR 模型框架中构建一个简化的理论模型。之所以在 VAR 模型框架中构建模型，主要是由于这类模型的参数相对较少，能够成功地获取这些变化的影响。这一点对于像我国这样数据获取受限制的国家来说是至关重要的，此外对发达国家而言用简化模型捕捉宏观经济波动以及对经济行为的影响，在诸多文献中比较常见，例如 Cogley（2005）、Cogley 和 Sargent（2005）在自回归模型中采用的时间依赖差异。

第二节 结构调整分析

一、货币市场结构调整

货币市场结构调整产生的通货膨胀波动在宏观经济波动中是首要的波动变量，Friedman（1977）认为通货膨胀的波动通过增加失业率和降低经济增长效率对配置效率产生了不利影响，具体而言，通货膨胀的不确定性阻碍了价格体系的配置效率。他认为通货膨胀不可预料的变化将导致一部分雇主和雇员的感知系统产生误差，这将导致失业率偏离其自然失业率。Lucas（1973）研究认为通货膨胀的不确定性可能使实际和名义的冲击难以区分，制造业经济部门可能会有不同的反映。还有相关研究例如 Froyen 和 Waud（1987）、Holland（1986）、Hafer（1986）对通货膨胀的波动假设进行了实证检验。此外，Dotsey 和 Sarte（2000）表明由于经济中较低的产出，通货膨胀的不确定性增加了预防性储蓄，并且降低了名义利率。另外，Hahn（1970）、Juster 和 Wachtel（1972）、Juster 和 Taylor（1975）以及 Cukierman 和 Meltzler（1986）认为通货膨胀的波动增加了储蓄，给扩张性的货币政策提供了动机，从而降低了利率，刺激了制造业部门投资。如果新的投资可能会增加使用更多先进技术的资本存量，制造业全要素生产率将会增加。

二、开放市场结构调整

本书拟用进出口的波动来作为衡量开放市场结构调整的变量，因为进出口的改变量能够反映国家开放的结构调整对经济的影响效应。具体而言，进出口的波动能够反映开放环境为制造业生产过程提供进口原材料、为投资目的进口机器设备以及将闲置设备转为资本存量的经济能力。较高的进出口波动可能会阻止公司采用更多有效的国外技术，主要是由于进出口的变化会增加未来对于进出口相关设备的不确定性，它们采用较低的国内可获得技术，这降低了企业的全要素生产率水平。Rodrick（1998）通过建立宏观经济模型进行分析，对经济资源进口要求重新分配的活动增加了风险，即使返回到安全线以下，也低于其他活动的平均值，最终限制了制造业全要素生产率的增长。Montalbano 等（2005）对进出口波动对制造业全要素生产率的影响提供了经验证据，20 世纪 90 年代贸易的脆弱性对东欧国家造成了不利的影响。

三、金融市场结构调整

我国金融市场结构调整过程中，金融市场的深化波动是不稳定的，因为本书拟用金融市场的深化波动来反映金融市场结构的调整，金融市场深化的波动影响金融中介机构的行为，以及公司可能的信贷需求。特别地，金融体系更高的脆弱性阻碍了金融中介机构提供长期贷款而转向提供短期贷款，尽管这样可能会增强制造业全要素的生产率。企业也不愿意接受来自减少新的投资的金融中介机构的贷款。此外，金融市场深化的波动的加剧，企业会倾向于用内部资源进行投资。降低外部融资水平也意味着对金融中介机构的需求降低，投资分配效率是低效率的。因此，在给定的投资水平，制造业全要素生产率的提升是不明显的。Angeletos（2006）认为缺乏金融中介机构联系的不完全市场，由于金融资本从高风险、高回报的项目中转移出来,降低了全要素生产率。Evers 等(2008)认为金融中介机构增加了投资的质量而不是投资的数量来提高制造业全要素生产率。

第三节 实证分析

一、实证模型

(一) TFP 单变量分析模型

为了得到宏观经济结构调整对制造业全要素生产率的影响,首先找出制造业全要素生产率自身的波动的规律,本书采用对 ARCH 基本模型进行扩展的 ARCH 模型进行分析。具体来说根据 ARCH 模型的要求,对以下模型进行估计:

$$TFP_t = x'_t \alpha + \lambda h_{TFP_t} + u_{TFP_t}, \quad u_{TFP_t} \sim (0, h_{TFP_t}) \quad (7-1)$$

$$\log h_{TFP_t} = \tau + \sum_{j=1}^{p} p_j \log h_{TFP_{t-j}} + \sum_{j=1}^{q} Q_i \left\{ \left| \frac{u_{TFP_{t-j}}}{\sqrt{h_{TFP_{t-j}}}} \right| - E \left| \frac{u_{TFP_{t-j}}}{\sqrt{h_{TFP_{t-j}}}} \right| + \varphi \frac{u_{TFP_{t-j}}}{\sqrt{h_{TFP_{t-j}}}} \right\} \quad (7-2)$$

式(7-1)和式(7-2)中 x'_t 为 TFP_t 在 t 时期的向量,u 为误差项。通过参数 λ 可以获取 u 的较敏感的变动对 TFP 的影响。如果 p_1 大于 1 并且当 EGARCH 检验的滞后项为 1,那么条件变量的处理过程是突增的。因此,p_1 的绝对值应小于 1。参数 φ 包含 $\frac{u_{TFP_{t-j}}}{\sqrt{h_{TFP_{t-j}}}}$ 对 $\log h_{TFP_t} \log TFP_t$ 的不对称影响。如果 φ 等于零,那么积极因素和消极因素对波动有相同的影响。如果 $0 > \varphi > -1$,积极因素波动性增加量少于消极因素;如果 $\varphi < -1$,积极因素的确会减少波动性,然而消极因素却会增加波动性。

扩展的 ARCH 模型可以用最大似然估计法来估计,这种估计方法为 $\frac{u_{TFP_{t-j}}}{\sqrt{h_{TFP_{t-j}}}}$ 指定了密度,Nelson(1991)提出用广义差分法来规范零均值和单位方差。在本章中，当考虑 n 的方程形式具有以下特征时，采用多元 GARCH 进行实证分析：

$$Y_t = Ax_t + \Gamma H_t + u_t \quad (7-3)$$

其中，x_t 为解释变量向量，u_t 是白噪声残差的一个向量，H_t 表示残差的 $n \times n$ 方差-协方差矩阵，即：$H_t = E(u_t u_t' \mid y_{t-1}, y_{t-2}, \cdots, x_t, x_{t-1}, \cdots)$。

（二）TFP 多变量分析模型

由于本章分析经济结构调整的模型是一个非线性系统，系统中可能包含大量的统计不显著的变量，这增加了模型预测的难度。因此，需要选择合适的分析模型使得分析经济结构调整对制造业全要素生产率的影响能够更加准确，例如使用像 VAR 这样的非结构化模型方法获取这些变量之间的动态关系可能就是一个好的选择。VAR 模型通常用于简化的分析情形，被认为是用相对较少的参数估计成功获取一组丰富变量的动态关系的方法。本章我们也假设制造业全要素生产率增长的条件变量的方差是常数，因为我们不能确定全要素生产率增长变量对全要素生产率增长的影响，模型中引入全要素生产率增长波动在收敛性方面将产生更多麻烦，估计将对初始值过于敏感。因此，本章用 GARCH 模型来确认制造业全要素生产率与经济结构调整变量的动态关系；用 VAR 模型来衡量波动时间序列的平均变化。因此本章构建 VAR-GARCH 模型来分析经济结构调整，宏观波动与制造业全要素生产率之间的关系。本章构建了三种不同的 VAR-GARCH 设定检验估计模型，具体如下所示：

$$Inf_t = \alpha_0^{Inf} + \sum_{i=1}^{2} \alpha_i^{Inf} Inf_{t-i} + \sum_{i=1}^{2} \beta_i^{Inf} open_{t-i} + \sum_{i=1}^{2} \gamma_i^{Inf} TFP_{t-i} + \mu_{Inf_t} \quad (7-4)$$

$$\mu_{Inf_t} \sim (0, h_{Inf_t}); \quad h_{Inf_t} = \kappa_{Inf} + \delta_{Inf} h_{Inf_{t-1}} + \mu_{Inf} \mu_{Inf_{t-2}}^2$$

$$open_t = \alpha_0^{open} + \sum_{i=1}^{2} \alpha_i^{open} Inf_{t-i} + \sum_{i=1}^{2} \beta_i^{open} open_{t-i} + \sum_{i=1}^{2} \gamma_i^{open} TFP_{t-i} + \mu_{open_t}$$

$$(7-5)$$

$$\mu_{open_t} \sim (0, h_{open_t}); \quad h_{open_t} = \kappa_{open} + \delta_{open} h_{open_{t-1}} + \mu_{open} \mu_{open_{t-2}}^2$$

$$TFP_t = \alpha_0^{TFP} + \sum_{i=1}^{2} \alpha_i^{TFP} Inf_{t-i} + \sum_{i=1}^{2} \beta_i^{TFP} open_{t-i} +$$

$$\sum_{i=1}^{2}\gamma_i^{TFP}TFP_{t-i}+\varphi_{Inf}h_{Inf_t}+\varphi_{open}h_{open_t}+\mu_{TFP_t} \quad (7-6)$$

$$\mu_{TFP_t} \sim N(0,h_{TFP_t}); \quad h_{TFP_t}=\kappa_{TFP}$$

方程的协方差表示为：

$$\kappa_{Inf,open}=\mathrm{cov}(\mu_{Inf_t},\mu_{open_t})$$

$$\kappa_{Inf,TFP}=\mathrm{cov}(\mu_{Inf_t},\mu_{TFP_t})$$

$$\kappa_{open,TFP}=\mathrm{cov}(\mu_{open_t},\mu_{TFP_t}) \quad (7-7)$$

式（7-4）中包含了货币市场结构调整、开放市场调整结构和制造业全要素生产率三个变量，以及这三个变量的两个滞后项。式（7-5）与式（7-4）相似，也包含货币市场结构调整、开放市场调整结构和制造业全要素生产率三个变量，以及这三个变量的两个滞后项。式（7-6）是对制造业全要素生产率的估计，仿照式（7-4）的估计方程形式，包含货币市场结构调整变量、开放市场调整结构变量和制造业全要素生产率三个变量，以及这三个变量的两个滞后项。全要素生产率也可解释为受货币市场结构调整和开放市场调整结构变量条件方差的影响，评估这些结构调整行为在解释全要素生产率中的作用。此外，我们货币市场结构调整和开放市场调整结构变量条件方差用 GARCH（1，1）的形式进行构建。

二、变量设置与数据

本章使用了我国 1987~2014 年的统计数据，所有原始数据均来自各年份的《中国统计年鉴》。具体变量设置和计算方法为：

（1）制造业全要素生产率变量（TFP）。全要素生产率的估计有很多方法，但经典的估计方法存在一定的"内生性"。如果一个企业的生产率高，那么它一般会追加投资，导致低估资本项，高估劳动力和中间投入项，最终在估计全要素生产率时产生偏差（刘巳洋等，2008）。因此，本章拟采用 Olley-Pakes 方法来估计制造业企业的全要素生产率，OP 方法具有很多优秀的特性，能够在诸多复杂条件下给出较好的估计值。对于 TFP 的 OP 估计，本章采用刘巳洋等（2008）的做法并进行了改进，采取一个两阶段的过程，在第一阶段中，利用 OP 回归方法以获得投入系数以及利用生产方程的剩余计算 TFP，在第二阶段中，以第一阶段计算的 TFP 为基础构建一个新的估计方程对 TFP 进行回归。

（2）金融市场结构调整变量（Finance）。金融市场结构调整通过金融市场深化的波动来反映，本章中对金融市场深化波动用广义货币（M2）占 GDP 的比率来进行度量。

（3）货币市场结构调整变量（Inflation）。货币市场结构调整通过通货膨胀的波动来反映，具体用消费者价格指数的对数的一阶差分来进行计算。

（4）开放市场结构调整变量（Import）。货币市场结构调整通过进出口的波动来反映，具体用进出口占 GDP 的比率来进行度量。

为了分析这些变量以何种形式进入到实证分析中去，本章首先对这些时间序列变量进行单位根检验，如果这些变量存在单位根的话，在进行实证分析时会导致估计结果的偏差，需要对数据进行处理后再进行实证分析。具体单位根检验如表 7.2 所示。表 7.2 中给出了 ADF、PP 和 KPSS 的单位根检验结果，ADF 的检验可以看到，水平序列包含常数项和趋势的检验结果都表明存在单位根，但是一阶差分后明显的不存在单位根问题。同样 PP 检验和 KPSS 检验虽然有些水平序列包含常数项和趋势的检验结果部分表明存在单位根，但是一阶差分后都是不存在单位根的。因此，本章执行一阶差分形式的操作分析是最好的选择，下面实证分析中所有用到的变量都进了一阶差分以保证进入到估计方程中的变量的平稳性。

表 7.2 单位根检验结果

			ADF	PP	KPSS
TFP	水平序列	常数项	−0.41	−7.52**	1.49**
		常数项和趋势	−1.87	−8.07**	0.13*
	一阶差分	常数项	−2.80	−17.92*	0.10
finance	水平序列	常数项	−0.14	−0.09	1.03**
		常数项和趋势	−2.90	−2.90	0.13*
	一阶差分	常数项	−9.95**	−9.94**	0.17

续表

			ADF	PP	KPSS
inflation	水平序列	常数项	-1.19	-2.00	0.82**
		常数项和趋势	-4.20**	-4.01*	0.27**
	一阶差分	常数项	-8.80**	-19.41**	0.38
import	水平序列	常数项	-0.60	-0.58	1.02**
		常数项和趋势	-2.56	-2.52	0.09**
	一阶差分	常数项	-9.30**	-9.30**	0.06

注：**表示1%的显著性水平下显著；*表示5%的显著性水平下显著。

三、实证结果分析

（一）TFP 的波动分析

为了研究 ARCH 的存在对全要素生产率增长的影响，文章用 Engle（1982）的 ARCH-LM 进行检验。因此，首先对全要素生产率增长的常数项和它的前四滞后项进行估计，然后分别通过残差平方和对全要素生产率的滞后 4 期和滞后 8 期进行估计（包含常数项），得出具体的 R^2 的观测值分别为 18.962 和 19.846，P 值分别为 0.008 和 0.000。因此，即使在 1% 的水平上也不能拒绝 ARCH 的存在对全要素生产率增长的影响。所以，本章选择 ARCH 模型分析制造业全要素生产率的增长。前文的分析研究通过假设经济结构调整的波动引起制造业全要素生产率增长的波动来表述两者之间的关系，在实证检验模型上，上文提出了采用扩展的 ARCH 模型来分析制造业全要素生产率增长的条件波动。具体估计结果如表 7.3 所示。

表 7.3 TFP 的自回归结果

A：均值方程	
常数项	1.8071（0.00）
TFP_{t-1}	-0.0448（0.72）
TFP_{t-2}	0.0176（0.81）

续表

A：均值方程	
TFP_{t-3}	−0.1406（0.07）
TFP_{t-4}	−0.2680（0.00）
h_{TFPt}	−0.2195（0.07）
B：条件方差	
常数项	1.2034（0.00）
$h_{TFP_{t-1}}$	−0.1514（0.42）
$\left\{\left\|\dfrac{u_{TFP_{t-j}}}{\sqrt{h_{TFP_{t-j}}}}\right\|-E\left\|\dfrac{u_{TFP_{t-j}}}{\sqrt{h_{TFP_{t-j}}}}\right\|+\varphi\dfrac{u_{TFP_{t-j}}}{\sqrt{h_{TFP_{t-j}}}}\right\}$	0.9325（0.00）
	−0.1076（0.58）
C：检验	
The Sign Bias Test	（0.75）
Ljung-Box Q-Stat. [4]	（0.60）
Ljung-Box Q-Stat. [8]	（0.87）
ARCH-LM [4]	（0.89）
ARCH-LM [8]	（0.77）

注：括号中为 P 值。

表 7.3 中 A 部分为均值方程式（7-1）的估计结果，估计中包含了 TFP 的滞后 4 期变量。从表中的估计结果可以看到，TFP 的滞后 4 期变量都是负值而且是不显著的，条件方差的估计系数也是不显著的负值，这表明不能找到制造业全要素生产率自身的波动影响制造业全要素生产率增长变化的不利影响的统计显著的证据。表 7.3 中 B 部分为条件方差方程式（7-2）的估计结果，从表中的估计结果可以看到，φ 的估计值是负值，绝对值小于 1，对全要素生产率增长的负面冲击变化量超过正面冲击，反映了积极和消极方面对全要素生产率增长的条件波动性是不对称的。此外，条件变量对数的滞后值的估计系数小于 1，这满足条件变量的非突增性要求。表 7.3 中 C 部分为相关估计检验，包括非参数符号偏误检验、Ljung-

Box Q 检验和 ARCH-LM 检验,这些检验的 P 值均是不显著的,支持了制造业全要素增长是规范的这一结论。

表 7.3 的估计结果中得到了 TFP 的滞后 4 期变量和条件方差的估计系数不显著的原因,我们认为可能有以下几种解释:一是制造业全要素生产率增长受到其他因素的影响而不是其历史因素,估计中包括其他变量的设置,可能有助于解释制造业全要素生产率的增长行为和本身演变;二是制造业全要素生产率增长可能受到经济结构调整的影响,但是仅仅依靠本部分的分析无法从制造业全要素生产率的增长波动性来得出经济结构调整对其的影响。

(二) TFP 的影响因素分析

表 7.4 中的条件方差估计部分中,VAR-GARCH 模型中所有的货币市场结构调整和开放市场结构调整波动的估计系数都是显著的正值,满足非负的条件方差设定。同样需要重视的是 $h_{Inf_{t-1}}$ 和 $\mu^2_{Inf_{t-1}}$ 的系数值之和小于 1,以及 $h_{open_{t-1}}$ 和 $\mu^2_{open_{t-1}}$ 系数的总和也小于 1,这也满足条件方差的非激增性属性。

金融市场结构调整导致的金融市场深化的波动变量,是一个额外的潜在影响制造业全要素生产率增长的变量,因此,本章拟通过将金融市场深化变量及其波动包含到 VAR-GARCH 模型中来分析。具体来说,我们不把金融市场深化的波动变量作为 VAR-GARCH 模型的三个可变条件变量,而是用货币市场结构调整或开放市场结构调整波动变量来代替,以避免过度参数化。

从表 7.4 的估计结果可以看出,TFP 的均值方程式 (7-6) 中,货币市场结构调整导致的波动(h_{Inf_t})的估计值是统计显著的正值,货币市场结构调整将会导致制造业全要素生产率的增长。同样,均值方程的 TFP 的估计方程式(7-6)中,开放市场结构调整导致的波动(h_{open_t})的估计值是统计显著的负值,开放市场结构调整将会导致制造业全要素生产率的下降,这是合理的,因为出口和进口可能会受到不同的因素而有不同的动态。因此,为了部分地解决这个问题,我们定义两个新的开放措施:出口占 GDP 的比重和进口占 GDP 的比例。当这两项开放措施包括在经济设定中而不包括任何其他波动措施的时候，开放的波动措施的估计系数是统计显著和消极的。因此，国家在进行结构调整时要尽可能地保持开放政策的稳定性。表7.4中，TFP的均值方程式（7-6）中的第2列给出了VAR-GARCH模型的估计值，估计值中包含了货币市场结构调整、金融市场结构调整和制造业全要素生产率三个变量。货币市场结构调整，它们导致的波动在制造业全要素生产率方程中的估计值是显著的正值，金融市场结构调整导致的波动估计值是显著的负值，估计值的符号和显著性符合前面的理论分析。表7.4中TFP的均值方程式（7-6）中的第3列显示，无论是开放市场结构调整还是金融市场结构调整，它们导致的波动都会影响制造业全要素生产率，该结果支持了以前的分析，这两个变量会抑制制造业全要素生产率的增长。然而，开放市场结构调整对全要素生产率增长的负效应在统计上不显著，这可能表明，这两种波动可能会从相同的途径影响制造业全要素生产率或这两个变量存在高度共线性。

从表7.4中的估计结果可以看出，第一，货币市场结构调整导致的波动提高了全要素生产率的增长，而开放市场结构调整特别是金融市场结构调整的波动降低全要素生产率增长。即使货币市场结构调整导致的波动对制造业全要素生产率增长存在显著的正效应，但是也不建议资源错配导致的低效率的存在，主要是因为货币市场结构调整导致的通货膨胀波动存在较高的不确定性（Friedman，1977）。Hahn（1970）、Juster和Wachtel（1972）以及Juster和Taylor（1975）认为通货膨胀不确定性和利率存在负相关，消费者寻求保护自己免受通货膨胀波动的影响。如果收入的变化不匹配通货膨胀的波动，后者会影响实际收入变化，因为消费者的消费信心下降。因此，消费者将增加储蓄，这将导致消费和利率下降。Cukierman和Meltzer（1986）认为预期之外的通货膨胀可以由政府通过减小短期利率刺激经济而实现，低利率刺激投资，新的投资更可能会增加资本存量，使用更先进的技术可能会增加全要素生产率的增长。

第二，开放市场结构调整降低全要素生产率的增长。在现有的文献中，有分析开放程度和全要素生产率的水平之间关系的各种研究，但

Miller 和 Upadhyay（2000）是唯一研究开放变动对全要素生产率影响的文献。Miller 和 Upadhyay（2000）的研究与本书类似，认为开放波动和制造业全要素生产率增长之间呈负相关关系，也就是说，波动幅度较小的开放市场结构调整能够提高制造业全要素生产率。关于开放和制造业全要素生产率增长之间的关系，他们认为，更大的开放能促进经济体采纳更高效的技术进行生产，导致生产的较快增长。

第三，金融市场结构调整导致的金融改革深度的波动对制造业全要素生产率的增长具有不利影响，这符合需要信贷来支撑的金融中介和公司都会受到高金融体系波动性的影响假设。在一个经济体中的金融体系波动较大时，金融中介机构更倾向于短期贷款而不是长期贷款，从而最终影响一个国家的制造业全要素生产率增长。由于金融机构不太愿意不顾信用等级提供信贷，则新投资水平较低，此外，企业的投资将会使用更多的内部资源。因此，金融中介提供的流动性资金，会寻找更有效的资源配置，这也会降低制造业全要素生产率的增长。

表7.4 制造业全要素生产率的多因素影响结果

A：均值方程			
式（7-4）			
	inf_t	inf_t	fin_t
inf_{t-1}	−0.4538（0.00）	−0.2198（0.00）	
inf_{t-2}	−0.2604（0.00）	−0.0663（0.00）	
$open_{t-1}$	2.8668（0.00）		−0.2825（0.13）
$open_{t-2}$	5.0419（0.00）		0.1578（0.75）
TFP_{t-1}	2.2591（0.00）	1.8831（0.00）	−0.3446（0.61）
TFP_{t-2}	5.6043（0.00）	4.0345（0.00）	0.2430（0.51）
fin_{t-1}		2.9771（0.00）	−0.0469（0.85）
fin_{t-2}		1.5167（0.00）	−0.0630（0.66）

续表

A：均值方程			
式（7-5）			
	$open_t$	fin_t	$open_t$
inf_{t-1}	0.0011（0.00）	-0.0003（0.37）	
inf_{t-2}	0.0042（0.00）	0.0160（0.00）	
$open_{t-1}$	-0.0960（0.01）		-0.1274（0.84）
$open_{t-2}$	-0.0641（0.06）		1.6245（0.57）
TFP_{t-1}	-0.0785（0.01）	-0.2665（0.00）	-0.7351（0.53）
TFP_{t-2}	-0.0922（0.00）	-0.1599（0.00）	1.1660（0.58）
fin_{t-1}		-0.3315（0.00）	0.2200（0.53）
fin_{t-2}		-0.0398（0.00）	-0.6146（0.00）
式（7-6）			
	TFP_t	TFP_t	TFP_t
inf_{t-1}	-0.0022（0.00）	-0.0465（0.00）	
inf_{t-2}	0.0029（0.00）	0.0169（0.00）	
$open_{t-1}$	-0.2910（0.00）		-0.0184（0.45）
$open_{t-2}$	-0.0399（0.00）		-0.0380（0.14）
TFP_{t-1}	0.0748（0.00）	-1.3280（0.00）	-0.0316（0.19）
TFP_{t-2}	0.0060（0.00）	-0.8401（0.00）	-0.0414（0.00）
fin_{t-1}		-0.6935（0.00）	-0.0934（0.00）
fin_{t-2}		-0.1539（0.00）	-0.0570（0.00）
h_{Inf_t}	0.0966（0.00）	0.0579（0.00）	
h_{open_t}	-0.4038（0.00）		-0.0084（0.78）
h_{fin_t}		-0.7955（0.00）	-0.6059（0.00）
B：条件方差			
	h_{Inf_t}	h_{Inf_t}	
$\mu^2_{Inf_{t-1}}$	0.0001（0.97）	0.2108（0.00）	
$h_{Inf_{t-1}}$	0.9647（0.00）	0.0099（0.00）	
	h_{open_t}		h_{open_t}
$\mu^2_{open_{t-1}}$	0.0077（0.00）		-0.5867（0.00）
$h_{open_{t-1}}$	0.2436（0.00）		0.2881（0.00）

续表

	B：条件方差		
	h_{Inf_t}	h_{Inf_t}	
$\mu^2_{\text{fin}_{t-1}}$		0.0111（0.00）	0.1768（0.57）
$h_{\text{fin}_{t-1}}$		0.1002（0.00）	-0.1377（0.15）
$\text{Var}(\text{TFP}_t)$	4.0724（0.00）	7.4911（0.00）	4.6589（0.00）
	C：协方差		
$\text{cov}(\mu_{\text{Inf}_t}, \mu_{\text{open}_t})$	1536.66（0.00）		
$\text{cov}(\mu_{\text{Inf}_t}, \mu_{\text{fin}_t})$		21.8604（0.00）	
$\text{cov}(\mu_{\text{fin}_t}, \mu_{\text{TFP}_t})$		20.2240（0.00）	-5.0513（0.00）
$\text{cov}(\mu_{\text{Inf}_t}, \mu_{\text{TFP}_t})$	-3.5369（0.00）	-4.4941（0.00）	
$\text{cov}(\mu_{\text{fin}_t}, \mu_{\text{open}_t})$			341.65（0.45）
$\text{cov}(\mu_{\text{TFP}_t}, \mu_{\text{open}_t})$	-7.7568（0.18）		-0.5765（0.97）

注：括号中为P值。

（三）经济结构调整的实验分析

为了更加形象地分析经济结构调整导致的波动对制造业全要素生产率的影响，本部分通过一项实验来具体模拟经济结构调整的影响。具体来说就是分析这三个经济结构调整导致的宏观经济波动各下降16%，会带来多少制造业全要素生产率增长的变化。之所以选择变化16%是因为 $Z_{1-0.16}=1$，符合标准的正态分布的要求，这项试验结果的具体数据如表7.5所示。从表7.5的估计结果可以看出，货币市场结构调整导致通货膨胀的波动下降确实促进了制造业全要素生产率增长。例如模型一中，通货膨胀率波动下降16%会带来4.76%的制造业全要素生产率的增长，在模型二中会带来0.96%的制造业全要素生产率的增长。但是，金融深度和通货膨胀波动同时下降16%则会带来1.31%的制造业全要素生产率的降低，而进出口和通货膨胀波动同时下降16%则会带来1.32%的制造业全要素生产率的增长。模型一中单独进出口水平波动下降16%会带来5.28%的制造业全要素生产率的增长，在模型二中会带来1.27%的制造业全要素生产率的增长。同样，降低金融深度的波动也能带来制造业全要素生产率的增长。

金融深度和进出口波动同时下降16%时,制造业全要素生产率增长了1.56%,但应当注意,在模型一中通货膨胀率波动下降16%会带来4.76%的制造业全要素生产率的降低,或者进出口波动下降16%会带来5.28%的制造业全要素生产率的增长,由于这些变化程度相当高,所以必须同时考虑。因此,我们可以得到,实现1.32%~1.56%的制造业全要素生产率年增长是可行的,这意味着在19年内有7%~11%的增长。然而,我们的估计表明,进出口的波动与金融深度的波动下降16%,年均国内生产总值会增加1.32%~1.56%。制造业全要素生产率增长率的提高会带来我国人均收入增长率与发达国家之间的有意义的差异,从而显著加快收入收敛。

表7.5 波动下降对制造业全要素生产率的影响

	模型一	模型二	模型三
通货膨胀和进出口波动下降16%	1.32		
通货膨胀和金融深化波动下降16%		-1.31	
金融深化和进出口波动下降16%			1.56
通货膨胀波动下降16%	-4.76	-1.96	
进出口波动下降16%	5.28		1.27
金融深化波动下降16%		1.64	1.12

第四节 简要结论

本章论述了我国经济结构调整导致的相关宏观经济的波动对制造业全要素生产率的影响,研究认为货币市场结构调整导致的波动提高了制造业全要素生产率的增长率,而开放市场结构调整还是金融市场结构调整的波动降低制造业全要素生产率增长率。我国是一个发展中国家,也是一个正在经历转型升级的国家,经济增长正向"新常态"迈进,降低经济结构调整过程中产生的宏观经济波动的不稳定性可以帮助我国缩小与发达国家的差距。

第三部分

结构调整、比较优势与制造业全要素生产率篇

要素通过流动不断调整其投入配比，引发要素结构变动从而带动地区比较优势的改变，并对制造业全要素生产率产生影响。当前我国经济发展的新常态下，制造业结构调整是推动传统产业向中高端迈进，逐步化解过剩产能，促进经济发展的新动力。然而由于市场制度不完善和行政管制等多重原因，地区的比较优势变迁和制造业结构调整的配合不合理，进而降低了制造业全要素生产率。一个经济体的结构调整，会使要素边际生产率和报酬发生变化，边际生产率和报酬发生变化是要素流动并引发比较优势变化的根本原因。不仅在发展中国家和转轨经济体中，而且在发达国家经济发展的每一阶段和每一时期，结构调整都会带来要素流动的频繁发生，从而使比较优势发生变迁。因此，一个政治经济制度或市场成熟度可能并非是诱发要素流动和比较优势变迁的关键，相反，结构调整可能最终影响要素边际生产率或要素价格变化，从而成为要素流动和比较优势变迁的根本动力。但是也要看到，要素流动和比较优势变迁若仅仅归结于结构调整本身作用的结果，不同要素却并非一定能够发生非对称流动而改变比较优势结构现象，因为结构调整完全可能等比例提高不同要素的边际生产率和报酬，这样的要素流动就并不一定能够改变比较优势结构和全要素生产率。因此，比较优势结构和全要素生产率变动对结构调整的作用确实不容忽视，结构调整的方向即偏向性更是在其中发挥了重要作用。

鉴于此，本部分首先分析企业比较优势的变迁是否引致了制造业全要素生产率的提升？也就是企业以劳动为主导的比较优势向资本尤其是技术为主导的比较优势的转变过程中是否提升了全要素生产率。接着重新找出

一种解释出口参与制造业全要素生产率的途径，主要是从企业出口参与导致的企业比较优势变化，从而带来产品生产模式的改变，解释制造业全要素生产率的提升。在此基础上，从比较优势动态变迁的视角，利用扩展的产品空间理论，可视化我国制造业结构调整升级的动态演进路径，从实证的角度检验我国制造业结构调整升级是偏离还是遵循比较优势动态变化趋势，试图找出我国制造业结构调整升级与促进新常态经济增长的最优路径选择。最后，从结构调整方向的视角考察结构调整偏向性水平及其对比较优势结构和制造业全要素生产率的作用。

第 八 章

比较优势与制造业企业全要素生产率
——行业比较优势真的很重要吗?

第一节 引言

新-新贸易理论研究认为企业的出口参与能够提高企业的生产率,也就是出口企业相对非出口企业具有更高的生产率。Melitz(2003)提出的"边出口边学"假说对这一表现进行了解释,他认为出口参与企业通过出口过程中的"学习效应",能够很好地提升生产率。从 Melitz 开始,不断有学者开始对这一假说进行大量的实证检验,例如 Hahn 和 Park(2010)、戴觅和余森杰(2011)以及范剑勇和冯猛(2013)等。但是,必须要注意的是,企业在"边出口边学"的过程中会发生比较优势的变化,这个变化还没有引起学者的足够重视。改革开放 40 多年来,伴随着我国经济的快速增长,制造业企业的全要素生产率也快速提高(Zheng 等,2009;余森杰,2010),与此同时我国以资本和技术为表现的比较优势也发生着改变,那么,我国企业出口比较优势的变迁对制造业企业全要素生产率的影响是怎样的呢?本章就要对该部分内容进行分析。

企业在出口参与中会选择不同的地区和企业建立出口关系,由于不同国家经济发展程度和技术水平存在明显差异,而且消费者对产品质量的要求不同,因而企业的出口参与会导致企业是否转向比较优势行业(Shevtsova,2012)。出口到经济发展相对落后地区的企业,获得的技术溢出效应较低,企业出口的"学习效应"无法导致企业转向比较优势行业，出口到发达国家的企业则更容易接触到先进的技术和管理经验，出口企业更容易提高生产工艺和改进产品质量（刘斌等，2015）。企业出口的"学习效应"使企业转向比较优势行业，企业转向比较优势行业会带来企业全要素生产率的变化（Blalock 和 Gertler，2004；Shevtsova，2012）。

  国内外有关企业转向比较优势行业对制造业全要素生产率影响的研究还是比较缺乏的，主要是有关比较优势指数的构建和计算的研究，包括显示性及改进比较优势指数、PRCA 指数、AMRCA 指数、RSCA 指数、Lafay 指数、Michaely 指数及净出口指数等。魏浩、张二震（2005）利用巴拉萨显示比较优势指数和净出口比率指数检验了中国出口商品的比较优势。袁新华等（2006）和管曦（2010）分别对虾类和茶叶的显示性比较优势进行了测算。除了各种指数，赫克歇尔—俄林（Heckscher-Ohlin）模型、世界贸易分析模型、投入—产出法和政策分析矩阵（齐城，2008）等也得到了应用。程国强（2004）利用投入—产出（I-O）法评估了农产品出口结构、地区分布及市场结构变化，刘拥军（2004）利用莫尔、皮特森检验对世界农产品贸易比较优势进行了检验。而唯一研究比较优势与全要素生产率的文献为 Shevtsova（2012）的，但是研究方法和研究结论并不能令人完全认同。首先，实证分析的估计过程中可能会存在样本选择性偏差，从而导致估计结果的偏差，这主要是由于企业转向比较优势行业的影响因素较多，有些因素会直接影响企业的全要素生产率。另外，研究的是固定时间点的比较优势与全要素生产率的关系，静态分析不能反映企业转向比较优势行业对全要素生产率的影响。

  当企业转向比较优势行业后，制造业全要素生产率会发生什么样的改变？回答这个问题不仅需要研究发生比较优势行业改变的企业，还需要研究比较优势行业没有改变的企业全要素生产率的变化。因此，本章拟采用我国 2002~2011 年的《中国工业企业数据库》的数据，动态地研究企业转向比较优势行业对制造业企业全要素生产率的影响。本章主要研究的问题是，企业转向比较优势行业是否引致了制造业全要素生产率的提升，也即企业以劳动为主导的比较优势向资本尤其是在以技术为主导的比较优势的转变过程中是否提升了全要素生产率。与前面的研究不同,本章采用倍差法作为实证分析的工具。在使用倍差法进行分析时,通过对比企业是否转向比较优势行业将数据库分为对照组和处理组。从数据库中选取没有发生转向比较优势行业的企业作为对照组,选取发生转向比较优势行业的企业作为处理组。本章利用倍差法对处理组和对照组进行比较,来分析企业转向比较优势行业对制造业全要素生产率的影响。

第二节 实证模型与分析数据

一、实证模型与变量

(一) 实证分析模型

企业出口参与和我国的经济结构调整导致的企业转向比较优势行业,为研究企业转向比较优势行业对全要素生产率的影响提供了自然实验。在一个时点上我国企业转向比较优势行业的全要素生产率效应产生了前后差异,同时与没有发生企业转向比较优势行业的企业也产生了绩效差异。因此,本章可以采取倍差法来研究企业转向比较优势行业对全要素生产率影响的自然实验,得出企业转向比较优势行业影响我国企业全要素生产率的变化。倍差法首先要构建处理组和对照组,通过对政策实施前后两组的比较得出政策的影响。倍差法的采用要符合严格的条件,具体为政策的实施必须为外生的,即在回归中政策不能与误差项相关。我国企业转向比较优势行业是伴随着我国改革开放政策的调整发生的,企业转向比较优势行业体现了我国政府的战略需求,反映了我国经济结构调整的需要。因此,可以假定我国企业所处比较优势行业的转变是国内外环境和经济结构改变的结果,是外生的变量,符合倍差法的条件要求,可以直接进行估计。根据倍差法的估计方程设计方法,本章拟设如下估计方程:

$$\ln TFP_{it} = \beta_0 + \beta_1 de + \beta_2 dt + \beta_3 de \times dt + \beta_4 cons_{it} + \mu_{it} \qquad (8-1)$$

其中，定 i 表示企业，t 表示年份；TFP_{it} 表示企业 i 在 t 年的全要素生产率；de 和 dt 分别表示组别和时间虚拟变量，$de=1$ 表示企业 i 转向比较优势行业，$de=0$ 表示企业 i 没有转向比较优势行业；$dt=1$ 表示企业 i 转向比较优势行业的时期，$dt=0$ 表示企业 i 没有转向比较优势行业的时期；$cons$ 表示控制变量。在式（8-1）中的参数中，β_3 度量了由于企业转向比较优势行业导致的全要素生产率变化[①]。

估计方程（8-1）的结果准确性会受到两个因素的影响，一是对照组选择的影响，为了解决这个问题，本章通过配对法选择对照组样本企业；二是方程（8-1）中控制变量的选择问题，为了使估计结果更加准确，本章拟选择如下控制变量：①企业规模（siz），用企业工业总产值与企业所在行业工业总产值的比值表示。"熊彼特假说"认为企业规模越大，越有利于技术创新，规模小的企业创新动机不强，在技术创新中并不占优势。②政府补贴（sub），用企业的补贴收入占销售额的比重来度量，该变量可以体现出政府对企业的产业扶持力度。③融资约束（fin），用企业的利息支出占企业固定资产的比重来度量，变量是一个反向变量，数值越大企业的融资约束越强，影响企业的资金投入进而对全要素生产率产生影响。④企业所有制结构变量，分为国有企业虚拟变量（hom）和外资企业虚拟变量（for），反映不同的所有制结构对企业全要素生产率的影响。⑤企业年龄（age），用企业的成立时间来度量，在本章使用的数据库中没有直接的企业年龄指标，本章用分析年份与企业成立的时间差值加 1 来计算。

（二）主要分析变量

1. 企业全要素生产率变量（TFP）

因为涉及核算方法、投入产出变量的不同，面临的数据质量及可获得性等问题，导致了现存制造业 TFP 核算结果存在较大差异，有的甚至截然相反。常用的测度全要素生产率的方法，一般要对生产函数进行参数的估计，目前常用的对生产函数进行参数的估计法有固定效应法、OP 法、LP

---

① 具体推导过程可以向笔者索要。

法以及 GMM 法等。本章拟采用 LP 法对全要素生产率进行测度，LP 法对 OP 法的改进主要是在资本投入变量的选取上进行的改进，而生产函数的选择和计算过程没有发生变化，除了用中间投入作为资本的代理变量之外，Levinsohn 和 Petrin（2003）还验证了其他的代理变量，以得到更好的代理变量用来解决资本投入的问题。因此，LP 法能够使得分析人根据不同的数据特点选择合理的资本投入代理变量。

2. 企业转向比较优势行业变量（de）

有关比较优势的测算主要是针对产品比较优势的测算方面，最常用的测算指标为 RCA 指数（显示性比较优势）。我国的很多学者都计算了不同产业的比较优势，例如傅朝阳等（2006）计算了我国 1980~2000 年的一位码行业的 RCA 指数，马小强（2015）计算了我国 2000~2013 年的一位码和三位码行业的 RCA 指数，找出了哪些行业为我国的比较优势行业。毛海丹（2012）通过更加合理的经修正的 Levchenko 和 Zhang 模型计算了我国 1995~2009 年 14 个制造业行业的比较优势，对我国的 14 个制造业行业进行了分类，分为 7 个比较优势行业和 7 个比较劣势行业。因此，本章拟借鉴毛海丹（2012）的行业比较优势测算结果，考察本书样本期内是否发生了企业的经营行业从比较劣势行业转向比较优势行业。例如从金属冶炼业向金属加工业转变的企业，本书认为是发生了企业转向比较优势行业的行为。

二、数据来源

本书使用的数据主要来自国家统计局 2002~2011 年的《中国工业企业数据库》，另外，考虑到《中国工业企业数据库》存在指标缺失、指标异常等问题，本书根据一般公认的会计准则（GAAP）对样本数据进行了如下筛选：①删除企业工业总产值、企业固定资产净值年平均余额缺失的观测值；②删除不符合会计原则的样本，即总资产小于流动资产、总资产小于固定资产净值年平均余额以及累计折旧小于当期折旧的企业样本；③删除不满足"规模以上"标准的样本，即职工人数少于 30 人，主营业务收入少于 500 万元，或者固定资产净值年平均余额低于 1000 万元的观测值

（谢千里等，2008）。通过筛选，成功匹配的企业数为76115家，本书的匹配企业样本数接近于田巍和余森杰（2013）依据会计准则严格匹配得到的76823家企业，稍微低于Ge等（2011）的匹配成功率。

第三节 基本实证分析结果及稳健性检验

一、配对结果分析

本章选用倾向匹配法挑选可供参照的对照组，倾向匹配法主要基于这样一种思想：首先，对企业转向比较优势行业行为的概率值进行估计，然后，根据企业转向比较优势行业行为和企业没有转向比较优势行业行为的概率值相似度来进行匹配，从而为处理组企业选择可供匹配的对照组企业。根据Görg等（2008）以及邵敏和包群（2012）的研究，本章将企业年龄、企业规模以及是否沿海作为匹配指标，运用最小邻近匹配方法确定处理组和对照组企业。表8.1报告了配对前后企业转向比较优势行业和没有变迁的企业在这三个匹配指标上存在的差异。匹配比例的确定主要是基于估计系数的有效性与无偏性之间的权衡，本章将匹配比例确定为1∶1。由表8.1配对后的处理组与对照组的各类配对指标均值差异的概率值可见，与未配对前的原始样本相比，配对后转向比较优势行业的企业和没有转向的企业在选取的匹配指标变量上均不存在显著的差异，这说明达到了较好的配对效果。

表8.1 配对变量的比较

配对指标	匹配前			匹配后			Probit	
	企业没有转向比较优势行业	企业转向比较优势行业	概率	企业没有转向比较优势行业	企业转向比较优势行业	概率	系数	Z值
企业年龄	2.0003	2.1636	0.0000	2.0003	0.0212	0.5109	0.1428**	5.55
企业规模	−5.6774	−5.2545	0.0000	−5.6774	−5.7119	0.4529	0.0397**	2.20
企业位置	12.5019	12.8679	0.0000	12.6019	12.5129	0.7279	0.1232**	5.30

资料来源：笔者根据《中国工业企业数据库》计算所得，配对指标均为对数值。

图 8.1 中分别表示最近邻匹配前后处理组和对照组企业 PS 值的核密度函数图,由图 8.1 中的匹配前核密度函数图可知,处理组与对照组企业 PS 值的概率分布存在显著差异,对照组中可能存在不适宜的企业样本,直接估计会造成样本的选择性偏误,导致估计结果有偏。而由图 8.1 中匹配后核密度函数图可知,处理组与对照组企业 PS 值的概率分布不存在显著差异,进一步表明匹配效果良好。

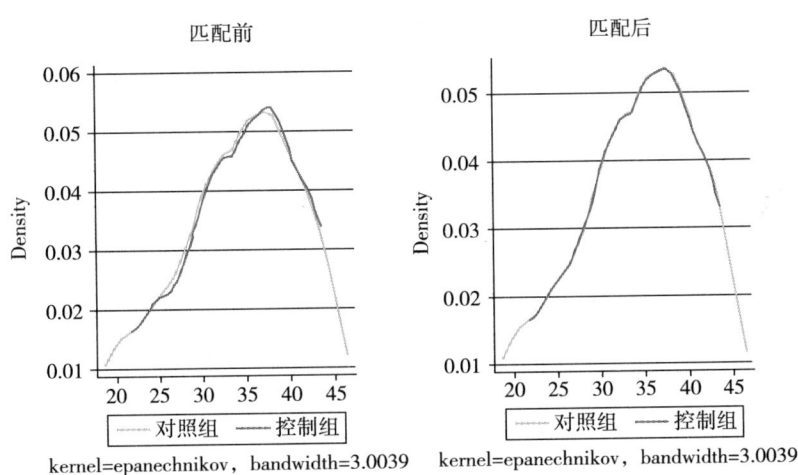

图 8.1　匹配前后的核密度图

二、基本估计结果

利用倍差法对配对后的样本进行估计,具体结果如表 8.2 所示。从表 8.2 的估计结果可以看到企业转向比较优势行业变量的估计结果符合预期。从具体的企业转向比较优势行业变量的结果来看,无论是否加入控制变量进行估计,企业转向比较优势行业变量的估计值都是显著的正值,这表明在样本的开始时期企业的全要素生产率就是有明显差异的。时间虚拟变量的估计值也是显著的正值,这表明随着时间的变化,无论是否发生企业转向比较优势行业的行为,企业的全要素生产率都是增长的。交互项的估计值也是显著的正值,这是本章主要关注的变量,估计结果表明企业转向比较优势行业有助于企业全要素生产率的提升。全要素生产率的提升主要有竞争效应和学习效应，企业的学习效应导致企业转向比较优势行业，企业转向比较优势行业又带来企业竞争能力的提高，因此企业转向比较优势行业会导致全要素生产率的提升。从表 8.2 中控制变量的估计结果来看，企业规模的扩大、融资约束的改善以及企业成立时间的增加均有利于企业生产率的提升，政府补贴对企业生产率影响为负，而且是不显著的，与民营企业相比，外资企业的生产率较低，国有企业也没有表现出明显的生产率优势。

表 8.2 倍差法基本估计结果

	（1）	（2）
de	0.1870** (3.61)	0.1711** (3.98)
dt	0.0801** (5.99)	0.0961** (7.40)
$de \cdot dt$	0.1691** (9.30)	0.1536** (8.41)
siz		14.7096** (6.98)
sub		-0.2053 (-0.83)
fin		0.0642** (4.83)
hom		0.0120 (0.50)
for		-0.0938** (-8.70)
age		0.0079** (4.18)
行业	控制	控制
地区	控制	控制

注：括号内为 t 值，** 和 * 分别表示 1% 和 5% 的显著性水平下显著。

三、基本估计结果的稳健性检验

本部分将改变企业转向比较优势行业变量的度量方式和样本的配对方

式进行稳健性检验。

第一，在基本估计结果中利用是否发生企业转向比较优势行业作为倍差法的一个虚拟变量，而在本部分的稳健性检验中进一步采用根据配对结果的企业转向比较优势行业的概率值进行反事实分析，即以样本组企业（包括处理组与参照组）转向比较优势行业的概率预测值来替代倍差法估计中的企业转向比较优势行业行为，从而揭示基于预测的企业转向比较优势行业概率情形下，企业转向比较优势行业是否能够带来全要素生产率的提高。具体分析思路如下：首先，采用 Probit 的二元选择模型来估计样本企业转向比较优势行业的行为，并基于估计结果来预测样本组企业转向比较优势行业的概率，在预测模型中加入了控制变量进行预测；其次，采用企业转向比较优势行业的概率来代替估计式（8-1）中的 de 企业转向比较优势行业行为虚拟变量，从而来考察基于预测的企业转向比较优势行业概率值下企业转向比较优势行业对全要素生产率的影响。

本章利用两种方法计算了企业转向比较优势行业的概率值，一是利用 Probit 模型计算了样本企业转向比较优势行业概率值，并利用预测值重新进行估计；二是尝试用 Logit 模型来预测样本企业转向比较优势行业概率值，并用此概率值重新估计。具体结果如表 8.3 前两列所示，Probit 模型的估计结果与基本估计结果基本一致，在加入了控制变量后 dep 估计系数为显著的正值，表明企业转向比较优势行业的概率值增加会同样显著的提高企业全要素生产率。进一步证明了企业转向比较优势行业后企业全要素生产率提高得更快。Logit 模型与 Probit 模型估计结果基本一致，即企业转向比较优势行业对企业全要素生产率有着更显著的正向促进作用。

表 8.3 稳健性检验结果

	Probit 模型	Logit 模型	匹配指标调整	马氏距离配对法
de	3.7113** (7.61)	3.7519** (7.84)	0.1824** (3.77)	0.2025** (11.19)
dt	−0.0303 (−0.99)	−0.0161 (−0.15)	0.1156** (8.89)	0.1632** (7.55)

续表

	Probit 模型	Logit 模型	匹配指标调整	马氏距离配对法
$de \cdot dt$	0.5419** (2.72)	0.5125** (2.58)	0.1342** (7.30)	0.0900** (3.59)
控制变量	控制	控制	控制	控制
行业	控制	控制	控制	控制
地区	控制	控制	控制	控制

注：括号内去除了异方差的 t 值，**和*分别表示1%和5%的显著性水平下显著；控制变量的估计结果没有列出。

第二，本部分试图通过改变匹配对象来对基本结果进行稳健性检验。首先，在匹配过程中可能会由于匹配变量过多使得配对结果带来误差（Heckman等，1997），因此，本章去掉企业规模，保留企业位置和企业年龄变量作为主要匹配变量；其次，本章改变匹配方法以消除由于匹配方法的不同对估计结果造成的影响，具体采用马氏距离配对法进行稳健性检验。具体结果如表8.3后两列所示，从表8.3的估计结果可以看到，无论是匹配指标的调整还是匹配方法的改变，交互项的系数都是显著的正值，再次说明企业转向比较优势行业对企业全要素生产率具有重要影响。

第四节 企业异质性的实证分析结果

一、基本分析方法和模型

企业转向比较优势行业对制造业全要素生产率的影响有很多渠道，例如我国企业转向比较优势行业后将面临发达国家的竞争，消费者需求更加苛刻，因此竞争程度的增加和消费者偏好的改变都会进一步提升企业的创新投入；另外企业转向比较优势行业会迫使企业集中投入人力资本以保持其竞争力，同时企业转向比较优势行业也会导致企业全球价值链的提升，从而带来全要素生产率的提升。总之，企业转向比较优势行业对全要素生产率的影响已得到验证，但从企业异质性的视角来看，哪些类型的企业更能从企业转向比较优势行业中获益呢？本部分将分析企业异质性视角下企业转向比较优势行业与制造业全要素生产率的关系。

与前文采用倍差法不同，在分析企业异质性视角下企业转向比较优势行业与制造业全要素生产率的关系时采用双重倍差法。双重倍差法的具体分析思路为，假设民营企业转向比较优势行业效应最明显，则对于一个转向比较优势行业的民营企业来说，其全要素生产率的增长速度不仅要高于比较优势没有提升的企业，而且还要高于转向比较优势行业的国有企业或者外资企业。也即在双重倍差法下，处理组变为转向比较优势行业的民营企业，对照组变为没有发生转向比较优势行业行为的所有企业和转向比较优势行业的其他类型企业。因此，双重倍差法下的估计模型变为：

$$\ln TFP_{it} = \beta_0 + \beta_1 de + \beta_2 dn + \beta_3 dt + \gamma_1 de \cdot dt + \gamma_2 dn \cdot dt + \gamma_3 de \cdot dn + \lambda de \cdot dn \cdot dt + \beta_4 cons_{it} + \mu_{it} \tag{8-2}$$

其中，i 表示企业，t 表示年份，dn 表示企业异质性的虚拟变量[①]，在(8-2)式中的参数中，λ 度量了由于企业异质性下企业转向比较优势行业导致的全要素生产率变化[②]。

二、所有制差异下的实证结果

企业的所有制结构差异，会导致企业转向比较优势行业过程中学习效应和创新的动力存在差异。因此，本部分将分析不同的所有制企业转向比较优势行业对制造业全要素生产率的影响。具体实证分析方法采用双重倍差法进行研究，即对方程（8-2）进行估计。具体估计结果如表8.4的列（1）和（2）所示，从这两列的估计结果可以看到，不论是否加入控制变量，$de \cdot dn \cdot dt$ 的系数 λ 都是显著的正值。这一估计结果符合预期，说明民营企业转向比较优势行业将会获得更高的全要素生产率提升效应。主要

---

① dn 是一组虚拟变量的统称，$dn=1$ 分别表示民营企业、加工贸易方式多产品出口企业、高出口强度企业、新出口企业、高研发强度企业和高人力资本企业。

② 具体推导过程可以向笔者索要。

是由于民营企业的经营特点和管理方式更有利于在企业转向比较优势行业时获得更多的学习效应,从而进一步提高全要素生产率。另外,民营企业相比国有企业来说,资金压力较大,融资约束较多,自主创新能力不足,一旦企业转向比较优势行业进入发达国家市场后,往往能够更加敏感地识别国外的先进技术水平。外资企业主要是利用我国的劳动力和资源优势,没有明显的动力去提升比较优势水平,而国有企业学习动力不足,这些都是民营企业具有更加明显的企业转向比较优势行业效应的原因。另外,从 $de \cdot dn$ 的估计系数显著为正值也进一步说明了,民营企业转向比较优势行业将会获得更高的全要素生产率提升效应。

三、贸易方式差异下的实证结果

随着我国经济结构的调整,贸易方式也在发生着改变,早期的加工贸易逐渐被传统贸易取代成为我国主要的贸易方式。因此,不同贸易方式下企业转向比较优势行业对全要素生产率的影响差异就值得我们去分析。与企业的所有制结构差异分析类似,本部分依然用双重倍差法进行实证研究。具体估计结果如表8.4的列(3)和列(4)所示,从具体估计结果来看,虽然没有加入控制变量时系数 λ 是不显著的,但是加入控制变量后系数 λ 是显著的正值,这说明加工贸易为主的企业转向比较优势行业更有利于全要素生产率的提高。笔者认为原因是我国加工贸易企业多为劳动密集型行业,国内低廉的劳动力成本以及丰富的原材料等要素资源禀赋为加工贸易的发展提供了良好的内在优势。但是随着国内成本的提升,嵌入"全球价值链"体系的加工贸易企业依靠原有的比较优势无法带来更快的生产率增长速度。因此,只有转换比较优势,寻找资本和技术比较优势才能更进一步提升全要素生产率。另外,加工贸易企业转换比较优势,进行高质量的中间品贸易,能产生更明显的"学习效应",更有利于企业生产率的提升(Grossman 和 Helpman,2002)。随着我国经济的飞速发展,国民收入逐年提高,人均工资也水涨船高,我国的劳动力成本优势已经越来越小。从2005年到2014年,我国的人力工资涨幅达76%。据统计,2014年,城镇私营单位从业人员年均工资28752元。而同等条件下，东南亚地区的生产成本要比我国低15%~30%，加工贸易促进我国外贸发展的"红利"正在减弱，我国贸易方式转型势在必行。

四、出口产品多样性差异下的实证结果

企业的产品出口策略也会影响企业转向比较优势行业对全要素生产率的作用，本部分利用双重倍差法对出口产品多样性差异下，企业转向比较优势行业对全要素生产率的影响进行实证分析。具体估计结果如表8.4的列（5）和列（6）所示，从具体估计结果来看，不论是否加入λ都是显著的正值，这说明出口产品多样性的企业转向比较优势行业更有利于全要素生产率的提高。原因主要是采取产品多样性的企业，更容易转向具有比较优势的产品，从而带来全要素生产率的提升。这个实证结论要求我们在进行进出口结构调整时，既要考虑到企业的集约边际，同时也要考虑企业的扩展边际的重要性。

表8.4 企业不同所有制、贸易方式和出口产品多样性的估计结果

	所有制		贸易方式		出口产品多样性	
	（1）	（2）	（3）	（4）	（5）	（6）
de	0.2388** (3.67)	0.2241** (3.39)	0.1713** (8.03)	-0.0023 (-0.22)	0.3401** (6.03)	0.2895** (5.35)
dt	0.1036** (6.01)	0.1223** (7.40)	0.0746** (4.41)	0.2415** (3.05)	0.0644 (1.46)	0.0668 (1.58)
dn	0.1691** (8.12)	0.1739** (8.69)	-0.0779** (-3.67)	-0.0745** (-5.61)	-0.1625** (-3.96)	-0.1909** (-4.87)
$de \cdot dt$	0.1471** (5.93)	0.1193** (5.01)	0.1746** (7.53)	-0.0131 (-0.92)	-0.0041 (-0.07)	0.0050 (0.09)
$de \cdot dn$	0.1428** (5.06)	0.1419** (5.24)	0.0359 (1.24)	0.0043 (0.25)	-0.1616** (-2.77)	-0.1245* (-2.25)
$dn \cdot dt$	-0.0777** (-2.81)	-0.0813** (-3.04)	0.0055 (0.19)	-0.0338* (-2.03)	-0.0217 (-0.47)	-0.0114 (-0.27)

续表

	所有制		贸易方式		出口产品多样性	
	(1)	(2)	(3)	(4)	(5)	(6)
$de \cdot dn \cdot dt$	0.1010** (2.59)	0.1002** (2.68)	0.0341 (0.82)	0.0595** (2.35)	0.2044** (3.13)	0.1670** (2.67)
控制变量	不控制	控制	不控制	控制	不控制	控制
行业	控制	控制	控制	控制	控制	控制
地区	控制	控制	控制	控制	控制	控制

注：括号内去除了异方差的 t 值，** 和 * 分别表示 1% 和 5% 的显著性水平下显著；控制变量的估计结果没有列出。

五、出口强度和出口阅历差异下的实证结果

赵永亮等（2014）研究认为企业出口时间越长，出口强度越大，获得的出口学习效应越明显，出口强度和出口阅历会影响企业的全要素生产率。因此，本部分中将利用双重倍差法，分析不同出口强度和出口阅历[①]的企业转向比较优势行业对全要素生产率的影响。出口强度的具体估计结果如表 8.5 的列（1）和列（2）所示，从具体估计结果来看，在加入了控制变量后，变量系数 λ 是不显著的负值，这说明出口强度的差异不会改变企业转向比较优势行业对全要素生产率的影响。原因可能是由于我国出口的产品还是以劳动密集型产品为主，虽然企业的出口依赖度高，但是出口对技术创新的敏感度和吸收能力较差。

出口阅历的估计结果如表 8.5 的列（3）和列（4）所示，从具体估计结果来看，在加入了控制变量后，变量系数 λ 是显著的正值，这说明出口阅历的差异会改变企业转向比较优势行业对全要素生产率的影响。企业出口阅历的增加，在一定程度上说明企业更能适应国外市场，而技术吸收消

---

① 企业出口强度指标用企业的出口交货值与主营业务收入的比重来度量，在本章的数据库中 2004 年出口交货值缺失，因此本文用除去 2004 年外的均值代替，高出口强度企业为比重大于所有企业平均比重的企业，反之为低出口强度企业；企业出口阅历是一个虚拟变量，表示企业是否为新出口企业。

化需要一定的时间,因此,出口阅历丰富的企业转向比较优势行业对技术创新的吸收能力更强,更能带来全要素生产率的提升。

表 8.5 出口强度、出口阅历、研发强度和人力资本的估计结果

	出口强度		出口阅历		研发强度		人力资本	
	(1)	(2)	(3)	(4)	(5)	(6)	(7)	(8)
de	0.1382** (8.97)	-0.0134 (-1.36)	0.2019** (9.92)	0.1913** (9.78)	0.2827** (8.40)	0.1190* (2.28)	0.1909** (7.12)	0.1753** (6.77)
dt	0.0743** (4.84)	0.2330** (3.79)	0.0259 (1.33)	0.0459* (2.45)	0.0922** (4.59)	0.1338** (5.83)	0.0922** (4.59)	0.2338** (3.94)
dn	0.6703** (3.00)	-0.1136** (-8.41)	-0.2291** (-5.77)	-0.2009** (-4.19)	0.2697** (6.94)	0.1062** (4.11)	0.4927** (2.96)	0.4252** (11.51)
$de \cdot dt$	0.1620** (7.66)	0.0076 (0.56)	0.0845** (3.27)	0.0626* (2.52)	0.1481** (5.14)	0.1314** (3.75)	0.1481** (5.14)	0.0313 (0.09)
$de \cdot dn$	0.0922** (3.02)	0.0408* (2.10)	-0.0599* (-2.18)	-0.0665* (-2.54)	-0.1451* (-2.41)	-0.1332** (-4.02)	0.1129* (2.18)	0.0958* (1.95)
$dn \cdot dt$	0.0226 (0.77)	-0.0052 (-0.28)	0.0620* (2.29)	0.0543* (2.08)	-0.0093 (0.36)	-0.0013 (-0.18)	-0.0094 (-0.34)	-0.0013 (-0.08)
$de \cdot dn \cdot dt$	-0.1709** (-3.82)	-0.0515 (-1.80)	0.1857** (2.63)	0.1773** (2.60)	0.0464* (2.24)	0.0590 (1.47)	0.0465** (4.39)	0.0590** (5.83)
控制变量	不控制	控制	不控制	控制	不控制	控制	不控制	控制
行业	控制	控制	控制	控制	控制	控制	控制	控制
地区	控制	控制	控制	控制	控制	控制	控制	控制

注:括号内去除了异方差的 t 值,** 和 * 分别表示 1% 和 5% 的显著性水平下显著;控制变量的估计结果没有列出。

六、研发和人力资本投入差异下的实证结果

企业转向比较优势行业对全要素生产率的影响还会受到自身投入因素

的影响，企业的研发投入和人力资本差异①会影响企业的技术吸收能力，进而影响全要素生产率。在研发和人力资本投入高的企业，企业转向比较优势行业中对技术创新的吸收能力较强，更能够提高全要素生产率。研发强度双重倍差法的具体估计结果如表8.5的列（5）和列（6）所示，从具体估计结果来看，在加入了控制变量后，变量系数λ是不显著的正值，这说明研发强度高的企业不能够显著地增加企业转向比较优势行业对全要素生产率的影响。原因主要是我国的企业研发投入大多倾向于模仿创新，还没有达到真正通过消化吸收再创新和自主创新促进企业生产率提高的作用（李强，2016），但随着企业转向比较优势行业，单纯依靠模仿创新并不足以进一步提升企业全要素生产率。

企业从模仿创新到自主创新的改变过程中，人力资本是一个重要前提，人力资本投入会影响企业转向比较优势行业中的全要素生产率效应，本部分将进一步分析企业人力资本水平在企业转向比较优势行业中对全要素生产率的影响效应。人力资本水平双重倍差法的具体估计结果如表8.5的列（7）和列（8）所示，从具体估计结果来看，在加入了控制变量后，变量系数λ是显著的正值，这说明充裕的人力资本能够增强企业转向比较优势行业对全要素生产率的影响。人力资本水平较高的企业具有从模仿创新到自主创新转变的能力，人力资本水平的高低决定了企业转向比较优势行业中对技术的吸收速度、扩散能力和创造能力。当前我国正处在经济和社会转型时期，我国人力资本的培养和流动与行业技能人才的需求出现"错配"，我国特有的社会结构导致人力资源价格倒挂，错误的工资信号和双轨制的社会保障体系引致高素质人才更多地流向政府部门和国有垄断行业，出口企业学习能力和自主创新所需要的高端人才匮乏。

---

① 企业的研发强度用研发费用与企业从业人员变量的比重来度量，在本章的数据库中只有2005年以后的研发费用，本章只用2005年以后的数据表示，高研发强度企业为比重大于所有企业平均比重的企业，反之为低研发强度企业；人力资本水平用企业中本科学历以上人员占企业从业人员变量的比重来度量，高人力资本企业为比重大于所有企业平均比重的企业，反之为低人力资本企业。

第五节 总结

企业出口的基础是比较优势，企业出口过程中必然伴随着比较优势的变迁，比较优势的变迁会使得企业"出口学习效应"产生差异，从而导致不同的全要素生产率水平。因此，本章拟采用我国2002~2011年的《中国工业企业数据库》的数据，动态地研究企业比较优势的改变对制造业全要素生产率的影响。研究认为企业转向比较优势行业有利于全要素生产率的提升。同时，本章也运用双重倍差法考察了企业异质性背景下，企业转向比较优势行业对制造业全要素生产率的影响，包括企业所有制、贸易方式、出口多样性、出口强度和阅历以及研发强度和人力资本的差异。从企业异质性的估计结果来看，民营企业、以加工贸易为主的企业以及出口产品多样性的企业转向比较优势行业更有利于全要素生产率的提高。在企业转向比较优势行业时，全要素生产率随着出口阅历的增加而提高，但是出口强度的影响不显著。研发投入的影响不明显，但是人力资本是企业创新要素实现的决定性因素。

通过对研究结论的分析，本章对我国企业转向比较优势行业对全要素生产率的影响提出一些具有重要意义的对策：第一，民营企业要不断地调整自己的比较优势，充分发挥企业转向比较优势行业中的学习效应和技术溢出效应，实现自身的全要素生产率增长；第二，改变我国过度依赖加工贸易的贸易模式，优化出口贸易结构、加强从事一般贸易企业的学习效应和自主创新能力、促进一般贸易企业生产率的提升是我国贸易竞争力整体提升的关键；第三，要扩大企业的产品出口范围，更好适应消费者的偏好，以便更容易转变企业比较优势；第四，不要盲目扩大研发投入，要把研发投入用在企业自主创新上，同时注重人力资本的提升，避免人力资本的匮乏和错配对企业出口学习效应的制约。

第九章

出口参与、比较优势与制造业全要素生产率

国内外越来越多的研究表明,出口企业相对于非出口企业来说表现出更高的效率,例如出口企业往往规模更大、资本密集度更高、技术更先进,并支付更高的工资和有更高的生产率等(Bernard 和 Jensen,1999)。相关研究表明,至少有三种机制可以解释企业出口参与与绩效之间的关系。第一种解释是 Melitz(2003)提出的企业自我选择机制(Self-Selection),只有最好的企业才会从事国际贸易;第二种解释是 De Loecker(2007)提出的企业出口学习效应(Learning-by-Exporting),企业进入出口市场后,他们所获得的新知识和技能,能够提高他们的企业全要素生产率;第三种解释是 Bernard 等(2011)提出的出口企业可以优化产品范围,专注于自己的核心竞争力(Core Competence)。现有的研究中,有很多实证研究已经证实了企业自我选择机制(Self-Selection)的存在,对于企业出口学习效应(Learning-by-Exporting)的研究存在不同的看法,而对于核心竞争力(Core Competence)存在的假设研究则鲜有人关注。在本章中,将对这三个途径进行实证分析,特别是实证文献中很少受到关注的对于核心竞争力(Core Competence)解释企业出口参与与绩效之间的关系进行实证分析。本章还专门研究了文献中没有关注的解释企业出口参与与绩效之间关系的机制:企业比较优势的变化对企业出口参与的影响,进而改变企业全要素生产率。这主要是由于企业生产资源的配置取决于产品,产品出口影响企业资源配置进而影响企业全要素生产率。因此,本章具体利

用我国 2000~2009 年的《中国工业企业数据库》的数据构建面板模型，采用配对样本方法进行实证分析。通过这些实证分析方法，本章构建了一个非出口企业的控制样本，来评价出口参与、比较优势与企业全要素生产率之间的关系。

第一节 相关文献述评

随着企业层面数据的研究变得越来越普遍，出口参与对企业效应的研究被广泛提及，大部分研究认为出口参与企业相对非出口企业具有更高的效率，企业规模更大，能够生存更长的时间，并支付更高的工资水平（Bernard 和 Jensen，1999；Bernard 等，2007）。如前文所述，至少有三种机制可以解释企业出口参与与绩效之间的关系：企业自我选择机制（Self-Selection）、企业出口学习效应（Learning-by-Exporting）和核心竞争力（Core Competence）。这三种解释目前都有很多文献涉及。

自我选择理论强调沉没的进入成本的重要意义，Bernard 等（2003）和 Melitz（2003）首先提出，贸易活动如何阻止低效率的企业出口而只让最有效率的企业服务国外市场的理论。企业出口学习效应理论强调出口参与对企业的学习效应，出口企业可以从国外买家那里学习先进的产品的设计和生产技术，特别是对欠发达国家的企业出口参与具有更加重要的意义（World Bank，1993；De Loecker，2007）。企业层面的数据实证检验了自我选择理论的正确性，但是对于企业出口学习效应理论进行的实证检验得到了不同的结果。Clerides 等（1998）以及 Bernard 和 Jensen（1999）首次对企业出口参与影响生产率和自我选择效应进行了实证检验，他们发现出口参与企业比非出口参与企业具有更高的生产率水平。另外最近的相关实证研究找到了支持企业出口学习效应理论的相关证据，Lileeva 和 Trefler（2010）利用美国取消关税作为工具对加拿大的企业进入美国市场进行了预测，研究显示进入国外市场能够使生产效率低的企业提高生产率和技术水平。Kraay（1999）针对我国的情况进行了研究，通过对 2000 多个企业进行实际调研获得数据进行分析后发现，出口企业相对非出口企业具有更高的生产率。Park等（2007）利用1997年的亚洲经济危机作为分析工具进行研究，发现中国出口到发达国家的企业具有更高的生产率水平。

最近相关的理论研究开始利用多产品生产企业来验证，企业出口参与如何通过提升核心竞争力来提高企业生产率。这些研究模型中有一个共同的假设：产品多样性是有成本的，进入国外市场为企业专注于较窄的产品生产范围提供了一个机会。在这些文献中，Feenstra和Ma（2008）研究了由于"自身蚕食"（Cannibalization）的存在，贸易自由化如何降低企业的产品生产范围。Eckel和Neary（2010）通过理论分析研究了，当多样性生产企业利用大市场规模专注于自身的核心竞争力时，出口参与如何影响企业的生产率。在他们的模型分析中每个企业都具有与最低的边际成本相对应的核心竞争力，生产非核心竞争力的产品具有更高的成本。基于Melitz（2003）的多产品模型，Bernard等（2011）从理论上研究认为，贸易自由化将导致资源在企业内部和企业间的重新分配，将会带来企业和制造业行业全要素生产率的增长。企业的多产品生产能够使企业放弃对消费者没有吸引力的产品，转而生产那些有利于贸易自由化的产品，产品生产的转换将带来生产率的提升。因此，本书在核心竞争力理论的基础上，重新找出一种解释出口参与与制造业全要素生产率的途径。主要是从企业出口参与导致的企业比较优势变化，从而带来产品生产模式的改变，解释制造业全要素生产率的提升。具体来说，本章扩展了多产品生产模型，首先假定劳动密集型产品生产（发展中国家的核心竞争力）能够解释现有的出口参与收益，然后把模型投入由单一投入要素扩展为资本和劳动力两种投入要素，分析企业出口参与在比较优势变化下如何影响生产率，并创新性地进行实证检验。

第二节　数据来源与分析

本书使用的数据主要来自国家统计局2000~2009年的《中国工业企业数据库》，研究样本包含2000~2009年按二位码行业标准划分的共39个行业的制造业企业非平衡面板数据,但本章只选取了二位码13~43的30个行业。我们对原始样本进行了以下的处理:删除了员工人数少于8的样本,因为大多数异常值来自这些没有可靠会计系统的个体户(谢千里等,2008),删除了统计中的错误记录和变量赋值明显不合理的样本观察值,如总资产、固定资产净值、企业年龄、应付工资总额、实收资本等小于零,工业增加值大于总产值等;由于43行业中只有零星的几个企业出口,我们删除了这个行业的企业样本。由于本章使用的是平衡面板,所以选取了在2000~2009年一直存在的企业,最后通过处理共选择了24个制造业行业的313048个企业的数据(马丽丽、李强,2015)。在本章的后半部分还用到了我国海关2000~2006年企业—交易层面的海关贸易数据,在该部分中将合并《中国海关贸易数据库》和《中国工业企业数据库》,具体是找到两个数据库中都存在的企业,把两个数据库中的变量合并到一起,合并样本中匹配企业总体表现如表9.1所示。

表9.1 《中国工业企业数据库》和海关数据库合并企业数

年份	海关数据库中出口企业数	《中国工业企业数据库》中出口企业数	两个数据库中相同的企业数	符合率
2000	62771	36888	19733	0.37
2001	68072	40128	22904	0.39
2002	78612	45004	25994	0.41
2003	95629	50594	29789	0.42
2004	120589	76593	46010	0.49
2005	144030	74388	48552	0.47
2006	171205	78206	52324	0.45

企业的实际产出和增加值由企业外部的产业价格指数确定,企业工资水平由消费者价格指数计算确定,价格指数数据来自我国各年的统计年鉴。本章用人均资本表示比较优势的变化,由于比较优势的变化是本章重点关注的一个内容,因此,准确地核算资本和劳动变量是本章的一个关键内容。在数据库中企业没有报告固定投资水平,《中国工业企业数据库》

中只报告了企业的固定资产原值和固定资产净值，而且都是不同年份的名义价值。为了获取企业的真实资本水平，本章采用 Brandt 等（2011）的方法，利用企业建立时的信息计算资本存量，通过永续盘存法计算每年企业的真实资本存量。在计算过程中假定折旧率为 9%，名义固定投资是固定资产原值的变化值，按照 Perkins 和 Rawski（2008）的方法对名义固定投资进行调整，同时采用固定资产净值来表示名义固定投资进行稳健性检验。在对劳动进行核算时为了体现劳动质量的差异，本章试图使用工资总额代替劳动力数量来对劳动进行衡量。然而这样也会存在问题，这种方法可能会漏掉员工的额外收益，从而低估员工的工资水平，这种低估可能受制于企业的所有制结构、所在地区和年份等因素。因此，为了更好地反映劳动数量，本章用企业雇用的员工数量反映劳动力，用工资总额进行稳健性检验。为了解决投入的内生性问题产生的估计偏差，本章采用 Levinsohn 和 Petrin（2003）的方法，用中间投入作为不可观察的生产波动的代理变量。本章全要素生产率（TFP）的度量采用 Levinsohn 和 Petrin（2003）的方法（LP 方法）进行计算，具体计算过程和方法如第二章所示。

在本书中，非出口企业指的是在研究期间内从来没有出口过的企业，新出口企业指的是在研究期头一年不出口，研究期开始后出口的企业，这些新出口企业研究期前的特征可以与非出口企业相匹配，出口企业指的是在研究期前已经开始出口的企业。表 9.2 中列出了样本期奇数年的出口企业和非出口企业的数量表现，表中列出了外资企业和内资企业中出口企业、新出口企业和非出口企业的数量。从表 9.2 可以看出，内资企业中出口企业（包括新出口企业和原出口企业）占比从 16% 到 24%，这个比例和美国 1992 年大约 20% 的占比（Bernard 等，2003）比较接近。但是我国外资企业和内资企业中出口企业的占比存在明显差异，外资企业更加倾向于出口，如表 9.2 所示，外资企业中出口企业占比都在 60% 以上。在表 9.2 中还列出了新出口企业的出口强度，大约 80% 内资企业中的新出口企业同时也在国内出售产品，但是整体来看我国内资企业中新出口企业超过一半的企业出口额占比不到 10%。

表9.2 出口和非出口企业比重和新出口企业强度

	2001年		2003年		2005年		2007年		2009年	
	内资企业	外资企业	内资企业	外资企业	内资企业	外资企业	内资企业	外资企业	内资企业	外资企业
企业总数	118251	25272	121896	29232	140107	36192	195902	55597	246558	78801
百分比（%）	100	100	100	100	100	100	100	100	100	100
非出口企业数（个）	97079	9209	96944	9534	107578	10954	156325	20786	208027	26220
百分比（%）	82	36	80	33	77	30	80	37	84	33
出口企业数	18394	14742	23283	18442	30128	23616	31088	32759	33504	49773
百分比（%）	16	58	19	63	22	65	16	59	14	63
新出口企业数（个）	2778	1321	1569	1356	2401	1622	8489	2052	5027	2808
百分比（%）	2.3	5.2	1.3	4.6	1.7	4.5	4.3	3.7	2.0	3.6

新出口企业的出口强度

出口额占比	企业占比（%）									
0%~10%	35.9	25.2	41.1	35.1	38.9	33.8	58.1	36.0	46.2	36.1
10%~20%	11.1	7.7	11.9	9.7	11.6	9.9	20.3	12.5	11.6	10.5
20%~30%	7.2	5.1	6.6	9.2	7.8	5.3	3.8	6.2	5.8	5.9
30%~40%	6.0	4.1	5.2	4.6	6.1	4.3	2.5	4.4	4.5	4.2
40%~50%	6.2	6.0	3.9	2.8	5.1	4.0	2.1	4.0	3.5	3.9
50%~60%	4.4	4.2	4.2	3.0	4.8	4.0	1.2	3.7	2.6	3.2
60%~70%	5.1	4.7	3.3	2.4	4.3	4.2	1.2	3.1	2.5	2.9
70%~80%	4.2	6.8	3.5	4.2	4.0	4.7	1.4	3.4	2.2	3.1
80%~90%	5.7	7.6	5.3	4.9	3.7	4.9	1.4	2.8	2.2	3.5
90%~100%	14.2	28.7	15.1	24.1	13.8	24.9	8.1	24.1	19.3	26.7
总和	100.0	100.0	100.0	100.0	100.0	100.0	100.0	100.0	100.0	100.0

第三节 理论模型分析

一、出口参与与比较优势

本章参考 Bernard 等（2010）的文章中的模型（下文简称 BRS 模型），构建理论模型分析企业出口参与、比较优势与全要素生产率之间的关系。首先假定消费者消费一个连续性商品集合的效用函数为：$U = \left[\int_0^1 C_s^v ds\right]^{\frac{1}{v}}$，其中 $\kappa = \dfrac{1}{(1-v)} > 1$ 表示商品之间的替代弹性。在每种商品中，企业生产的品种具有水平差异化，并且具有自身的消费需求。消费者对商品 C_s 需求具有如下形式：

$$C_s = \left\{\int_{\omega \in \Omega_s} [\lambda_s(\omega) c_s(\omega)]^\rho \right\}^{\frac{1}{\rho}}, \; 0 < \rho < 1$$

效用函数中 $\sigma = \dfrac{1}{(1-\rho)} > 1$ 表示消费商品内各品种之间的替代弹性。根据 BRS 模型的假定，消费商品内各品种之间的替代弹性大于商品之间的替代弹性，即 $\sigma > \kappa > 1$。

根据 Melitz（2003）的研究，企业在生产率上存在异质性和存在出口固定成本，BRS 模型也延续了该研究结论假定生产率最低的企业退出市场，生产率中等的企业面对国内市场，生产率高的企业同时面对国内市场和国际市场。除了生产率的异质性影响企业出口外，企业的产品在国外销售与否还依赖于是否满足国外消费偏好，称为"消费者体验"（Consumer Taste）。同时企业还存在一个取决于产品生产类型的固定成本 f_s，企业根据"消费者体验"的变化增加或减少产品的生产。

根据前文的分析和研究比较优势变化的影响，在 BRS 模型中假定有两种投入要素，分别为劳动和资本，此时企业具有如下成本函数：

$$TC = \left[f_s + \frac{q_s}{\varphi}\right] w^{1-\beta(s)} r^{\beta(s)} \qquad (9-1)$$

式（9-1）中 w 和 r 分别为劳动工资和资本利息，为了便于分析假设劳动工资为基本计价单位，即 $w=1$。$\beta(s)$ 表示产品 s 的资本密集度，来表示产品生产过程中的比较优势变化，该参数增加时说明产品生产比较优势偏向资本优势，反之偏向劳动比较优势；φ 为企业层面的生产能力，在所有产品生产中是不变的。为了不失一般性，假定产品生产集合为 $s\in[0,1]$，因此 $\beta(0)=0$，$\beta(1)=1$，$\beta'(s)>0$，即产品资本密集度随着产品序列增加而增加。因此，出口到国家 j 时企业利润最大化的价格为：

$$p_{sj}=\frac{\sigma\tau_j}{\sigma-1}\cdot\frac{r^{\beta(s)}}{\varphi}$$

其中，τ_j 为出口到国家 j 的冰山贸易成本，为了简化分析，假定所有产品的 τ_j 都是相同的。

现在考察两个国家：中国和出口目的国 j，出口目的国 j（例如美国）假定为资本相对丰富的国家。由于贸易限制，要素价格在两个国家之间是不同的，国家 j 的工资—利息比要比劳动力相对丰富的中国大，即 $w_j/r_j>1/r$。因此，产品 s 在国家 j 和中国之间的相对价格为 $\tilde{P}_j(s)=P_j(s)/P(s)$，是相对比较优势 β 的减函数，即 $\tilde{P}'_j(s)<0$（具体推导过程见附录）。

在给定 $\tilde{P}_j(s)$ 随着产品变化而改变时，即使"消费者体验"没有发生改变，中国的企业由于全要素生产率的改变成为新出口企业，向国家 j 出口产品组合。假定企业生产产品 s 的生产能力为 φ，对每个产品 s 的"消费者体验"存在一个临界值 $\lambda_s^*(\varphi)$，使得此时企业生产产品在国内销售时的利润正好为0，即：

$$\pi_s[\varphi,\lambda_s^*(\varphi)]=\frac{R_s}{\sigma}[\rho P(s)\varphi\lambda_s^*(\varphi)]^{\sigma-1}-f_s r^{\beta(s)}=0 \qquad(9-2)$$

式（9-2）中，$\pi_s[\varphi,\lambda_s^*(\varphi)]$ 表示企业在国内市场上出售产品 i 获得的利润；R_s 表示在产品 s 上国内的消费支出；$P(s)$ 表示产品 s 销售价格指数。通过对(2)式求解可以得到企业层面上的"消费者体验"的临界值为 $\lambda_s^*(\varphi)$，类似地也可以得到对每个产品 s，"消费者体验"存在一个临界值 $\lambda_{sj}^*(\varphi)$，使得此时企业生产产品出口到国家 j 时的利润正好为0，当 $\lambda_s>\lambda_{sj}^*$

(φ)时,企业会将产品 s 出口到国家 j(具体推导过程见附录)。同时,可以得到企业出口和国内销售两种情形下"消费者体验"临界值的比值 $\tilde{\lambda}(s) = \frac{\lambda_{sj}^*[\varphi, P_j(s)]}{\lambda_s^*[\varphi, P_j(s)]}$ 为:

$$\tilde{\lambda}(s) = \left(\frac{P_j(s)}{P(s)}\right)^{-\gamma} \Lambda_j \quad (9-3)$$

式(9-3)中 $\Lambda_j = \tau_j \left(\frac{\hat{P}_j}{\hat{P}} \frac{R}{R_j} \frac{f_{sj}}{f_s}\right)^{\frac{1}{\sigma-1}}$,表示国家层面的出口阻力,独立于企业的比较优势。给定企业面临的 λ,$\tilde{\lambda}(s)$ 越大企业的出口倾向越低。

Λ_j 是 τ_j、出口固定成本 f_{sj} 和两国之间的相对价格指数 $\frac{\hat{P}_j}{\hat{P}}$ 的增函数,原因主要是国家 j 价格指数的增加降低了国外消费者的购买力,反过来又会减少产品 s 的市场规模。鉴于同样的原因,Λ_j 是国家 j 收入水平 R_j 的减函数。为了研究的方便,现有研究假定经济体之间存在对称性,即 $\hat{P}_j = \hat{P}$,$R = R_j$;出口的固定成本要大于国内销售的固定成本,即 $f_{sj} > f_s$;冰山贸易成本 $\tau_j > 1$。在这些假定下,则 $\Lambda_j > 1$,偏离这些假定,$\Lambda_j < 1$。如果国家 j 是比中国更具资本比较优势的国家,则 $P_j(s)/P(s)$ 是 s 的减函数,给定假设条件 $\sigma > \kappa > 1$,$\tilde{\lambda}(s)$ 是资本比较优势的增函数,同时 $\beta'(s) > 0$,则 $\frac{\partial \tilde{\lambda}(s)}{\partial s} > 0$。换句话说,产品的资本比较优势越明显,"消费者体验"导致的企业国内销售产生的利润越要大于出口到国家 j 的利润。

进一步地,本章计算企业在生产能力给定条件下出口和国内销售变化时的比较优势变化。假定企业的生产能力为 φ,生产产品 s 的资本比较优势表示为:$\theta_s = \frac{(rk_s)}{(rk_s + wl_s)}$,$k_s$ 和 l_s 分别表示生产产品的资本和劳动投入。因此,当企业的生产能力为 φ 时,在国内销售产品时的总体比较优势为:

$$\Theta_d(\varphi) = \int_0^1 \frac{R_s(\varphi, \lambda_s)}{R(\varphi)} \theta_s I_s[\lambda_s \geq \lambda_s^*(\varphi)] ds$$

其中，d 表示国内市场销售；$I_s[\lambda_s > \lambda_s^*(\varphi)]$ 是一个指示函数，当 $\lambda_s \geq \lambda_s^*(\varphi)$ 时取值为 1，$R_s(\varphi)$ 表示企业生产产品 s 的国内销售量，$R(\varphi)$ 表示企业所有的产品的国内销售量。

同理，当企业向国家 j 出口产品时的总体比较优势为：

$$\Theta_j(\varphi) = \int_0^1 \frac{R_{sj}(\varphi, \lambda_s)}{R_j(\varphi)} \theta_s I_s[\lambda_s \geq \Phi_j(s)\lambda_s^*(\varphi)] ds$$

其中，$\Phi_j(s) \equiv \tilde{P}(s)^{\frac{1-\sigma(1-v)}{(\sigma-1)(1-v)}} \Lambda_j$ 是 s 的增函数；$R_{sj}(\varphi)$ 表示企业生产产品 s 的国家 j 销售量，$R_j(\varphi)$ 表示企业所有产品的国家 j 销售量。假定比较优势 θ_s 只取决于企业不取决于地点，即任何市场销售的比较优势都是相同的。因此，当企业选择在国内和国外同时销售产品时的总体比较优势为：

$$\Theta_{d+j}(\varphi) = d_j(\varphi)\Theta_d(\varphi) + [1-d_j(\varphi)]\Theta_j(\varphi) \tag{9-4}$$

式 (9-4) 中 $d_j(\varphi) = \frac{R(\varphi)}{R(\varphi)+R_j(\varphi)}$，当企业的生产能力增加时，企业从非出口参与变成出口参与，此时假定存在一个足够高的贸易成本，使得出口市场的"消费者体验"临界值大于国内市场，即对于任意的 s，$\Phi_j(s) > 1$ 或者 $\lambda_{sj}^*(\varphi) > \lambda_s^*(\varphi)$。由于 $\frac{\partial \tilde{\lambda}(s)}{\partial s} > 0$，劳动比较优势越明显的企业面临的 $\tilde{\lambda}(s)$ 越小，企业更容易引发一个"消费者体验"λ_s，使得 $\lambda_s > \tilde{\lambda}(s)$，从而实现企业的出口参与。换句话说，资本比较优势明显的出口企业不可能引致一个高的"消费者体验"λ_s，从而使 $\lambda_s > \tilde{\lambda}(s)$ 实现出口参与，即使它们能在国内市场出售产品。因此，出口参与企业的劳动比较优势要超过资本比较优势，所以可以得到第一个假设（具体证明过程见附录）。

假设一：当企业出口到资本比较优势大的国家后，完全出口参与企业的劳动比较优势大于部分出口参与企业，更大于非出口参与企业，即企业的总体资本比较优势满足下列条件：

$$\Theta_j(\varphi) < \Theta_{d+j}(\varphi) < \Theta_d(\varphi)$$

根据本章的模型分析，劳动力丰富国家的新出口参与企业出口到资本丰富的国家时，将会经历如下变化：第一，出口参与后劳动比较优势产品销售量将会大幅提升;第二,如果国内市场的"消费者体验"临界值大于出口市场的临界值,企业会选择在国外市场销售某种产品而不在国内市场销售。特别是给定一个 s,如果 $\lambda_s^*(\varphi) > \lambda_s > \lambda_{sj}^*(\varphi)$,企业会发现增加产品 s 的国外销售量会比在国内销售利润高,这种情况特别是在劳动比较优势产品上更明显,对于资本比较优势产品来说,出口参与企业的这两种变化相对会减少。

通过本章的模型分析,能够得到企业出口参与后如何发生比较优势转变,同时模型也可以分析出具有劳动比较优势的企业更容易出口参与。在限制劳动生产能力后,具有劳动比较优势的企业更容易满足国外的劳动密集型产品的"消费者体验",主要是由于对所有企业来说,向资本密集型国家出口劳动密集型产品的"消费者体验"临界值是比较小的,而劳动比较优势企业更容易出口。对所有产品 s 来说,由于 $\lambda_s^*(\varphi)$ 是 φ 的减函数,生产能力高的企业具有更广的产品范围。因此,在其他条件相同的情形下,本身生产能力更高的企业产品范围收缩会更小,也就是说,劳动生产能力高的企业出口后,其资本比较优势下降也小。因此,可得到本章的第二个假设。

假设二:生产能力高的企业出口参与引起的资本比较优势的降低要小于生产能力低的企业,也就是说出口参与引起的企业比较优势的变化受到企业自身生产能力的影响,即:

$$\frac{\Theta_{d+j}(\varphi)}{\Theta_d(\varphi)} < \frac{\Theta_{d+j}(\varphi')}{\Theta_d(\varphi')} < 1, \ \varphi' > \varphi$$

二、出口参与、比较优势与全要素生产率

在本部分中将分析给定生产能力 φ,企业出口参与后,产品范围的变化对企业全要素生产率的影响。为此,本章构建如下产品 s 国内销售的全要素生产率:

$$\mu_s = \frac{R_s(\varphi, \lambda_s)}{x_s(\varphi, \lambda_s)} \quad (9-5)$$

第九章　出口参与、比较优势与制造业全要素生产率

式（9-5）中 $x_s(\varphi, \lambda_s) = \Gamma_s l(\varphi, \lambda_s)^{1-\beta(s)} k(\varphi, \lambda_s)^{1-\beta(s)}$，表示的是生产投入集合，$\Gamma_s$ 为企业生产固定成本，由（9-1）式确定。由生产量的表达式 $q_s(\varphi, \lambda_s) = \varphi[x_s(\varphi, \lambda_s) - f_s]$，式（9-5）可以从新改写为：

$$\mu_s = \frac{r^{\beta(s)}}{\rho}\left(1 - \frac{f_s}{x_s(\varphi, \lambda_s)}\right)$$

由于 $x_s(\varphi, \lambda_s)$ 是 λ_s 和 φ 的增函数，μ_s 也会是 λ_s 和 φ 的增函数，这表明拥有更高的"消费者体验"临界值和生产能力的企业，能够更容易的超过生产固定成本，生产和出口更多的产品。

同样的，本章构建如下产品 s 出口国家 j 时的全要素生产率：

$$\mu_{sj} = \frac{\tau_j r^{\beta(s)}}{\rho}\left(1 - \frac{f_{sj}}{x_{sj}(\varphi, \lambda_s)}\right)$$

从上式可以看到，当 τ_j 足够大或者企业分配给出口部门的生产要素 $x_{sj}(\varphi, \lambda_s)$ 足够多时，将会使 $\mu_{sj} > \mu_s$，相反如果固定出口成本 f_{sj} 足够大时将会使得 $\mu_{sj} < \mu_s$。

有对产品 s 国内销售和出口到国外的全要素生产率的计算公式和方法，可以得到出口参与企业层面的全要素生产率为：

$$TFP_j(\varphi) = d_j(\varphi)\int_0^1 \mu_s \frac{R_s(\varphi, \lambda_s)}{R(\varphi)}ds + [1 - d_j(\varphi)]\int_0^1 \mu_{sj}\frac{R_{sj}(\varphi, \lambda_s)}{R_j(\varphi)}ds$$

(9-6)

式（9-6）中 $d_j(\varphi)$ 与式（9-4）中的完全相同；用 $TFP(\varphi)$ 表示企业出口参与前的全要素生产率，由式（9-7）可以看到，当 $TFP_j(\varphi) > TFP(\varphi)$ 时，可能是由于两个原因：$\varphi' > \varphi$，即生产能力的增加，或者是生产能力不变，出口参与引起企业生产要素向更高的"消费者体验"转移。

假定开放模型中的两个国家是对称的（相同的国家大小和要素禀赋），并且不存在冰山贸易成本，由于出口比国内销售具有更高的固定成本，因此，对于任意的 s，$\mu_s > \mu_{sj}$。在这种情形下，生产能力 φ 不变，出口参与往往伴随着较低的 TFP。但是当国家间不对称时，出口参与与 TFP 的关系是不明确的。对于给定的产品 s，有且只有：

$$\tau_j\left(1-\frac{f_{sj}}{x_{sj}(\varphi,\lambda_s)}\right) > \left(1-\frac{f_s}{x_s(\varphi,\lambda_s)}\right)$$

时，$\mu_s < \mu_{sj}$。为了分析简便，假设 $\tau_j = 1$，该不等式可以简化为：

$$\frac{f_{sj}}{f_s} < \left(\frac{P_j(s)}{P(s)}\right)^\gamma \frac{R_j/\hat{P}_j}{R/\hat{P}}$$

假定 f_{sj}/f_s 对所有产品都是相同的，由于 $\tilde{P}'(s)<0$ 和 $\gamma>0$，不等式右边是 s 的减函数。意味着对具有资本比较优势的产品，不等式成立的可能性在下降。换句话说，出口参与企业的产品越具有劳动比较优势，企业通过出口参与获得的全要素生产率提升越明显。因此，可得到本章的第三个假设。

假设三：出口参与企业的产品越具有劳动比较优势，企业通过出口参与获得的全要素生产率提升越明显。

第四节 实证分析

一、出口企业与非出口企业的比较

在进行实证分析之前，本章拟对出口企业和非出口企业进行基本数据分析以得出相关规律性结论，为后续实证分析提供经验性假设。为了进行基本的数据分析，首先构建以下计算公式来对数据进行整理和汇总：

$$\ln S_i = \alpha_0 + \beta E_i + F_{ind} + F_{prov} + F_{year} + \mu_i \qquad (9-7)$$

式（9-7）中 S_i 表示两个变量，全要素生产率（TFP）和比较优势（K/L）；E_i 表示企业是否是出口企业的虚拟变量，如果是出口企业则取值为1，新出口企业和非出口企业取值为0；在式中加入了产业、地区和年份固定效应变量，μ_i 为误差项；新出口企业和非出口企业之间的 S_i 百分比差异可以通过式（9-7）的估计值计算，具体公式为 $100\times[\exp(\beta)-1]$。式（9-7）的具体估计结果如表9.3所示。

第九章 出口参与、比较优势与制造业全要素生产率

表 9.3 基本估计结果

	所有企业	所有企业	私有企业	外资企业	国有企业	加入WTO之前	加入WTO之后
A：因变量 ln（TFP）							
β	0.136** (0.000)	0.086** (0.000)	0.100** (0.001)	0.002 (0.439)	0.090 (0.021)	0.131** (0.000)	0.073** (0.000)
观测值	1916346	1916346	1104986	421231	390127	543920	1372425
B：因变量 ln（K/L）（K按照固定资产原值，L按照企业雇用的员工数量计算）							
β	-0.190** (0.000)	-0.061** (0.000)	-0.081** (0.000)	-0.030** (0.000)	-0.040** (0.000)	-0.020** (0.000)	-0.074** (0.000)
观测值	1976636	1976636	1163418	421560	391656	568126	1431349
C：因变量 ln（K/L）（K按照固定资产净值，L按照企业雇用的员工数量计算）							
β	-0.170** (0.000)	-0.023** (0.000)	-0.024** (0.000)	-0.016 (0.078)	-0.025* (0.046)	0.001 (0.163)	-0.024** (0.000)
观测值	1982456	1982456	1170348	421677	390430	568724	1413364
D：因变量 ln（K/L）（K按照固定资产原值，L按照企业工资总额计算）							
β	-0.310** (0.000)	-0.142** (0.000)	-0.177** (0.000)	-0.077** (0.000)	-0.153** (0.000)	-0.123** (0.000)	-0.157** (0.000)
观测值	1976636	1976636	1163418	421462	391346	568120	1431479
年份	控制	控制	控制	控制	控制	控制	控制
地区	不控制	控制	控制	控制	控制	控制	控制
产业	不控制	控制	不控制	不控制	不控制	控制	控制

注：** 和 * 分别表示在1%和5%的显著性水平下显著。

在表9.3中，A部分是以TFP为因变量进行的估计，其余的为比较优势（K/L）作为因变量进行的估计。在估计过程中，分别把样本分为了全部企业、国有企业、私有企业和外资企业以及加入WTO前和加入WTO后进行估计，并在估计过程中分别对年份、地区和产业进行了不同程度的控制。

从A部分第一列和第二列的全要素生产率（TFP）的估计结果来看，与大多数学者的研究类似，出口企业比非出口企业具有更高的全要素生产率。第三列私有企业的估计结果表明，出口企业比非出口企业具有明显的

生产率提升现象，但是第四列的外资企业并没有体现出全要素生产率在出口和非出口企业之间的差异，国有企业也体现出与外资企业相似的结论，这可能是由于软预算约束和测量误差导致的估计结果不显著。从加入WTO前后来看，加入WTO之前我国出口企业对全要素生产率的提升作用要比加入WTO后更加明显。

从现有的相关研究来看，比较优势在出口企业和非出口企业之间也有明显的差异，出口企业往往更多的是资本密集型的企业（Biesebroeck，2005；Loecker等，2007）。从本章比较优势的估计结果来看，与国外的学者存在明显的差异，我国出口企业相比非出口企业而言往往是劳动密集型的企业，这验证了理论分析中的假设一。考虑到我国出口商品中比较有竞争优势的是劳动密集型产品，再看我国出口企业相对非出口企业具有劳动比较优势可能就不会使人感到惊讶。但由于本章分析的是行业内企业的比较优势变化，而传统的比较优势理论解释的是产业之间的资源配置影响出口优势，因此用传统的比较优势理论是很难解释本章的估计结果的，而本章的理论分析给出了相关解释。从表9.3中B～D部分可以看到，除了C部分中度量方法改变使得一部分估计结果不显著外，其他估计结果都是显著的负值。当用企业工资总额作为劳动的度量时，出口企业相对非出口企业在比较优势上的差异更加明显，原因是用工资总额度量劳动数量会体现出企业的劳动质量差异，出口企业雇用更多的技术能力更高的工人，支付更多的工资，从而导致用工资总额度量劳动力时，出口企业会表现出更明显的劳动密集型。

二、新出口企业和非出口企业的比较

为了研究出口参与对企业产出的影响，本章可以采取倾向得分匹配法（PSM）来研究出口参与的自然实验，得出出口参与影响我国企业的绩效变化。倾向得分匹配法（PSM）首先要构建处理组和对照组，通过对出口参与前后两组的比较得出出口参与的影响。具体来说，样本中从来没有出口参与的企业作为对照组，样本中有出口参与活动的企业作为处理组。为了保证能够对同一产业中的新出口企业和非出口企业进行比较，首先根据企业的报告年份和产业把企业分为不同的单元，在每一个单元中利用Probit模型获得倾向得分（Propensity Score），具体包含的计算倾向得分的变量为TFP、工资水平、资本比较优势、企业年龄、销售额和省份虚拟变量。在计算倾向得分后，在每个单元中对新出口企业和非出口企业进行等分匹配，本章采用了三种方法进行得分匹配，以进行对比分析，分别为倍差匹配（Difference-in-Difference Matching）、最邻近匹配（Nearest Neighbor Matching）和局部线性回归匹配（Local Linear Regression Matching）。具体结果如表9.4所示，在表中包含了两部分比较结果：一是新出口企业与非出口企业全要素生产率的变化，二是新出口企业与非出口企业比较优势的变化。从表9.4的结果可以看到，利用倍差匹配法进行估计的全样本结果显示，出口参与对于新出口企业的TFP具有显著的促进作用，出口参与能够使新出口企业的TFP提高大约7%。与表9.3中出口企业和非出口企业的结果相似，不同类型企业的出口参与对新出口企业的TFP的影响具有显著的差异性，尤其是私有企业的出口参与效应更加显著。但是外资企业中出口参与对新出口企业的TFP的影响差异性不显著。就像前文分析的那样，由于外资企业具有出口的经验和技术，出口参与对其的影响效应在下降，加入WTO前后的差异性不明显。利用最邻近匹配和局部线性回归匹配进行得分匹配的估计结果也没有发生明显的改变。

表9.4中同时列出了出口参与对新出口企业的资本比较优势的影响，同样采用了三种方法进行得分匹配，以进行对比分析，从表9.4的估计结果可以看出，利用倍差匹配法进行估计的全样本结果显示，出口参与对新出企业的资本比较优势具有显著的抑制作用。从不同类型企业的估计结果来看，虽然不同类型的企业中，出口参与对新出企业的资本比较优势具有抑制作用，但是外资企业是不显著的，加入WTO前后的差异性同样不明显。利用最邻近匹配和局部线性回归匹配进行得分匹配的估计结果也没有发生明显的改变。

表 9.4 不同匹配方法下的估计结果

	(1) 所有的新出口企业	(2) 私有企业的新出口企业	(3) 国有企业的新出口企业	(4) 外资企业的新出口企业	(5) 加入WTO前的新出口企业	(6) 加入WTO后的新出口企业
lnTFP						
倍差匹配	0.070** (0.002)	0.081** (0.003)	0.064* (0.015)	0.003 (0.490)	0.067** (0.004)	0.073** (0.003)
局部线性回归匹配	0.068** (0.003)	0.070** (0.005)	0.061 (0.082)	0.002 (0.673)	0.062** (0.004)	0.071** (0.004)
最邻近匹配	0.053** (0.001)	0.055** (0.004)	0.050* (0.014)	-0.004 (0.417)	0.066** (0.001)	0.042** (0.002)
ln(K/L)						
倍差匹配	-0.060* (0.017)	-0.062* (0.037)	-0.050 (0.062)	-0.051 (0.063)	-0.065* (0.044)	-0.060* (0.028)
局部线性回归匹配	-0.047* (0.014)	-0.046* (0.027)	-0.041* (0.036)	-0.038 (0.093)	-0.049* (0.023)	-0.046* (0.012)
最邻近匹配	-0.061* (0.015)	-0.074* (0.019)	-0.039* (0.024)	-0.058 (0.061)	-0.069* (0.019)	-0.065** (0.007)

注：**和*分别表示在1%和5%的显著性水平下显著。

基于以上的分析，可能有人会问出口参与对企业比较优势的影响是否是持续的。可能会出现中国出口参与企业通过出口具有劳动比较优势的产品熟悉国外市场，但是随后出口在国内销售的具有资本比较优势的产品。为了分析出口参与对企业比较优势的影响是否是持续的，本章利用倍差匹配法对出口企业出口持续 n 年后和非出口企业的比较优势进行分析，其中 $1 \leq n \leq 8$，具体结果如表 9.5 所示，基本上所有的结果都是显著的负值，表明我国的出口企业在资本比较优势上的下降是持续性的[①]。

[①] 如何获取出口企业新的比较优势，从而能够提高出口效应和制造业全要素生产率，以及我国当前的新比较优势来源是什么，具体内容见后续章节《新比较优势来源：制度》。

第九章 出口参与、比较优势与制造业全要素生产率

在匹配年份中与非出口企业相比,在表9.5中第一列(出口年份)出口参与后,在n年后一直是低资本比较优势的。例如2001年的新出口企业,相比与之匹配的非出口企业在2002~2009年都是低资本比较优势的。而且从时间变化上看,新出口企业相比与之匹配的非出口企业资本比较优势的差距呈扩大的趋势,例如2001年的新出口企业相比与之匹配的非出口企业(2000年)资本比较优势少0.085,而到了9年后则少了0.183。

表9.5 动态估计结果

年份	1年	2年	3年	4年	5年	6年	7年	8年	9年
2001	-0.085* (0.048)	-0.131* (0.027)	-0.148* (0.033)	-0.170* (0.040)	-0.177* (0.047)	-0.180 (0.051)	-0.183* (0.046)	-0.184 (0.140)	-0.183 (0.078)
2002	-0.053* (0.047)	-0.080* (0.026)	-0.081* (0.030)	-0.120* (0.033)	-0.130* (0.042)	-0.128* (0.044)	-0.141 (0.053)	-0.142 (0.058)	
2003	-0.050* (0.023)	-0.103* (0.018)	-0.130* (0.016)	-0.141* (0.041)	-0.148* (0.048)	-0.156 (0.341)	-0.151 (0.457)		
2004	-0.016 (0.151)	-0.063* (0.040)	-0.076* (0.033)	-0.092* (0.036)	-0.088 (0.051)	-0.093 (0.062)			
2005	-0.054* (0.019)	-0.084* (0.021)	-0.095* (0.025)	-0.105* (0.033)	-0.114* (0.036)				
2006	-0.076* (0.023)	-0.083* (0.030)	-0.100* (0.035)	-0.111* (0.036)					
2007	-0.050* (0.030)	-0.080* (0.026)	-0.097* (0.035)						
2008	-0.060** (0.008)	-0.080 (0.060)							
2009	-0.070** (0.004)								
Pooled	-0.060* (0.022)	-0.090* (0.019)	-0.106* (0.032)	-0.121* (0.026)	-0.132* (0.034)	-0.140* (0.041)	-0.156* (0.050)	-0.164 (0.094)	-0.183 (0.078)

注:**和*分别表示在1%和5%的显著性水平下显著。

三、生产能力与比较优势分析

前文已经对假说一进行了实证分析，而假说二认为生产能力高的企业的出口参与将引致低的资本比较优势下降，即企业出口参与引起的比较优势的变化受到自身生产能力的影响。本部分中将就该假说进行相关实证分析，具体构建如下实证分析模型：

$$\Theta_{i,d}^{matched}(\varphi) - \Theta_{i,d+j}(\varphi) = \alpha X_i + \beta_1 F_{ind} + \beta_2 F_{prov} + \beta_3 F_{year} + \mu_i \quad (9-8)$$

式中，$\Theta_{i,d+j}(\varphi)$ 表示企业 i 的资本比较优势，$\Theta_{i,d}^{matched}(\varphi)$ 表示匹配的非出口企业的资本比较优势，X_i 表示企业特征变量集合，F_{ind}、F_{prov} 和 F_{year} 分别表示产业、省份和年份固定效应。本部分实证分析主要是检验具有相似的出口前企业特征，对于出口参与引起的资本比较优势的影响。

具体估计结果如表 9.6 所示，列（1）是全部样本的结果，从列（1）可以看到，TFP 的估计结果是显著的负值，这表明 TFP 对出口参与引起的出口企业和非出口企业间的资本比较优势差距具有抑制作用，这也验证了假说二的结论。同样，企业的工资规模与 TFP 具有相似的影响效应。但是，企业的销售额用来度量生产能力时，对比较优势的影响是显著的正值，这与假说二的预测是不相符合的。从不同类型的企业和 WTO 前后的出口参与企业的估计结果中，同样可以验证假说二的正确性。

表9.6 比较优势的影响因素

	（1）	（2）	（3）	（4）	（5）
	所有的新出口企业	国内企业的新出口企业	外资企业的新出口企业	加入 WTO 前的新出口企业	加入 WTO 后的新出口企业
ln（TFP）	-0.058** (0.002)	-0.051** (0.004)	-0.080** (0.007)	-0.079* (0.012)	-0.055** (0.004)
ln（wage）	-0.144** (0.000)	-0.154** (0.000)	-0.130* (0.033)	-0.189** (0.000)	-0.086* (0.012)
ln（sales）	0.109** (0.000)	0.138** (0.000)	0.140** (0.000)	0.103** (0.000)	0.109** (0.000)

续表

	(1)	(2)	(3)	(4)	(5)
	所有的新出口企业	国内企业的新出口企业	外资企业的新出口企业	加入WTO前的新出口企业	加入WTO后的新出口企业
$\ln(age)$	-0.055* (0.016)	-0.019 (0.051)	-0.005 (0.340)	-0.048 (0.093)	-0.041* (0.017)
所有制	控制	不控制	不控制	控制	控制
产业	控制	控制	控制	控制	控制
省份	控制	控制	控制	控制	控制
观测值	50231	33645	16586	10074	40157

注：**和*分别表示在1%和5%的显著性水平下显著。

四、比较优势与TFP分析

本部分利用式（9-8）对比较优势与制造业全要素生产率的关系进行分析，以对假设三的内容进行检验，在实证分析时式（9-8）的被解释变量变为制造业全要素生产率TFP，TFP解释变量变为劳动比较优势变量，具体估计方法不变，结果如表9.7所示。从表9.7的估计结果可以看到，在控制了所有制、产业和省份变量后，劳动比较优势系数是显著的正值，而且对于不同类型的企业和加入WTO前后的显著性和符号没有发生变化。这个估计结果与理论假设的结论是一致的，即出口参与企业专注于核心竞争力有利于提升企业的全要素生产率。

表9.7 TFP的影响因素

	(1)	(2)	(3)	(4)	(5)
	所有的新出口企业	国内企业的新出口企业	外资企业的新出口企业	加入WTO前的新出口企业	加入WTO后的新出口企业
$\ln(L/K)$	0.070** (0.000)	0.071** (0.000)	0.066** (0.001)	0.077** (0.001)	0.063** (0.000)
$\ln(wage)$	0.153** (0.000)	0.183** (0.000)	0.168** (0.001)	0.090** (0.002)	0.163** (0.001)

续表

	(1) 所有的新出口企业	(2) 国内企业的新出口企业	(3) 外资企业的新出口企业	(4) 加入WTO前的新出口企业	(5) 加入WTO后的新出口企业
ln(sales)	0.140** (0.000)	0.120** (0.000)	0.157** (0.000)	0.156** (0.002)	0.140** (0.000)
ln(age)	-0.088** (0.008)	-0.093* (0.011)	-0.083* (0.037)	-0.072 (0.076)	-0.111* (0.015)
所有制	控制	不控制	不控制	控制	控制
产业	控制	控制	控制	控制	控制
省份	控制	控制	控制	控制	控制
观测值	50231	33645	16586	10074	40157

注：** 和 * 分别表示在1%和5%的显著性水平下显著。

第五节 简要结论

本章分析了出口参与、比较优势与制造业全要素生产率的关系，主要对不同比较优势的企业出口参与后的全要素生产率变化进行了理论分析和实证检验。本章通过对劳动力丰富的国家选择出口劳动密集型产品到资本密集型的国家的情形进行理论分析，研究认为，当企业出口到资本比较优势大的国家后，完全出口参与企业的劳动比较优势大于部分出口参与企业，更大于非出口参与企业；生产能力高的企业出口参与引起的资本比较优势的降低要小于生产能力低的企业，也就是说出口参与引起的企业比较优势的变化受到企业自身生产能力的影响；出口参与企业的产品越具有劳动比较优势，企业通过出口参与获得的全要素生产率提升越明显。并利用我国2000~2009年的工业数据库数据，采用匹配分析法进行研究发现，出口参与提升了企业的全要素生产率水平。利用不同的匹配方法，研究认为出口参与能够提高企业5.5%~7.4%的全要素生产率。同时研究也发现，国内生产能力强的企业更倾向于出口。新出口企业相对非出口企业来说在增加劳动比较优势的同时，也会引致全要素生产率的提升。这些研究结果提醒我们，要采取有效措施提升企业的生产能力，以使企业更好地参与到国际市场中去，提升制造业全要素生产率水平。从产业政策的角度来看，要提高整个产业的出口比重。同时，研究结果也表明不同所有制类型企业的研究结果存在差异，要针对不同类型的企业制定相关政策。

本章附录

根据 BRS 模型，当企业生产能力为 φ 时，国内销售的"消费者体验"临界值 $\lambda_s^*(\varphi)$ 满足利润为 0 的条件，即：

$$\pi_s[\varphi, \lambda_s^*(\varphi)] = \frac{R_s}{\sigma}[\rho P(s)\varphi\lambda_s^*(\varphi)]^{\sigma-1} - f_s r^{\beta(s)} = 0 \qquad (9\text{-A1})$$

式中，$\pi_s[\varphi, \lambda_s^*(\varphi)]$ 表示企业在国内市场上出售产品 i 获得的利润；R_s 表示在产品 s 上国内的消费支出；$P(s)$ 表示产品 s 销售价格指数。由消费者的效用最大化问题可得：

$$R_s = \left[P(s)^{\frac{-v}{1-v}} \bigg/ \int_0^1 P(k)^{\frac{-v}{1-v}} dk\right] R$$

上式中 R 为整个社会的消费支出水平，$P(s) = \left[\int_{\omega \in \Omega_s} p(s, \omega) d\omega\right]^{\frac{1}{1-\sigma}}$，结合 $P(s)$，R 和 $\hat{P} = \int_0^1 P(k)^{\frac{-v}{1-v}}$，求解 (9-A1) 式可得 $\lambda_s^*(\varphi) = \frac{\zeta P(s)^{-\gamma}}{\varphi} \cdot \left(\frac{r^{\beta(s)} f_s \hat{P}}{R}\right)^{\frac{1}{\sigma-1}}$，其中 $\zeta = \frac{\sigma^{\frac{1}{\sigma-1}}}{\rho}$，$\gamma = \frac{\sigma(1-v)-1}{(\sigma-1)(1-v)}$，当 $\sigma(1-v) > 1$，$\gamma > 0$。

在给定 φ 和 $\lambda_s^*(\varphi)$ 时，可得企业服务特定市场的期望利润为：

$$\pi(\varphi) = \int_0^1 \left[\int_{\lambda_s^*(\varphi)}^{\bar{\lambda}} \pi(\varphi, \lambda_s) g(\lambda_s) d\lambda_s\right] ds - f_e$$

上式中 $g(\lambda_s)$ 表示消费者体验的分布函数。

同理，可以得到出口到国家 s 的"消费者体验"临界值 $\lambda_{sj}^*(\varphi)$ 为：

$$\lambda_{sj}^*(\varphi) = \frac{\zeta \tau_{sj} P_j(s)^{-\gamma}}{\varphi} \left(\frac{r^{\beta(s)} f_{sj} \hat{P}_j}{R_j}\right)^{\frac{1}{\sigma-1}}$$

由 $\lambda_{sj}^*(\varphi)$ 和 $\lambda_s^*(\varphi)$ 的比值关系可得式（9-3）。

下面分析如果国家 j 是比中国更具资本比较优势的国家，则 $P_j(s)/P(s)$ 是 s 的减函数。假定对于给定的产品在我国(c)和国家(j)的价格指数分别为：

$$P_j = \left[\int_{\omega \in \Omega_j} \left(\frac{p_j(\omega)}{\lambda_j(\omega)} \right)^{1-\sigma} d\omega + \int_{\omega \in \Omega_{cj}} \left(\frac{\tau_{cj} p_c(\omega)}{\lambda(\omega)} \right)^{1-\sigma} d\omega \right]^{\frac{1}{1-\sigma}}$$

$$P_c = \left[\int_{\omega \in \Omega_c} \left(\frac{p_c(\omega)}{\lambda(\omega)} \right)^{1-\sigma} d\omega + \int_{\omega \in \Omega_{jc}} \left(\frac{\tau_{jc} p_j(\omega)}{\lambda(\omega)} \right)^{1-\sigma} d\omega \right]^{\frac{1}{1-\sigma}}$$

根据 Bernard 等（2007）的分析思路，两种价格指数可以重新表示为：

$$P_j = \left[M_j \left(\frac{w_j^{1-\beta} r_j^\beta}{\rho \tilde{\varphi}_j} \right)^{1-\sigma} + M_{cj} \left(\frac{\tau_{cj} r_j^\beta}{\rho \tilde{\varphi}_{cj}} \right)^{1-\sigma} \right]^{\frac{1}{1-\sigma}}$$

$$P_c = \left[M_c \left(\frac{r^\beta}{\rho \tilde{\varphi}_c} \right)^{1-\sigma} + M_{jc} \left(\frac{\tau_{jc} w_j^{1-\beta} r_j^\beta}{\rho \tilde{\varphi}_{jc}} \right)^{1-\sigma} \right]^{\frac{1}{1-\sigma}}$$

参数 φ 和 λ 都可以在均衡框架内进行分析，具体均衡构建过程在 Bernard 等的文章中有详细的分析，为了分析方便假定每个国家的潜在产品 M 是固定不变的。不需要对方程完全求解就可以得到，$M_c > M_{cj}$，$M_j > M_{jc}$，$\tilde{\varphi}_{cj} > \tilde{\varphi}_j$，$\tilde{\varphi}_{jc} > \tilde{\varphi}_j$。假定 $\frac{M_j}{M_c}$，$\frac{M_{jc}}{M_{cj}}$，$\frac{\tilde{\varphi}_c}{\tilde{\varphi}_j}$ 都是 β 的增函数。下面来分析文章中的理论假设：

$$\left(\frac{P_j}{P_c} \right)^{\sigma-1} = \frac{\dfrac{M_c}{M_j} + \dfrac{M_{jc}}{M_j} \left(\dfrac{\tilde{\varphi}_{jc}}{\tilde{\varphi}_c} \dfrac{1}{\tau_{jc} w_j} \left(\dfrac{w_j}{r} \right)^\beta \right)^{\sigma-1}}{\left(\dfrac{\tilde{\varphi}_j}{\tilde{\varphi}_c} \dfrac{1}{w_j} \left(\dfrac{w_j r}{r_j} \right)^\beta \right)^{\sigma-1} + \dfrac{M_{cj}}{M_j} \left(\dfrac{\tilde{\varphi}_{cj}}{\tau_{cj} \tilde{\varphi}_c} \right)^{\sigma-1}} \quad (9\text{-}A2)$$

由 $\dfrac{w_j}{r_j} > \dfrac{w}{r}$ 可以得到，$\dfrac{w_j r}{r_j} > 1$，式（9-A2）在前文的假定条件下可以看到 $\left(\dfrac{P_j}{P_c} \right)^{\sigma-1}$ 是 β 的减函数。

第九章　出口参与、比较优势与制造业全要素生产率

下面简单地分析对于任意的 $\exists \bar{s}(\varphi) \in (0, 1]$，即 $\lambda_{sj}^*(\varphi) \leq \lambda_s^*(\varphi) \ \forall s \leq \bar{s}(\varphi)$ 和 $\lambda_{sj}^*(\varphi) > \lambda_s^*(\varphi) \ \forall s > \bar{s}(\varphi)$，假设一成立，这些条件意味着对于某些产品总是存在出口的"消费者体验"超过国内销售。假定一个企业的生产能力发生明显的增长，即 $\varphi_t > \varphi_{t-1}$，从而引起企业的出口参与行为。分析产品 s 的一个给定"消费者体验"λ，当 $s \leq \bar{s}(\varphi)$ 时，企业在国内销售的企业出口参与的概率为 $\Pi_1 = 1$，企业不在国内市场销售的企业出口参与的概率为 $\Pi_3 = \dfrac{1 - G(\lambda_{sj}^*(\varphi))}{G(\lambda_s^*(\varphi))}$。当 $s > \bar{s}(\varphi)$ 时，企业在国内销售的企业出口参与的概率为 $\Pi_3 = \dfrac{1 - G(\lambda_{sj}^*(\varphi))}{1 - G(\lambda_s^*(\varphi))}$，企业不在国内市场销售的企业出口参与的概率为 $\Pi_4 = 0$。有且只有 $\dfrac{\lambda_{sj}^*(\varphi)}{\lambda_s^*(\varphi)}$ 是增函数时，Π_2 是增加的而 Π_3 是减少的。同时考虑这四种情形时，当 $s \leq \bar{s}(\varphi)$ 新的出口参与企业更加倾向于增加产品出口，当 $s > \bar{s}(\varphi)$ 时出口参与意愿下降。这种出口参与机制使得 $\Theta_j(\varphi) < \Theta_d(\varphi)$。

第十章

制造业结构调整与比较优势变迁：遵循或偏离

在多年市场化改革和经济高速增长的条件下，我国制造业结构经历了深刻的调整过程，这既是战略性调整的需要，也是制造业生产对市场变化的必然响应。从供给角度看，结构调整通过资源配置优化而成为生产率增长源泉，那么制造业结构调整过程中结构调整方向是否与动态比较优势变化方向一致呢？实际上制造业生产的信息化和智能化等新的生产方式，改变了制造业生产对资源和要素禀赋的依赖，这必然会导致国家比较优势的重构。因此，重构比较优势，提高要素配置效率，将成为我国制造业提高全球价值链位置，在新常态下实现经济发展的必然选择。

制造业结构调整受制于资源禀赋，"入世"后制造业全面开放也必然诱致出制造业结构调整，这些都与比较优势尤其是动态比较优势相关。那么，结合制造业贸易结构来看，转型期尤其是"入世"以来，制造业（生产）结构调整升级方向是否符合比较优势原则呢？或者说，主要结构调整方向与动态比较优势变化方向是一致还是偏离呢？本章尝试从比较优势动态变迁的视角，利用扩展的产品空间理论，可视化我国制造业结构调整升级的动态演进路径，从实证的角度检验我国制造业结构调整升级是偏离还是遵循比较优势动态变化趋势，试图找出我国制造业结构调整升级与促进新常态经济增长的最优路径选择。

第十章　制造业结构调整与比较优势变迁：遵循或偏离

第一节　文献综述

以智能化、数字化、信息化为主要特征的第三次工业革命，改变了国家所依赖的资源基础和要素禀赋结构，必将带来全球产业竞争格局彻底重构、重塑国家比较优势，提升资源配置效率，加快产业转型升级，成为中国改变在国际分工体系中的位置、提升产业国际竞争力、实现新常态经济增长的必然选择。但对于何种制造业结构调整升级路径能更快促进经济增长一直存在较大分歧：一是认为制造业结构调整与国家比较优势相符合的产业政策，是后发国家实行赶超的必要条件；二是认为制造业结构调整与国家比较优势相偏离的产业政策，能够使后发国家实施非均衡发展战略，促进新兴行业的创新。基于同一对象的研究结论截然相反，引发了几个重大问题的思考：如何评价一国制造业行业的比较优势？如何证明其制造业结构调整升级是遵循还是偏离比较优势？

市场化进程中制造业自身的结构经历了深刻的调整过程，史安娜和胡方卉（2016）等通过建立制造业生产结构调整模型，模拟各地区结构调整方向和幅度，提出了比较优势原则和制造业增长目标。但孔宪丽等（2015）发现制造业结构调整对制造业的增长效应会打折扣，技术进步的适宜程度将直接影响创新投入驱动工业结构调整的效率，依据要素禀赋结构进行技术选择和创新投入有助于中国工业行业的有效增长，而与要素禀赋结构相失衡的技术选择将使创新投入驱动工业结构调整的效率大打折扣。引导各工业行业结合自身的资源禀赋特点，进行合理的技术创新选择，将有效提升技术创新驱动工业结构调整的速度。王晓红和陈范红（2015）以江苏省为例，系统研究了经济新常态下产业结构调整动力机制和方向，对结构调整提出了全新的要求。研究表明，制造业结构影响因素主要有地理区位和交通基础设施（李强、郑江淮，2013；Eckel 和 Neary，2010）、现代零售市场、政府政策，例如环境政策、财政政策和技术创新政策等（李强，2016），但研究结论并不稳健，取得共识的因素主要有市场需求和比较优势。

有学者将比较优势上升到发展战略高度，工业经济文献也倾向于将制造业结构调整与比较优势联系，并以生产层面为主。赵国明和许小忠（2002）较早利用国内资源成本法和综合优势指数法测定各地区产业的比较优势，指出结构调整的方向。干春晖和余典范（2013）通过结构调整动态模拟，按比较优势给出了具体调整方案。杨高举和黄先海（2014）研究认为中国与新兴工业化经济体的经历相似，比较优势正从低等技术产业转向高等技术产业，如果这一进程能够持续，则中国能够避免落入比较优势陷阱，而持续的技术创新可能是避免落入陷阱的重要推动力。邱斌等（2014）从制度的角度研究了我国新型比较优势的来源，研究表明，在一国的制度质量越过"制度门槛"的条件下，该国制度因素与行业特征的协同效应有利于该国对外出口并塑造制度比较优势；出口国对贸易伙伴国在制度质量上相对占优时，制度因素与行业特征的协同效应能够促进其对贸易伙伴国的出口。陈钊和熊瑞祥（2015）结合倍差法考察了国家级出口加工区在成立之初对所选择的"主导产业"的扶持政策是否有效，以及比较优势在其中扮演的角色。邓向荣和曹红（2016）建立产业进入退出机制以集中国家优势推进装备制造业等产业关键技术与共性技术研发，成为中国转型升级路径的必然选择。相关研究（干春晖，2013；陈钊、熊瑞祥，2015；邓向荣、曹红，2016等）表明制造业发展与比较优势存在背离现象，是为"区域分工与比较优势偏离"。总之，生产层面的比较优势测度以国内资源成本系数法为主，并主要与产业结构调整相结合。

结构调整是生产率增长的重要源泉，两者关系经常被表述为结构红利/负担假说。从研究内容看，文献重点考察了较高层次（如三次产业、二元经济）结构调整的生产率效应，也对制造业结构调整本身给予了较多关注，但却忽视了制造业内部结构调整所产生的增长与生产率效应，尤其是制造业结构变化对生产率影响的研究较少。其次，关于比较优势原则对制造业结构调整的指导，多以定性讨论为主（如简单资本密集型和劳动密集型农产品分类），较少将两者从实证上结合起来，具体回答产品比较优势究竟在哪里，结构调整方向到底是什么，两者又是如何互动演变的。从研究方法看，文献多以传统份额转移（Shift-Share）法捕捉结构变化的增长效应（结构红利），从劳动生产率分解结构效应，这简单易行，却只能对劳动要素转移效应进行分析，多要素条件下劳动生产率显然不是生产率的全面度量，TFP 更为可靠。

从研究内容看，首先，绝大多数研究主要讨论制造业贸易动态问题，比较优势动态研究较少，也基本都采用分布动态法。其次，关于"入世"影响和比较优势演变以事前预测为主，对这一重大政策变量影响的事后评估文献相对不足。最后，动态比较优势来源于要素积累和技术进步（Lileeva 和 Trefler，2007），在很大程度上代表了技术进步趋势，但制造业动态比较优势与比较优势变迁的逻辑关系，制造业结构调整力度和比较优势发挥程度对经济增长及地区差异的影响还鲜有文献涉及。

第二节　指标说明、模型构建与数据选取和分析

一、比较优势指标测度

产品比较优势研究以各种静态指数为主，例如国内资源成本系数（DRCC）、显示比较优势指数（RCA）等，各指数选择目前仍然存在一定争议，更重要的是这主要是一种静态分析法，只能通过测定不同时期的比较优势来考察其变化，这对考察动态比较优势来说存在较大局限性。动态比较优势相对静态比较优势是一大突破，避免了落入"比较优势陷阱"。为了解决上述问题规避比较优势指标测度中存在的不足，本章从产品空间理论的角度出发，提出新的测度产品比较优势的方法，并能够分析国家产品的比较优势动态变化趋势。

（一）产品比较优势与"接近"的测度

从产品空间理论和演化比较优势理论的角度测度比较优势，首先有一个指标是必须获取的，就是用于衡量产品间空间距离的"接近"（Proximity）

指标。该指标的测度与传统经济学衡量产品距离的方法不同,比较优势演化理论以结果为导向(Outcome Based)来测度产品距离,这样可以使指标的测度出现主观性和片面性(伍业君等,2012)。具体衡量产品间空间距离的"接近"指标的方法有关文章参照 Hausmann 和 Klinger(2006)的做法,在其文章中"接近"通过某个国家两种产品同时出口的条件概率的最小值进行测算。

在国际贸易产品中,每个国家都具有不同的生产和出口产品,按照比较优势演化理论的方法,每个国家在出口产品 A 的同时也出口 B,发生的概率为 $p(A_{it}|B_{jt})$,在出口产品 B 的同时也出口 A,发生的概率为 $p(B_{it}|A_{jt})$,这表明两种产品之间存在一定程度的相似性。但是从数学理论的角度来看,$p(A_{it}|B_{jt}) \neq p(B_{it}|A_{jt})$,但是无论是 AB 还是 BA,都说明两种产品之间具有对称的距离,所以可以取两个概率的最小值作为对产品间空间距离"接近"指标的间接测度,即 $\varphi_{ij} = \min\{p(A_{it}|B_{jt}), p(B_{it}|A_{jt})\}$。为了反映选择产品符合国家比较优势的情形,体现国家的产品结构调整升级的难度和幅度,比较优势演化理论选择的都是该国家具有显性比较优势(RCA)的产品,而产品是否具有显性比较优势(RCA)的临界值为 $RCA=1$,当 $RCA>1$ 时表示产品具有比较优势取值为 1,否则不具有比较优势取值为 0。因此,"接近"总共发生概率予以测度的表达式就变为:

$$\varphi_{ij} = \min\{p(RCA_{xi}|RCA_{xj}), p(RCA_{xj}|RCA_{xi})\} \qquad (10-1)$$

式(10-1)中 RCA_{xi} 表示产品是否具有显性比较优势(RCA),φ_{ij} 表示一个国家两种产品都具有显性比较优势的概率。通过式(10-1)可以测度一个国家或者世界中任何两种产品的"接近"度,得出产品间的空间距离,可以得到国家产品的空间结构。

(二)"接近"与比较优势动态变化趋势的测度

Hidalgo 等(2007)研究认为制造业结构调整的过程实际上是从低附加值产品向高附加值产品,从价值链低端向价值链高端转换的过程,而产品的空间结构会制约转换过程。为了研究空间结构对结构调整的影响,Hidalgo 以接近度为基础设定了一种测度国家—产品关系的指标,定义为"产品密度"。该指标以显性比较优势计算的"接近"度为基础进行测度后，可以衡量具有潜在的产品与周边比较优势产品接近度的加权平均值，具体用某一国家产品与该国具有显性比较优势产品的接近度占全球该产品与所有产品接近度总和的比重测度。具体公式为：

$$\omega_i = \frac{\sum_j x_j \varphi_{ij}}{\sum_j \varphi_{ij}} \quad (10\text{-}2)$$

式（10-2）中 x_j 表示产品 j 是否具有显示性比较优势，当 $RCA>1$ 时表示产品具有比较优势取值为 $x_j=1$，否则不具有比较优势取值为 0，φ_{ij} 值由式（10-1）得到。式（10-2）的值表示潜在产品比较优势动态变化趋势，直接影响制造业结构调整的幅度。

（三）制造业结构调整

国内外文献关于结构调整的测度指标有很多，本章主要分析结构调整与比较优势的关系，因此，对制造业结构调整也是结合比较优势进行分析的。从静态来看，一个国家的某种制造业产品是否在国际上具有竞争优势，可以从该产品是否具有显示性比较优势来反映。而从动态和空间结构的角度来分析，产品比较优势结构变化存在四种情形，如表 10.1 所示。从表 10.1 中可以看到，情形 1 和情形 4 在两个时期保持了原有的比较优势，我们认为结构没有改变；情形 2 下产品在时期 1 时不具备比较优势，但经过调整后在时期 2 时具有了比较优势，我们认为产品实现了结构调整升级①；情形 3 下产品在时期 1 时具备比较优势，但经过调整后在时期 2 不具备比较优势，我们认为产品实现了结构调整失势②；情形 4 下产品在时

---

① 这是比较符合我国结构调整现实的，目前我国在国际上具有竞争优势的产品主要是劳动力密集型产品，具有明显的优势，所以不是具有潜在比较优势的产品，而我国具有潜在比较优势的产品是我国在结构调整中不断加强的资本和技术密集型产品。因此，劳动力密集型产品已经是具有比较优势的产品，而资本密集型和技术密集型产品是具有潜在比较优势的产品，这些潜在比较优势的产品如果经过一定时间的发展具有了比较优势，说明我国实现了结构调整的升级。

② 这部分产品对我国来说主要是劳动力密集型产品，在结构调整过程中劳动力密集型产品逐渐退出我国的竞争优势产品是必然的趋势。这其中有很多原因，比如劳动力成本上升、我国对环境和资源保护力度的加强等。但是在结构调整中也有一部分劳动力密集型产品没有退出市场，就如情形 4 一样。

期 1 时具备比较优势，但经过调整后在时期 2 仍然具有比较优势，我们认为这部分产品没有发生结构调整变化的产品。因此，研究是否发生了结构调整升级，主要是分析情形 2 与我国比较优势动态变化是否符合。

表 10.1　产品比较优势结构动态变化类型

调整情形	时期 1	时期 2	表现
情形 1	$x_{i,t-1}=0$	$x_{i,t}=0$	未调整优势
情形 2	$x_{i,t-1}=0$	$x_{i,t}=1$	调整优势升级
情形 3	$x_{i,t-1}=1$	$x_{i,t}=0$	调整优势失势
情形 4	$x_{i,t-1}=1$	$x_{i,t}=1$	保持原有结构优势

二、实证模型构建

考察制造业结构调整是否符合以及在多大程度上符合比较优势动态变化趋势，可以利用前文中构建的制造业结构调整与比较优势动态变化趋势的计量方程来实现。具体来说，借鉴 Hausmann 和 Klinger（2006）提出的互补项思想，构建如下计量模型：

$$x_{i,t}=\alpha+\beta x_{i,t-1}+\gamma_1 x_{i,t-1}\omega_{i,t-1}+\gamma_2(1-x_{i,t-1})\omega_{i,t-1}+\delta X+\varepsilon \quad (10\text{-}3)$$

式（10-3）的理论含义为：当某一产品 i 在 $t-1$ 时期没有比较优势时，$x_{i,t-1}\omega_{i,t-1}$ 为 0，则比较优势动态变化趋势只有通过 γ_2 影响 t 时期的结构调整实现升级；反之，如果某一产品 i 在 $t-1$ 时期具有比较优势时，$(1-x_{i,t-1})\omega_{i,t-1}$ 为 0，则比较优势动态变化趋势只有通过 γ_1 影响 t 时期的结构调整，保持原有产品优势。因此，γ_1 表示比较优势动态变化趋势在维持国家结构调整过程中现有产品竞争优势的作用，具体来说是测度情形 3 表示的结构调整与比较优势动态变化趋势的关系；γ_2 表示比较优势动态变化趋势在国家结构调整过程中现有产品升级的作用，具体来说是测度情形 2 表示的结构调整与比较优势动态变化趋势的关系。如果 γ_2 的估计系数为显著正数，则表明制造业结构调整升级借助了比较优势动态变化趋势，则结构调整遵循比较优势的变迁路径;反之,如果 γ_2 的估计系数为不显著或者负值,则表明制造业结构调整升级与比较优势动态变化趋势关系不大或无关系,则结构调整偏离比较优势的变迁路径。另外,γ_1 和 γ_2 分别表示了在结构调整中比较优势动态变化趋势的现有竞争优势的支撑作用和未来升级的引领作用。式(10-3)中的 $x_{i,t-1}$ 为滞后一阶变量,X 为一个虚拟变量,测度与某一产品相邻的产品数量是否变化,是对产业度的衡量。

在式(10-3)中的被解释变量 $x_{i,t}$ 为 0 和 1 的二值变量,为了使研究结论更加稳健和有效,在本章中拟进行稳健性检验,在稳健性检验中采用新的被解释变量和计量方程。具体来说,稳健性检验中选取比较优势的具体数值作为因变量,并且去掉比较优势与比较优势动态变化趋势存在线性关系的假设条件,构建如下模型进行稳健性检验:

$$RCA_{i,t} = \alpha + \beta RCA_{i,t-1} + \gamma_1 \omega_{i,t-1} + \gamma_2 \omega_{i,t-1}^2 + \delta X + \varepsilon \qquad (10-4)$$

如果式(10-4)中的 γ_1 估计系数为显著正数,则表明制造业结构调整升级借助了比较优势动态变化趋势,则结构调整遵循比较优势的变迁路径;反之,则结构调整偏离比较优势的变迁路径。

三、数据选取与分析

(一)样本数据来源

对国家层面的结构调整是否遵循比较优势变化的趋势进行实证检验,要获取能够进行比较分析的全球每个国家层面的产品数据。但是其他国家层面的产品生产数据是难以得到的,而且即使有相关数据,由于国家间的统计口径不同也无法进行比较,所以在相关文献的实证分析中使用国家产品的出口额来近似的替代产品的生产数据。这样做既可以解决数据的可获得性问题,又符合本章分析比较优势的需求。一个国家产品出口额的数据可以从两个途径获取:一是 UN Comtrade 数据库(联合国商品贸易统计数据库),该数据库是目前获取国家层面产品出口数据比较全面和权威的数据库,既有国家进出口的详细情况,又有不同行业类别的出口数据;二是 Feenstra 等(2005)依据另一个联合国贸易数据库 SITC rev.2 编制的"全球贸易流量表：1962~2000"。该量表的统计口径与前者一致，同时也补充了一些数据缺失的问题，但是联合国的贸易数据库存在一个问题就是国家数据具有不同的起始年份，有些国家没有2000年的数据，无法反映更长时期的贸易情形。虽然量表从1962年开始，但又缺失了21世纪的数据。因此，考虑到这两个数据库具有相同的统计口径和数据来源，本章将两个数据库结合并不会引起数据的冲突。所以，在本章的实证分析中将两个数据进行合并，2000年前的数据来自Feenstra等的量表，2000年后的数据来自UN Comtrade数据库。

（二）描述性统计分析

利用本章构建的数据库，对文中主要的指标进行了测度，其中对"接近"指标和比较优势动态变化趋势指标进行描述性统计分析。

1. "接近"指标

根据前文中对该指标的计算方法和本章中的数据库，测算了770×770产品的"接近"矩阵。共得到了286505对产品的"接近"度（不包括对产品自身的"接近"测度），其中"接近"度为1的有22对，"接近"度为0的有24588对。为了分析"接近"指标的动态变化，本章选择1975年、1995年以及2015年三个年份的"接近"指标绘制了累积概率分布图，具体图形变化如图10.1所示。从图10.1中可以看到，三个年份的"接近"指标随着年份的推移逐渐增加的趋势明显，即在相同的累积概率下，时间越往后"接近"越大。这表明企业的技术进步和知识积累产生的外部正效应，加强了产品间的联系，比较优势动态趋势向趋同发展，产业间的融合现象增加。从图10.1还可以看到，在三个时间点上，产品"接近"度小于0.35的累积概率都在60%以上，而高于0.6的累积概率不超过20%。这表明世界上主要产品的生产能力相似度并不高，产品生产过程中所使用的生产投入要素专用性较强，单纯地利用现有生产过程中的程序和要素的重新配置来进行结构调整升级的难度较大。

2. 比较优势动态变化趋势指标

从图10.2中的比较优势动态变化趋势指标核密度图可以看到，从

第十章 制造业结构调整与比较优势变迁:遵循或偏离

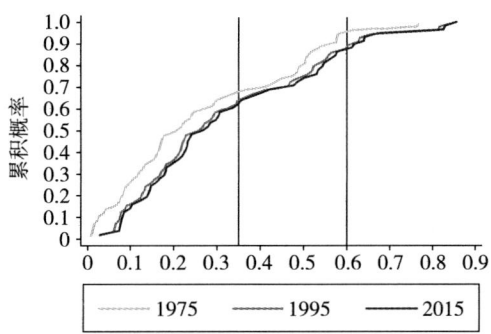

图 10.1 全球"接近"指标累积概率分布

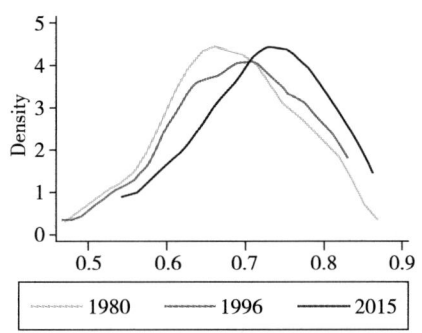

图 10.2 我国比较优势动态变化趋势指标核密度

1980 年到 1996 年直至 2015 年,我国比较优势动态变化趋势随着时间的向前推移核密度图形向右移动,表明随着时间的推移我国比较优势的均值呈现动态增加的态势。这说明从改革开放以来,我国产品在全球经济中具有比较优势的数量逐渐增多,产品的出口能力逐渐增强。但是我们应该认识到,这种出口能力的累积更多地体现在纺织和服装等劳动密集型行业,在电子通信和机械设备领域的出口累积能力方面相对较弱。出口虽然反映了比较优势,但长期增长导致过度密集使用丰裕度高的要素,使得要素相对价格上涨,比较优势逆转,原有产业结构必须发生变动。我国必须解决这种出口比较优势动态变化趋势锁定在传统劳动密集型行业的状态,完善落后行业和产能退出机制,强化对新比较优势的释放与重新调配,引导资源向高端装备制造领域集聚。

第三节 实证分析

一、我国产品比较优势动态演进路径分析

根据 Hidalgo（2007）的方法，利用前文中对"接近"指标的计算方法和本章中的数据库，测算的 770×770 产品的"接近"矩阵，利用 Matlab 软件绘制 770 个节点和 769 个连接权重的基本布局图，图中节点表示产品，连接线的权重表示产品间的"接近"度，然后剔除掉"接近"指标小于 0.6 的产品关联，把大于 0.6 的关联添加到基本图形中，形成图 10.3 所示的产品空间结构图。本章在绘制产品空间结构图时剔除一些数据的目的在于降低产品冗余信息的干扰，使产品空间结构图能够更加明确地反映产品的比较优势关系。由于在下面的实证分析中不会剔除数据，所以不会对后续的实证分析造成偏误。虽然产品空间结构自身也会发生动态演进，这种自身的演进对整体产品比较优势的变化有可能会带来影响，但是产业结构调整升级主要表现为产品内专业化而非产品间专业化，体现在产品空间结构图中就是节点的变化反映整体产品比较优势的变化，产品间的连线距离可能会有不明显的变化。因此，基础图形中节点的变化能够反映产品比较优势的变化和产业的结构调整。基于此，本章绘制了我国从 1962~2015 年六个时期的产品空间结构图，具体如图 10.4 所示。该图以图 10.3 为基础图形，颜色深的黑点表示我国在该时间段内具有比较优势的产品，颜色浅的灰色点表示在该时间段内我国不具有比较优势的产品，这六个时期的图形形成了我国产品比较优势的演化趋势。

从图 10.3 的产品空间结构图可以看到，世界产品的空间结构表现出核心区密集，周边区稀疏的典型特点。从图 10.3 可以看到，图中方框圈出的核心区域包含了电子设备、通用设备、专用设备、电器机械和交通运输等技术和资本密集型高附加值行业，周边区域主要是服装、纺织、造纸以及

第十章 制造业结构调整与比较优势变迁:遵循或偏离

办公用品等劳动密集型的低附加值行业。从图10.4我国50多年的比较优势演进路径来看,随着时间推移,图形中黑色节点的数量是逐渐增加的,而且表现出图10.3中心区域增长明显的特征。

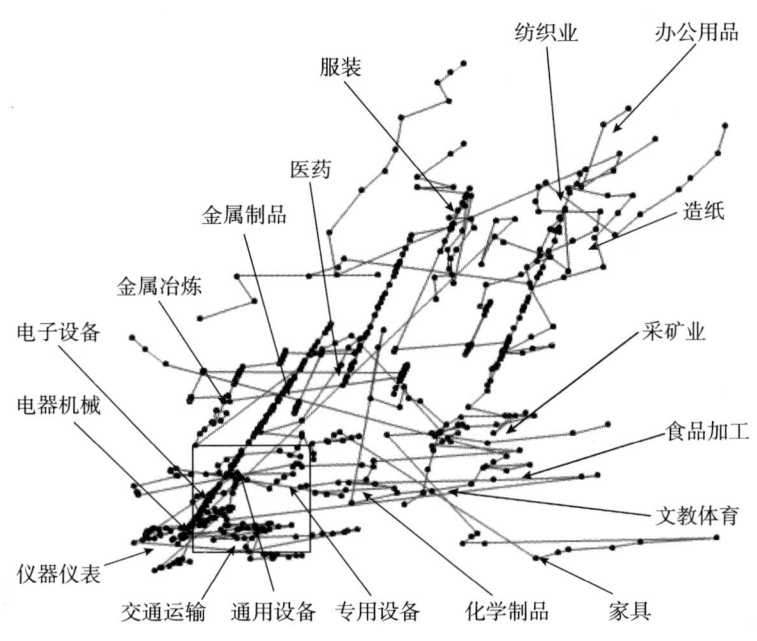

图10.3 产品空间结构

从图10.4中的第一个子图形可以看到,20世纪60年代我国具有比较优势的产品主要是处在空间结构周边的低附加值行业,例如造纸业和采矿业等,到了80年代服装和纺织业的比较优势明显增强。从90年代开始,特别是进入21世纪后,高附加行业,即中心区域的行业产品比较优势明显增强,例如电子设备、通用设备和交通运输行业等,服装和纺织行业的比较优势反而有下降的趋势。2011年以来服装和纺织等劳动密集型行业的比较优势丧失更加明显,而电子设备、通用设备、机械设备和交通运输等资本和技术密集型行业比较优势明显提升。中心区域的产品联系密集,可以形成相互的增强效应来积累生产能力,从而推动产业结构调整升级。而周边区域产品联系稀疏,可以调整升级的路径少,这类行业如果不能通过自

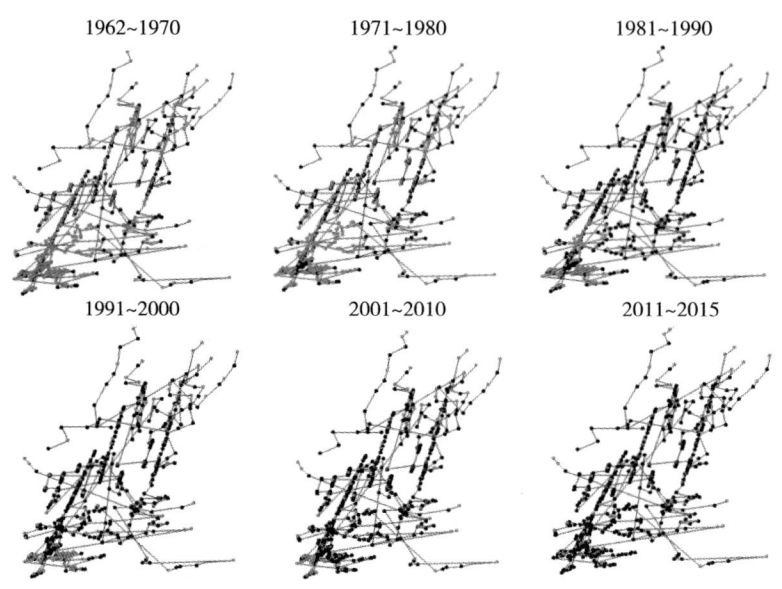

图 10.4 我国产品比较优势动态演进路径

身的调整获取足够支撑结构调整升级的动力,其转型升级是无法实现的。图 10.4 的演变路径表明我国从服装和纺织等劳动密集型行业开始,逐渐向设备和机械等资本和技术密集型行业转变,我国具有比较优势的产品数量增加,制造业结构调整升级转型明显,制造业行业竞争力明显增强。但同时从图 10.4 中也可以看出我国制造业结构转型升级中存在的两个问题:一是虽然空间结构中心区域比较优势有明显增加,但是高端制造业的比较优势还有待进一步增加;二是空间结构周边区域传统劳动密集型行业比较优势虽然有所降低,但是有些行业变化不明显。

二、比较优势动态变化趋势与制造业结构调整升级方向

为了对制造业结构调整升级与比较优势动态变化趋势的关系进行实证分析,表明制造业结构调整升级是否借助了比较优势动态变化趋势,结构调整是否遵循比较优势的变迁路径,本部分利用我国及全球经济不同时间段内的相关数据,对前文中构建的计量模型进行实证检验,具体方法采用

普通的 OLS 进行检验。虽然普通的 OLS 并非是实证分析离散型因变量的常用方法,但由于本章利用的是大样本数据,因此结果是具有无偏性的,通过后续的稳健性检验也验证了这一点。本章为了进行对比分析,对比较优势动态变化趋势指标进行了标准化处理。

(一) 不同时间段的估计结果

不同时间段的式 (10-3) 估计结果如表 10.2 所示。从表 10.2 可以看到,$x_{i,t-1}$ 的估计系数在各个时间段内都是显著的正值,这说明我国的制造业结构调整过程存在自相关,且从时间上来看,从 21 世纪开始有明显的增强趋势。$x_{i,t-1}\omega_{i,t-1}$ 的估计系数在各个时间段内都是显著的正值,这说明比较优势动态变化趋势符合维持国家结构调整过程中现有产品竞争优势的作用,具体表明情形 3 表示的结构调整与比较优势动态变化趋势的关系相符合。$(1-x_{i,t-1})\omega_{i,t-1}$ 的估计系数在各个时间段内都是正值,但是显著性水平发生很大的变化,这说明比较优势动态变化趋势在国家结构调整过程中现有产品升级的作用不稳定,具体表明情形 2 表示的结构调整与比较优势动态变化趋势的关系不明确。虽然 $(1-x_{i,t-1})\omega_{i,t-1}$ 的估计系数不具有统一的显著性水平,但在每个时间段内都是正值也是具有一些实证分析价值的。例如可以比较 $x_{i,t-1}\omega_{i,t-1}$ 和 $(1-x_{i,t-1})\omega_{i,t-1}$ 的系数大小,在本章中列出的多数时间段内 $x_{i,t-1}\omega_{i,t-1}$ 的系数都大于 $(1-x_{i,t-1})\omega_{i,t-1}$ 的系数,这表明比较优势动态变化趋势在维持原有制造业行业产品竞争优势上的作用大于推进现有产品升级的作用,即比较优势动态变化趋势与原有行业的竞争优势相符合,但是在促进现有新兴产业升级方面符合度较差,偏离明显。

这个实证结论能够给我们提供非常多的特征事实,我国比较优势动态变化趋势符合原有具有竞争优势行业的制造业结构特征,对阻止原有具有竞争优势产业的衰退起到了重要作用,但是我国原有具有竞争优势的行业大部分是劳动密集型的行业。这种比较优势动态变化趋势与原有制造业结构相符合的特点不利于我国的制造业结构调整升级,比较优势动态变化趋势引发的创新对新兴行业升级的推动作用有限。这反映了我国具有传统竞争优势的劳动密集型行业占用了过多国家有限的能力资源,而制造业结构的调整升级无法集聚足够的比较优势以推进技术创新突破性发展，技术密集型比较优势难以确立。当制造业结构调整的路径偏离比较优势变化趋势时，需要处理好市场和政府干预程度的关系。市场调节在一定时期无法充分配置各种资源时，此时政府干预则可以充分调动和配置资源，实现更大幅度的产业升级。

表 10.2　我国不同时间段比较优势动态变化趋势与
制造业结构调整升级方向关系的估计值

待估系数	1960s	1970s	1980s	1990s	2000s	2010s	全部样本
β	0.6067** (0.03)	0.6165** (0.05)	0.6002** (0.05)	0.6704** (0.06)	0.6265** (0.08)	0.7605** (0.09)	0.6348** (0.11)
γ_1	0.1044** (0.02)	0.0700** (0.02)	0.0482* (0.02)	0.0604** (0.02)	0.0674** (0.02)	0.0476* (0.02)	0.0773** (0.02)
γ_2	0.0098 (0.03)	0.0575** (0.01)	0.0654** (0.02)	0.0638** (0.02)	0.0405* (0.02)	0.0360 (0.08)	0.0445** (0.01)
常数项	0.1012** (0.04)	0.1039** (0.02)	0.1119** (0.02)	0.0970** (0.02)	0.1362** (0.03)	0.1166** (0.04)	0.1062** (0.02)
R^2	0.5070	0.5127	0.4481	0.6021	0.5040	0.6719	0.5320

注：**和*分别表示在1%和5%的显著性水平下显著；表中括号内是估计值的标准误。下同。

（二）不同制造业行业的估计结果

根据国际贸易标准分类的十类行业，分别估计这十类行业的结构调整与比较优势动态变化趋势的关系，即 $(1-x_{i,t-1})\omega_{i,t-1}$ 的系数 γ_2 的大小，分析不同行业下我国制造业结构调整与比较优势动态变化相偏离的程度。γ_2 的估计值越大，说明制造业结构调整与比较优势动态变化相偏离的程度越高，本章没有把所有行业的估计结果都一一列出，只是根据 γ_2 估计值的大小对十类行业进行了排序，结果如表 10.3 所示。从表 10.3 的排名可以看出，机械和运输设备的排名最高，主要以材料分类的制成品等资本和技术密集型行业也排在前列，而杂项制品、饮料和烟草以及动物和植物油，油脂和蜡等劳动密集型行业则排名靠后。这表明我国主要的比较优势资源大多数集中在劳动密集型行业,资本和技术密集型行业相对不足,偏离幅度较高。

需要关注的是,制造业结构调整与比较优势动态变化相符合的行业多是在空间结构图中的周边区域的行业,这类行业的"接近"低,并不是制造业结构调整升级的支撑行业。而且比较优势动态变化主要集中在这类行业,同时也会导致这类劳动密集型行业耗费较多的国家比较优势提升资源,降低资本和技术密集型行业获取比较优势禀赋的空间,降低其自主创新的能力。更加不利的是,我国资本和技术密集型制造业的发展,走的是一条引进模仿消化吸收再创新的过程,缺少核心技术的供给体系,自身无法凝聚本身就有限的潜在的比较优势禀赋,来实现整体性创新与系统性创新,从而无法突破国外技术的封锁。

表 10.3 细分行业偏离度的排名

制造业行业大类	名次	制造业行业大类	名次
机械和运输设备	1	粗材料,不能食用	6
主要以材料分类的制成品	2	饮料和烟草	7
化学品及有关产品	3	动物和植物油,油脂和蜡	8
矿物燃料,润滑剂和相关材料	4	杂项制品	9
食品和活畜	5	分类商品	10

(三) 不同经济体实证分析

本部分中将研究不同经济体发展过程中制造业结构调整与比较优势动态变化的关系,本章按照国家人均收入水平的变化把世界主要经济体分为五组,分别为一直处于低收入水平的国家组、从低收入水平到中低收入水平的国家组、从低收入水平到中高收入水平的国家组、从中低收入水平到高收入水平的国家组以及从低收入水平到高收入水平的国家组[①]。组别增

[①] 对国家收入水平的划分按照世界银行的标准进行划分,具体分类中包含的具体国家如若需要可以向笔者索取。

加，经济体的收入跨度逐渐增加。收入跨度越大表明经济体经济增长的跨度越大，来分析不同经济增长跨度的国家制造业结构调整与比较优势动态变化的关系是否存在差异，并通过与我国的比较可以看出与其他经济体的差异。对式（10-3）按照不同的经济体分组进行实证检验，方法如前文所述，估计结果如表10.2所示。从表10.2可以得出以下几个重要结论：第一，$x_{i,t-1}\omega_{i,t-1}$的系数γ_1随着组别的增加而降低，第一组的估计值最大，第五组的估计值最小。$(1-x_{i,t-1})\omega_{i,t-1}$的系数$\gamma_2$具有相同的变化趋势，两个估计系数的这个规律表明，制造业结构调整升级与比较优势动态变化趋势相偏离的程度与经济增长跨度负相关，是一种全球化现象。第二，$x_{i,t-1}\omega_{i,t-1}$和$(1-x_{i,t-1})\omega_{i,t-1}$的估计系数在前面三个组是显著的，后面的组估计值不显著，这表明动态比较优势变化趋势在经济发展跨度比较小的经济体内与制造业结构调整偏离或遵循现象明显，而在经济增长跨度比较大的经济体内这个现象不明显。第三，在$x_{i,t-1}\omega_{i,t-1}$和$(1-x_{i,t-1})\omega_{i,t-1}$的估计系数显著的前三组中，$x_{i,t-1}\omega_{i,t-1}$的系数估计值都大于$(1-x_{i,t-1})\omega_{i,t-1}$的估计值，这表明在经济增长跨度小的经济体内，比较优势资源都用来维持现有的竞争力强的制造业行业，而这些国家当前竞争力强的行业大多是劳动密集型行业，很难从具有比较优势的行业中抽离既有的比较优势资源，并完成新的组合与调配从而引发创新，这是后发地区制造业结构调整升级缓慢的原因，这些国家会被锁定在"比较优势陷阱"中。第四，$(1-x_{i,t-1})\omega_{i,t-1}$的估计系数在后两组都是不显著的，这表明在经济增长跨度大的经济体内，比较优势基本不起作用了，这些国家例如日本和韩国等，通过制定实施相关行业政策，能够摆脱制造业发展对比较优势的依赖，打破既有比较优势的创新性行为，实现跨越式的发展。

  本章在进行实证分析时把变量都进行了标准化处理，所以系数的大小可以进行直接比较来反映影响的强弱。因此，通过比较表10.4和表10.2中的系数大小，可以看出我国与世界其他国家间制造业结构调整与比较优势动态变化关系的差异性。表10.2中度量我国制造业结构调整与比较优势动态变化遵循程度系数γ_1的估计值，介于表10.4中的第一组和第二组的估计值之间,度量我国制造业结构调整与比较优势动态变化偏离程度系数 γ_2 的估计值,要比表 10.4 中的所有组的估计值都小。这表明我国制造业结构调整与比较优势动态变化偏离程度,比不同类型的经济体都要明显,我国的制造业发展更多的是依赖原有比较优势的"黏性"。笔者认为这是由于我国的地区发展存在不平衡,我国的制造业结构调整升级体现出一种"大国雁阵"的模式,随着比较优势的动态变化,劳动密集型行业可以完成在国内不同地区间的转移,使得原有的比较优势能够持续一段时期。

表 10.4 我国不同国家比较优势动态变化趋势与制造业结构调整升级方向关系的估计值

待估系数	(1)	(2)	(3)	(4)	(5)
β	0.3678** (0.05)	0.7086** (0.13)	0.7508** (0.21)	0.7862** (0.22)	0.6765** (0.13)
γ_1	0.1078** (0.01)	0.0602** (0.01)	0.0205* (0.00)	0.0044** (0.00)	0.0012** (0.01)
γ_2	0.0689** (0.00)	0.0659** (0.00)	0.0679** (0.00)	0.0705 (0.01)	0.0724* (0.06)
常数项	0.0202** (0.00)	0.0336** (0.00)	0.0388** (0.00)	0.0383** (0.0211)	0.0499** (0.00)
R^2	0.4040	0.7081	0.6633	0.6086	0.4508

三、稳健性检验

在上述的实证分析过程中,因变量始终使用的是离散变量,以比较优势取值为 1 作为临界值来获取,本部分将选取连续变量作为因变量进行稳健性检验,具体是对计量方程式(10-4)进行估计。并且放松制造业结构调整与比较优势动态变化双重关系的假定,用单一变量 $\omega_{i,t-1}$ 来测度制造业结构调整是否遵循比较优势。与前文的研究类似,分为不同时间段和不同经济体两种情况进行实证分析,具体估计结果如表 10.5 和表 10.6 所示。从表 10.5 不同时间段的估计结果可以看到,$\omega_{i,t-1}$ 的估计系数为显著的正值，这进一步表明我国比较优势对制造业结构调整升级之间具有明显的偏离倾向，但是估计系数随着时间的推移在不断下降，说明这种偏离倾向随着改革开放的进行出现了一定缓解，但是到了 21 世纪后又开始增强，这主要是由于我国处于新常态的增长换挡期和制造业结构调整的阵痛期，导致比较优势配置偏离产生较大的偏差。这个估计结果和表 10.2 的估计结果从符号和显著性上来看是相符的，但是具体估计值要高，这说明在新兴并未有明显体现出升级趋势的制造业行业中，同样存在着偏离倾向。

表 10.5 我国不同时间段比较优势动态变化趋势与制造业结构调整升级方向关系的稳健性检验

待估系数	1960s	1970s	1980s	1990s	2000s	2010s	全部样本
β	0.9238** (0.31)	0.4267** (0.12)	0.3468** (0.09)	0.5557** (0.08)	0.5766** (0.14)	0.6500** (0.16)	0.4860** (0.12)
γ_1	0.7146** (0.16)	0.6869** (0.15)	0.6071* (0.11)	0.1121** (0.03)	0.0410** (0.02)	0.0813* (0.03)	0.2446** (0.05)
常数项	0.8602** (0.17)	0.8741** (0.13)	0.7708** (0.10)	0.2306** (0.05)	0.2377** (0.05)	0.1343** (0.03)	0.5714** (0.16)
R^2	0.4304	0.3303	0.3379	0.6857	0.6083	0.8006	0.3202

不同经济体的稳健性估计结果从表 10.6 来看，$\omega_{i,t-1}$ 的估计系数有随着经济体增长跨度增加而降低的趋势，与前文的估计结果类似，经济体要实现跨越式发展就要保证制造业结构调整升级符合比较优势的动态变化。对比表 10.5 和表 10.6 的结果可以看到，我国的估计系数位于表 10.6 的第二组和第三组之间。这说明我国制造业结构调整与比较优势动态变化之间的偏离程度还是挺高的，但是与前文的比较不同的是，这种偏离度更多地体现在新兴并未有明显体现出升级趋势的制造业行业中。原因在于当前我国的比较优势大部分集中在劳动密集型的原有优势产业，新兴产业的累积比较优势不足，因此需要对比较优势资源进行整合，实现对更具有战略性和前瞻性地位弱势行业的扶持与积极培育。

表 10.6 我国不同国家比较优势动态变化趋势与制造业结构
调整升级方向关系的稳健性检验

待估系数	(1)	(2)	(3)	(4)	(5)
β	0.4805** (0.11)	0.6563** (0.22)	0.4274** (0.08)	0.7207** (0.17)	0.5033** (0.12)
γ_1	2.0387** (0.63)	0.3219** (0.07)	0.2688* (0.03)	-0.0054** (0.08)	-0.1801** (0.06)
常数项	1.6280** (0.44)	0.4402** (0.13)	0.5072** (0.06)	0.1723** (0.06)	0.3652** (0.04)
R^2	0.2875	0.4483	0.3074	0.5769	0.0778

第四节 结论和政策建议

一、简要结论

本章利用联合国商品贸易统计数据库的数据，构建了世界产品空间分布图，并以此为基础绘制了我国比较优势的动态演进路径，实证分析了我国制造业结构调整与比较优势的关系。研究表明，比较优势动态变化趋势与原有行业的竞争优势相符合，但是在促进现有新兴产业升级方面符合度较差；劳动密集型行业符合度较高，而资本和技术密集型行业偏离明显；从国家间的比较来看，我国制造业结构调整与比较优势动态变化偏离程度，比不同类型的经济体都要明显。

二、政策启示

（一）适度调整制造业结构调整与比较优势动态变化相偏离的创新发展思路

当前我国所处的经济发展新常态下，表现出一些新的经济和行业特征，例如个性化与多样化并存的消费模式、资源和环境的承载力上限问题以及"互联网+"所产生的新业态等,使我国正在实施一场目的在于改善供给效率的供给侧结构性改革。在这样的发展大环境下,制造业结构调整与比较优势动态变化相偏离的发展方式,需要进行新的调整,从创新发展的思路来看,要从以前的强调产品创新向核心技术以及共性技术创新,从强调封闭的创新向开放的创新转变,从而更好地提升产品的比较竞争优势,促进制造业结构调整升级。

(二) 制定完善的制造业行业的进入和退出机制

从本章的分析可以看到,我国从改革开放以来,制造业行业的比较优势逐渐增强,但是比较优势主要还是分布在传统的劳动密集型行业中,这就导致了比较优势的动态变迁对新兴行业的拉动作用不强,耗费了有限的国家比较优势资源。因此,通过建立完善的制造业行业的进入和退出机制,坚持"清理僵尸企业、淘汰落后产能",减少资源的错配程度,集中更多的比较优势资源于新兴制造业行业中。

(三) 新常态下制造业结构调整方向为高端装备制造业

当下各国尤其是发达国家的制造业结构调整和发展的目标都聚焦于高端制造业领域,虽然从比较优势上来看我国并不具备在高端装备制造业的比较优势,但是制造业的智能化和定制化发展趋势,将为我国制造业的结构调整升级提供窗口。我国可以对高端装备制造业实施偏离的行业政策,集中核心比较优势资源促进关键技术创新,带动制造业结构调整升级。

第十一章

结构调整偏向性、比较优势变迁与制造业全要素生产率增长

第一节 问题的提出

要素通过流动不断调整其投入配比，引发要素结构变动从而带动地区比较优势的改变，并对制造业全要素生产率产生影响。在当前我国的新常态下，制造业结构调整是推动传统产业向中高端迈进，逐步化解过剩产能，促进经济发展的新动力。然而由于市场制度不完善和行政管制等多重原因，我国地区的比较优势变迁和制造业结构调整的配合不合理，导致制造业全要素生产率降低。

有关要素配置导致的比较优势变迁对生产率的影响文献较多，主要文献都认为要素配置导致的比较优势变迁对生产率提升有促进作用。Lu 选取 1986~2000 年中国 6 个主要部门和 13 个工业部门的经济数据，检验比较优势重新配置对生产率增长的影响，结果显示部门间比较优势的变迁对生产率增长的正向作用效应显著。Lentz 和 Mortensen 建立一般均衡模型分析比较优势重新配置与生产率增长的关系，源于丹麦数据的实证结果表明比较优势从低生产率公司向高生产率公司流动将有效提升生产率。Dowrick 和 Gernmen 以斯洛文尼亚为对象考察比较优势重新配置对全要素生产率的作用，发现若不能采取有效政策促进比较优势从低生产率部门向高生产率部门转移，将阻碍全要素生产率增长。Kruger 通过美国制造业 1958~1996 年

的数据分析生产率，认为比较优势结构变化对生产率增长的作用明显，其中20世纪90年代高技术产业和耐用品制造业要素结构变化对生产率的影响尤为突出。张军等基于随机前沿生产函数法估计全要素生产率，证明要素投入分别通过直接和间接两种途径影响工业产出，要素结构重新调整对生产率增长具有明显的推动作用，比较优势变动可以解释生产率的变化。Yao依据柯布—道格拉斯生产函数测算我国要素重新配置对经济增长的贡献，发现比较优势变迁作用明显且经济高增长须加强要素在生产部门间自由流动。

但是，现实中生产要素在经济发展过程中经常出现流动障碍，要素非自由流动明显抑制了比较优势的优化和全要素生产率增长。Hsieh和Klenow利用制造业微观数据对比中国、印度与美国的潜在比较优势的错配程度，发现中印若能重新配置比较优势使其相对边际产出与美国持平，则中印全要素生产率将分别提升30%~50%和40%~60%。Aoki将市场摩擦引入多部门均衡模型测度比较优势错配对总生产率的影响，认定比较优势配置不合理可以在一定程度上解释各国总生产率差异。张杰对中国各省份地区制造业部门生产效率增长进行分解和测算，指出我国比较优势配置不合理对生产率影响效应并不理想，而要素配置扭曲是导致这一现象的原因，但转轨经济时期我国可通过健全市场机制方式扭转要素配置扭曲，提升我国要素配置效率进而促进全要素生产率增长。孔宪丽等利用我国的制造业面板数据进行实证分析，发现我国制造业比较优势与生产率之间不存在长期稳定的相关关系，进而认为比较优势配置扭曲是导致要素结构与生产率之间长期偏离的重要原因。袁志刚和解栋栋运用我国的产业面板数据测度劳动比较优势错配对全要素生产率的影响，指出我国劳动比较优势错配对全要素生产率增长抑制效应显著。

本章认为比较优势结构和全要素生产率变动对结构调整的作用确实不容忽视，但结构调整的方向即偏向性有更重要的影响作用。国外有关文献涉及这方面的内容，Acemoglu将产业结构变动方向概念扩展为任意两个投入要素之间，该要素可以是资本、技能或土地，认为产业结构方向取决于

第十一章 结构调整偏向性、比较优势变迁与制造业全要素生产率增长

价格效应和市场规模效应,当要素替代弹性大于1时以市场规模效应为主,当要素替代弹性小于1时以价格效应为主。Klump等利用要素增进型技术进步、更具弹性的CES函数及可变技术增长率假定,结合标准化CES函数与三方程估计法测算出美国1953~1998年的资本和劳动替代弹性小于1,发现美国产业结构变动在该时期内总体上偏向于资本。

关于结构调整的方向的表述目前国内文献还鲜有涉及,根据我国经济发展的过程和目前经济发展的阶段及面临的问题,本章对结构调整的方向将依据以下原理做出界定:首先,随着我国改革开放的深入和经济的发展,我国的要素成本开始上升,尤其是劳动力要素成本,使得劳动密集型行业经营困难,而劳动密集型行业一直是我国的主要出口行业和就业吸纳行业,因此,有些地区和时间段下的结构调整会偏向劳动密集型行业,来提高这些行业的劳动使用效率,此时的结构调整在本章称为"结构调整劳动偏向";其次,在当前的经济发展新常态下,经济增长需要创新驱动,利用技术创新带动经济结构调整和制造业发展,因此,又要求我国的结构调整向资本密集型和技术密集型行业倾斜,来提高技术创新效率和资本使用效率,此时的结构调整本章称为"结构调整技术资本偏向"。

综上所述,结构调整方向是否真的是引发要素流动和比较优势变动的主要原因吗?对此可能会有很大的疑问。如果是,又会在多大程度上影响制造业全要素生产率?既有文献并未从结构调整方向角度回答比较优势变迁和制造业全要素生产率变动的问题。为此,本章从结构调整方向的视角考察结构调整偏向性水平及其对比较优势结构和制造业全要素生产率的作用。

第二节 理论模型

本章借助CES生产函数来分析结构调整偏向及其偏向性水平,结构调整会影响一个地区的技术创新投入水平和要素投入效率,本章所界定的结构调整是一个宏观的综合概念,包括地区的各种调结构的措施(市场手

段、货币手段和行政手段等)、地方政府各种调结构促增长的规章制度、法律法规等,这些措施和制度不是直接作用于生产函数,而是通过影响生产函数的技术进步方向,以技术进步作为中介进而影响生产函数的总产出,有的地区的经济结构调整是技术创新型的,有的地区是劳动就业型的,各有不同,所以就会对生产过程中的劳动和资本投入要素的水平和效率产生不同的影响,体现在生产函数中就是 A_{Lt} 和 A_{Kt} 对劳动和资本投入要素在生产函数中的影响。因此,在 CES 生产函数中假定结构调整偏向会导致技术进步的非中性特征,结构调整偏向与技术进步方向相同,体现在 CES 生产函数中为:

$$Y_t = \left[\alpha (A_{Lt} L_t)^{\frac{\varepsilon-1}{\varepsilon}} + (1-\alpha)(A_{Kt} K_t)^{\frac{\varepsilon-1}{\varepsilon}} \right]^{\frac{\varepsilon}{\varepsilon-1}} \quad (11-1)$$

式(11-1)中 Y_t 表示经济产出,L_t 和 K_t 表示生产过程中的劳动和资本投入,A_{Lt} 和 A_{Kt} 表示经济结构调整通过技术进步中介对投入要素效率的影响。α 为劳动产出弹性,ε 为劳动和资本替代弹性。

对式(11-1)求劳动和资本的偏导数可得劳动和资本边际产出为:

$$MP_{Lt} = \frac{\partial Y_t}{\partial L_t} = \alpha \left(\frac{Y_t}{L_t}\right)^{\frac{1}{\varepsilon}} A_{Lt}^{\frac{\varepsilon-1}{\varepsilon}} ; \quad MP_{Kt} = \frac{\partial Y_t}{\partial K_t} = (1-\alpha) \left(\frac{Y_t}{K_t}\right)^{\frac{1}{\varepsilon}} A_{Kt}^{\frac{\varepsilon-1}{\varepsilon}} \quad (11-2)$$

根据 Acemoglu 有关技术进步方向的内涵解释,结合本章结构调整偏向的定义和在生产函数中的影响方式[12],本章把结构调整偏向 η 表示为如下关系式:

$$\eta = \frac{\partial (MP_{Kt}/MP_{Lt})}{\partial (A_{Kt}/A_{Lt})} \frac{d(A_{Kt}/A_{Lt})}{dt}$$

$$= \left(\frac{1-\alpha}{\alpha}\right) \left(\frac{1-\varepsilon}{\varepsilon}\right) \left(\frac{A_{Kt}}{A_{Lt}}\right)^{-\frac{1}{\varepsilon}} \left(\frac{K_t}{L_t}\right)^{-\frac{1}{\varepsilon}} \frac{d(A_{Kt}/A_{Lt})}{dt} \quad (11-3)$$

式(11-3)中 η 的正负符号表示结构调整偏向,当 η 为正数时,结构调整偏向于技术和资本,当 η 为负数时,结构调整偏向于劳动,而且 η 的绝对值越大则结构调整偏向的程度越高。η 的符号取决于 ε 值,以及结构调整劳动和资本偏向型技术效率的比值随时间的变化趋势。当 $0<\varepsilon<1$ 时,如果结构调整对生产函数中劳动和资本技术效率比值的影响随时间增加,

第十一章 结构调整偏向性、比较优势变迁与制造业全要素生产率增长

即 $d(A_{Kt}/A_{Lt})/dt>0$ 时，则 $\eta<0$；如果结构调整对生产函数中劳动和资本技术效率影响的比值随时间减少，即 $d(A_{Kt}/A_{Lt})/dt<0$，则 $\eta>0$。当 $\varepsilon>1$ 时，如果结构调整对生产函数中劳动和资本技术效率比值的影响随时间增加，即 $d(A_{Kt}/A_{Lt})/dt>0$ 时，则 $\eta>0$；如果结构调整对生产函数中劳动和资本技术效率影响的比值随时间减少，即 $d(A_{Kt}/A_{Lt})/dt<0$，则 $\eta<0$。

假设代表性家庭的消费者函数符合下式表达形式：

$$u_t(c_t, l_t) = \ln c_t + W\ln l_t \tag{11-4}$$

式中，c_t 表示家庭中的消费数量，l_t 表示家庭中的劳动供给数量，W 表示劳动供给对效用的贡献权重，式（11-4）的效用函数表明效用随家庭消费规模的增加而增大，随劳动供给的增加而减少。假定经济体中家庭的数量为 N 个，家庭中可供支配的资本数量为 k_t，则经济体中的劳动投入为 $L_t = Nl_t$，资本投入为 $K_t = Nk_t$。假定资本和劳动的收益率分别为 r_t 和 w_t，人口增长率为 n，资本折旧率为 δ，则家庭的预算约束为：

$$\dot{k}_t = w_t l_t + r_t k_t - (n+\delta)k_t - c_t \tag{11-5}$$

在预算约束条件下对式（11-4）求效用最大化问题，首先构建如下汉密尔顿函数：

$$e^{(n-\rho)t}(\ln c_t - W\ln l_t) + \lambda[w_t l_t + r_t k_t - (n+\delta)k_t - c_t]$$

汉密尔顿函数中 ρ 表示时间偏好，对汉密尔顿函数求一阶条件可得：

$$\frac{e^{(n-\rho)t}}{c_t} = \lambda; \quad \frac{We^{(n-\rho)t}}{l_t} = \lambda w_t; \quad \lambda(r_t - n - \delta) = \dot{\lambda} \tag{11-6}$$

假设经济体中的市场是完全竞争的，则生产要素的收益率等于边际产出，则工资率 $w_t = \partial Y_t/\partial L_t$，资本报酬率 $r_t = \partial Y_t/\partial K_t$。在经济系统保持均衡时，资本增值率为 0，即 $\dot{k}_t = 0$，则由式（11-2）、式（11-5）和式（11-6）可得家庭中用资本和劳动的要素投入结构 k_t/l_t 为：

$$\frac{k_t}{l_t} = \frac{\alpha(1-W)Y_t^{\frac{1}{\varepsilon}}A_{Lt}^{\frac{\varepsilon-1}{\varepsilon}}L_t^{-\frac{1}{\varepsilon}}}{W[(1-\alpha)Y_t^{\frac{1}{\varepsilon}}A_{Kt}^{\frac{\varepsilon-1}{\varepsilon}}K_t^{-\frac{1}{\varepsilon}} - n - \delta]} \tag{11-7}$$

为了使模型分析简化，又不会影响分析结果，本章假定资本折旧和人

口增长都为 0,即 $n=0$,$\delta=0$,则式(11-7)可以简化为:

$$\frac{k_t}{l_t} = \left(\frac{1-W}{W}\right)\left(\frac{\alpha}{1-\alpha}\right)\left(\frac{Y_t^{\frac{1}{\varepsilon}} A_{Lt}^{\frac{\varepsilon-1}{\varepsilon}} L_t^{-\frac{1}{\varepsilon}}}{Y_t^{\frac{1}{\varepsilon}} A_{Kt}^{\frac{\varepsilon-1}{\varepsilon}} K_t^{-\frac{1}{\varepsilon}}}\right) = \left(\frac{1-W}{W}\right)\left(\frac{\alpha}{1-\alpha}\right)\left(\frac{A_{Lt}^{\frac{\varepsilon-1}{\varepsilon}} L_t^{-\frac{1}{\varepsilon}}}{A_{Kt}^{\frac{\varepsilon-1}{\varepsilon}} K_t^{-\frac{1}{\varepsilon}}}\right) \quad (11-8)$$

在探索各国贸易的比较优势时,从要素密集度的角度进行测度比较优势是常用的方法,同时也符合 H-O 原理的解释。因此,本章结合式 $L_t = Nl_t$ 和 $K_t = Nk_t$,用资本和劳动的要素投入结构表示某一时间点下的比较优势 τ,则经济体的要素投入结构为 $K_t/L_t = k_t/l_t$,此时比较优势 $\tau = K_t/L_t$ 根据式(11-8)通过化简计算可得:

$$\tau = \frac{K_t}{L_t} = \left(\frac{1-W}{W}\right)^{\frac{\varepsilon}{\varepsilon-1}}\left(\frac{\alpha}{1-\alpha}\right)^{\frac{\varepsilon}{\varepsilon-1}}\left(\frac{A_{Kt}}{A_{Lt}}\right)^{-1} \quad (11-9)$$

此时,式(11-9)中体现出了比较优势与结构调整劳动和技术资本偏向型技术效率比值的关系,为了进一步得到结构调整偏向 η 与比较优势变迁 τ 的关系,将式(11-9)代入结构调整偏向 η 表示的式(11-3)可得结构调整偏向 η 新的表达式为:

$$\eta = \left(\frac{1-\varepsilon}{\varepsilon}\right)\left(\frac{1-\alpha}{\alpha}\right)^{\frac{\varepsilon}{\varepsilon-1}}\left(\frac{W}{1-W}\right)^{\frac{1}{\varepsilon-1}}\frac{d(A_{Kt}/A_{Lt})}{dt} \quad (11-10)$$

通过式(11-10)可以看到,η 的符号取决于 ε 以及结构调整对生产函数中劳动和资本技术效率影响的比值与时间的关系,这个在式(11-3)的分析中已经提到。但是这里重点关注的是结构调整对生产函数中劳动和资本技术效率影响的比值 A_{Kt}/A_{Lt} 与比较优势变迁的关系,根据式(11-9)可知,A_{Kt}/A_{Lt} 的变化会导致比较优势 τ 的变迁①,因此,结构调整偏向以及偏

---

① 本章所理解的变迁不是去具体测度一个行业或一个地区的比较优势的具体大小,不是去测度比较优势是高还是低以及高低的大小,只是去反映比较优势的变化,也可以理解为地区时间点上投入的变迁,即一个地区不同时间投入要素数量的变迁。我国改革初期劳动力资源丰富,劳动比较优势明显,资本劳动比较小,随着改革的深入和劳动力成本的上升,各地区资本和技术投入增加,资本劳动比增加,本章认为这是发生了比较优势的变迁,本章研究结构调整偏向与这种变迁对全要素生产率的影响。为了便于分析结构调整偏向与比较优势具体变迁方向的关系,本章重新界定了比较优势变迁强度(不是比较优势强度),如果 K/L 增加,则表明我国比较优势向资本禀赋转变,我们认为在制造业中,技术和资本要素投入数量的增长便为制造业结构实现了一定的升级,比较优势变迁认为是向好的方向发展,即称为"比较优势变迁资本强度提高"。

向程度会引致比较优势的变迁。综上所述，可得本章的第一个理论假说。

假说一：结构调整偏向性及其偏向程度会引致比较优势的变迁。

下面分析，这种联动关系对全要素生产率的影响。令 $\rho=(\varepsilon-1)/\varepsilon$，则生产函数式（11-1）可以变为：$\ln Y_t = 1/\rho \ln[\alpha(A_{Lt}L_t)^\rho + (1-\alpha)(A_{Kt}K_t)^\rho]$。

令 $f(\rho) = \ln[\alpha(A_{Lt}L_t)^\rho + (1-\alpha)(A_{Kt}K_t)^\rho]$ 并在 $\rho=0$ 处进行二阶泰勒级数展开可得：$\ln Y_t = \alpha(\ln A_{Lt} + \ln L_t) + (1-\alpha)(\ln A_{Kt} + \ln K_t) + \left[\dfrac{\rho\alpha(1-\alpha)}{2}\right]\left(\ln\dfrac{A_{Kt}}{A_{Lt}} + \ln\dfrac{K_t}{L_t}\right)^2$，对该式关于时间求全微分，可得产出增长率为：

$$\dfrac{\dot Y}{Y} = \alpha\dfrac{\dot A_{Lt}}{A_{Lt}} + \alpha\dfrac{\dot L_t}{L_t} + (1-\alpha)\dfrac{\dot A_{Kt}}{A_{Kt}} + (1-\alpha)\alpha\dfrac{\dot K_t}{K_t} + \rho\alpha(1-\alpha)\left(\dfrac{\dot A_{Kt}}{A_{Kt}} - \dfrac{\dot A_{Lt}}{A_{Lt}} + \dfrac{\dot K_t}{K_t} - \dfrac{\dot L_t}{L_t}\right)\left(\ln\dfrac{A_{Kt}}{A_{Lt}} + \ln\dfrac{K_t}{L_t}\right)$$

对上式通过左右移项变换后可得全要素生产率（TFP）为：

$$TFP_t = \alpha\dfrac{\dot A_{Lt}}{A_{Lt}} + (1-\alpha)\dfrac{\dot A_{Kt}}{A_{Kt}} + \rho\alpha(1-\alpha)\left(\dfrac{\dot A_{Kt}}{A_{Kt}} - \dfrac{\dot A_{Lt}}{A_{Lt}}\right)\ln\dfrac{A_{Kt}}{A_{Lt}} + \rho\alpha(1-\alpha)\left(\dfrac{\dot A_{Kt}}{A_{Kt}} - \dfrac{\dot A_{Lt}}{A_{Lt}}\right)\ln\dfrac{K_t}{L_t}$$

（11-11）

从式（11-11）可以看到，TFP 的右边式子由四项构成，前两项分别表示结构调整对生产函数中劳动和资本技术效率的影响，后两项表示结构调整偏向对全要素生产率的综合效应，其中第三项表示的是单纯结构调整偏向对全要素生产率的效应，第四项表示的是结构调整偏向与比较优势变迁的交互效应对全要素生产率的影响。从式（11-11）的后两项可以看到，纯结构调整偏向的符号取决于结构调整对生产函数中劳动和资本技术效率影响的水平及其相对效率的增长率。而交互效应的符号取决于结构调整影响函数中劳动和技术资本的相对技术效率和比较优势变迁的水平，当 $0<\varepsilon<1$ 时，即资本和劳动表现出互补性时，如果存在结构调整劳动偏向，同时资本密集度较高时，结构调整偏向与比较优势变迁的交互项符号为负，而劳动密集度较高时，结构调整偏向与比较优势变迁的交互项符号为正；此时，当 $A_{Kt}K_t > A_{Lt}L_t$ 时，结构调整偏向对全要素生产率的综合效应为负，纯结构调整偏向性效应也往往为负，反之相反。当 $\varepsilon>1$ 时，即资本和劳动表现出替代性时，如果存在结构调整技术资本偏向，同时资本密集度较高时，结构调整偏向与比较优势变迁的交互项符号为正，而劳动密集度较高时，结构调整偏向与比较优势变迁的交互项符号为负；此时，当 $A_{Kt}K_t > A_{Lt}L_t$ 时，结构调整偏向对全要素生产率的综合效应为正，纯结构调整偏向性效应也往往为正，反之相反。

综上所述，可得本章的第二个理论假说。

假说二：结构调整偏向性会通过非对称改变比较优势和要素配置效率方式影响生产率，正是结构调整的偏向性，比较优势变迁方向并非一定与结构调整偏向相匹配进而导致全要素生产率增长出现波动现象。

第三节 结构调整偏向与比较优势关系检验

一、结构调整偏向及测度

本部分将对假说一进行验证，即检验结构调整偏向与比较优势变迁的关系。首先，本章要对结构调整偏向及其偏向性水平进行测度，为了使测度结果稳健，参照 Klump 的做法对生产函数进行标准化处理[13]，令 $\rho = (\varepsilon-1)/\varepsilon$，则生产函数式（11-1）可以变为：

$$Y_t = [\alpha(A_{Lt}L_t)^\rho + (1-\alpha)(A_{Kt}K_t)^\rho]^{\frac{1}{\rho}}$$

由生产函数可得资本和劳动的报酬为：

$$w_t = \frac{\partial Y_t}{\partial L_t} = \alpha\left(\frac{Y_t}{L_t}\right)^{1-\rho} A_{Lt}^\rho; \quad r_t = \frac{\partial Y_t}{\partial K_t} = \alpha\left(\frac{Y_t}{K_t}\right)^{1-\rho} A_{Kt}^\rho$$

为了不失一般性，假定基期时资本和劳动报酬满足式 $(\alpha/1-\alpha) = (w_0L_0/r_0K_0)$，则 $A_{L0} = Y_0/L_0$，$A_{K0} = Y_0/K_0$。引入规模因子 ψ，使得 $\psi\bar{Y} = Y_0$，$\bar{L} = L_0$，$\bar{K} = K_0$，$\bar{t} = t_0$，其中具有上标的变量表示的是各变量的均值。假定要素效率增长率符合 Box-Cox 的形式，即：

$$g_L(t,\bar{t}) = \bar{t}\frac{\gamma_L}{\mu_L}\left[\left(\frac{t}{\bar{t}}\right)^{\mu_L} - 1\right], \quad g_K(t,\bar{t}) = \bar{t}\frac{\gamma_K}{\mu_K}\left[\left(\frac{t}{\bar{t}}\right)^{\mu_K} - 1\right] \quad (11\text{-}12)$$

第十一章 结构调整偏向性、比较优势变迁与制造业全要素生产率增长

式中，γ_L 和 γ_K 表示劳动和资本的技术增长系数，大于零表示要素效率呈增长态势，小于零表示要素效率呈下降态势；μ_L 和 μ_K 表示劳动和资本的技术曲率。

根据以上假定可以得出三方程标准化系统为：

$$\log\left(\frac{Y_t}{\overline{Y}}\right) = \log(\psi) + \frac{1}{\rho}\log\left\{\alpha\left[\frac{L_t}{\overline{L}}\exp\left(t\frac{-\gamma_L}{\mu_L}\left(\left(\frac{t}{\overline{t}}\right)^{\mu_L}-1\right)\right)\right]^{\rho} + (1+\alpha)\left[\frac{K_t}{\overline{K}}\exp\left(t\frac{-\gamma_K}{\mu_K}\left(\left(\frac{t}{\overline{t}}\right)^{\mu_K}-1\right)\right)\right]^{\rho}\right\}$$

$$\log\left(\frac{w_t L_t}{Y_t}\right) = \log\alpha + \rho\log\psi - \rho\log\left(\frac{Y_t/\overline{Y}}{L_t/\overline{L}}\right) + \rho\frac{-\gamma_L}{\mu_L}t\left[\left(\frac{t}{\overline{t}}\right)^{\mu_L}-1\right]$$

$$\log\left(\frac{r_t K_t}{Y_t}\right) = \log\alpha + \rho\log\psi - \rho\log\left(\frac{Y_t/\overline{Y}}{K_t/\overline{K}}\right) + \rho\frac{-\gamma_K}{\mu_K}t\left[\left(\frac{t}{\overline{t}}\right)^{\mu_K}-1\right]$$

根据三方程标准化系统，利用我国1982~2014年的时间序列数据，采用贝叶斯方法估计结构调整偏向 η 表达式中的各参数值。假设 α 和 ρ 的先验分布为均匀分布，γ_K、γ_L、μ_K、μ_L 和 ψ 的先验分布为正态分布，初始值选取参照戴天仕和徐现祥似不相关模型所得的估计值，并迭代50000次。其他变量数据来源于《新中国统计资料汇编》《中国国内生产总值核算历史资料》《中国统计年鉴》和《中国科技统计年鉴》等，其中全国数据由各省份数据加总获得，资本投入、资本报酬与劳动报酬以及经济产出总值数据选择1982年为基期，并进行价格平减。

表11.1列出了采用贝叶斯方法测算我国结构调整偏向的参数估计结果，其中劳动产出弹性参数 α 均值为0.4144，在5%的显著性水平下其置信区间为（0.401，0.431），要素替代弹性参数 ρ 的均值为-0.0587，其5%显著性水平下置信区间为(-0.098，-0.021)。由 $\rho = \frac{(\varepsilon-1)}{\varepsilon}$ 可以得出我国的资本与劳动替代弹性均值 $\varepsilon = 0.945 < 1$，表明我国资本和劳动在样本期内更多呈现互补关系，这与国内其他文献的估计结果一致。结构调整技术资本偏向所产生的资本技术效率增长变量 γ_K 的均值为-0.064，数值小于

0，表明结构调整技术资本偏向对生产函数中资本投入技术效率的影响表现出逐年递减趋势，反而 γ_L 的均值为 0.1788，数值大于 0，结构调整劳动偏向对生产函数中劳动技术效率的影响表现出逐年递增趋势。这种现象与发达国家的结构调整路径不相符，这就导致了我国创新不足，依靠技术和资本提升经济增长的动力不足。

表11.1 标准化系统下贝叶斯参数估计结果

参数	均值	方差	MC误差	2.5%	中位数	97.5%
α	0.4144	0.03	0.58E-7	0.4005	0.4044	0.4206
ρ	-0.0587	0.02	0.00	-0.0959	-0.0582	-0.0300
ψ	0.5058	0.03	1.17E-9	0.4281	0.5050	0.5677
γ_K	-0.0640	0.04	0.00	-0.1131	-0.0513	-0.0132
γ_L	0.1788	0.04	0.00	0.1156	0.1668	0.3276
μ_K	2.6169	0.53	0.02	1.3800	2.6219	3.8649
μ_L	1.5578	0.19	0.00	1.1839	1.5420	1.0269

由式（11-12）可得结构调整影响函数中劳动和资本要素投入技术效率为：

$$A_{Lt} = A_{L0} \exp\left\{ \frac{-\gamma_L}{t\frac{t}{\mu_L}} \left[\left(\frac{t}{t}\right)^{\mu_L} - 1 \right] \right\} ; \quad A_{Kt} = A_{K0} \exp\left\{ \frac{-\gamma_K}{t\frac{t}{\mu_K}} \left[\left(\frac{t}{t}\right)^{\mu_K} - 1 \right] \right\}$$

(11-13)

将表 11.1 中测算的贝叶斯参数分别代入式（11-13）可得到我国结构调整影响函数中劳动和资本要素投入技术效率 A_L 和 A_{Kt} 的具体数值，然后代入结构调整偏向 η 的表达式（11-3）可得 1982~2014 年我国结构调整偏向 η 的具体数值，如表 11.2 所示。

表11.2 结构调整偏向的测算结果

年份	A_{Lt}	A_{Kt}	η	年份	A_{Lt}	A_{Kt}	η
1982	0.0008	2.3586	—	1984	0.0015	2.0206	0.1350
1983	0.0011	2.1835	0.1380	1985	0.0020	1.8701	0.1303

第十一章 结构调整偏向性、比较优势变迁与制造业全要素生产率增长

续表

年份	A_{Lt}	A_{Kt}	η	年份	A_{Lt}	A_{Kt}	η
1986	0.0027	1.7282	0.1318	2001	0.2154	0.5003	0.0379
1987	0.0036	1.6072	0.1244	2002	0.2880	0.4456	0.0321
1988	0.0049	1.4753	0.1222	2003	0.3851	0.4051	0.0280
1989	0.0066	1.3629	0.1103	2004	0.5149	0.3675	0.0250
1990	0.0088	1.2565	0.0975	2005	0.6885	0.3326	0.0229
1991	0.0118	1.1586	0.0911	2006	0.9207	0.3002	0.0200
1992	0.0158	1.0675	0.0840	2007	1.2314	0.2701	0.0169
1993	0.0211	0.9828	0.0807	2008	1.6471	0.2421	0.0132
1994	0.0272	0.9042	0.0805	2009	2.2033	0.2162	0.0103
1995	0.0368	0.8310	0.0773	2010	2.9476	0.2022	0.0078
1996	0.0505	0.7631	0.0704	2011	3.9436	0.1709	0.0056
1997	0.0665	0.7000	0.0624	2012	5.2768	0.1502	0.0037
1998	0.0902	0.6413	0.0544	2013	7.0613	0.1300	0.0015
1999	0.1206	0.5879	0.0480	2014	9.4503	0.1122	0.0010
2000	0.1612	0.5363	0.0429	均值	1.1337	0.8438	0.0603

从表 11.2 中可以看到，我国结构调整对生产函数中劳动技术效率的影响有明显的增加态势，所有年份的均值为 1.1337，年增长率达到了 33.45%，而结构调整对生产函数中资本投入技术效率的影响具有明显的下降态势，所有年份的均值为 0.8438，年下降率达到了 6.13%。本章认为存在两个原因：一是要素累积差异化，按照雷钦礼的解释，资本的投入可以累积，而劳动的投入无法累积，这使得在长期增长中，资本效率容易随着资本投入的积累而受到边际报酬递减规律的制约，而劳动效率通常会保持平稳增长，这种增长一般被认为是教育和人力资本投资促使劳动力质量提升的结果。二是企业经营方式的滞后，我国结构调整实施后，企业没能跟随市场环境变化实现生产经营方式转型升级。当然，也可能是资本投资并没有出现规模报酬递增的结果。按照理论分析，在要素替代弹性 $\varepsilon<1$，以及结构调整劳动和资本偏向型技术效率的比值 A_{Kt}/A_{Lt} 表现出明显的递减态势时，结构调整偏向 η 会始终大于 0，即结构调整表现出偏向技术资本的

特征，存在结构调整技术资本偏向。从表 11.2 我国结构调整偏向 η 指标的测算数值来看，我国结构调整偏向性指数均为正数，即结构调整持续朝偏向技术资本的方向发展。但是，在样本期内，我国结构调整技术资本偏向测算值呈明显下降趋势，这说明我国结构调整存在技术资本偏向，但是偏向程度在逐渐下降。

为了进一步分析我国结构调整偏向的地区差异，本章还测算了我国 1982~2014 年不同省份结构调整偏向 η 的具体数值，即利用地区面板数据对我国结构调整偏向 η 进行测算。与全国的时间序列相同，本章首先采用贝叶斯方法估计各地区结构调整偏差的参数，在参数先验分布和参数初始值的设定上与全国时间序列参数设定一致，迭代次数一致。在获得参数估计值的基础上，按照全国时间序列的方法测算我国结构调整影响函数中劳动和资本要素技术效率 A_L 和 A_{Ki} 的具体数值，然后代入结构调整偏向 η 的表达式（11-3）可得不同省份的结构调整偏向程度的测度。计算结果显示①，与全国的宏观时间序列数据相似，我国大部分省份结构调整对生产函数中劳动技术效率的影响具有明显的增加态势，而结构调整对生产函数中资本技术、投入技术效率的影响具有明显的下降态势，即大部分地区的结构调整偏向性指数均为正数，结构调整持续朝偏向技术资本方向发展，存在结构调整技术资本偏向。但也有部分地区的结构调整偏向性指数均为负数，即存在结构调整劳动偏向，这些省份大部分处于我国的欠发达地区，例如西藏、青海、宁夏和甘肃等八个省份。出现欠发达地区结构调整劳动偏向的原因，笔者认为可能是由于近年来劳动等要素成本上升，发达地区的产业开始向中西部转移，这几个省份通过结构调整不断吸引来自发达地区的劳动密集型产业的转移，而这些地区本身技术和资本都是相对稀缺的，技术创新能力不足，所以才会出现样本期内一直存在结构调整劳动偏向的原因。因此，从总体上来看，全国宏观数据测算结果表明我国结构

---

① 30 个省份（港澳台除外，重庆和四川合并）1982~2014 年的结构调整劳动和资本偏向型技术效率 A_L 和 A_{Ki} 的具体数值，以及结构调整偏向程度的测度具体数值构成的面板数据由于数据量巨大不一一列出，如需要可向笔者索取。

调整偏向于资本和技术,这与大部分地区的测算结果一致,说明我国结构调整的技术资本偏向依然是主流。

二、结构调整偏向与比较优势变迁的关系

在对我国结构调整偏向方向和程度进行测度后,在本部分中将对结构调整偏向和比较优势变迁的关系进行检验,进而对理论假说一做出验证。在前文中已经对比较优势变迁的测度做了说明,具体就是用资本和劳动的要素投入比的变动,即 $\tau = K_t/L_t$ 的变动来表示。为剔除发展阶段和地区资源禀赋的影响,分离出结构调整偏向性对比较优势变迁的作用,将我国省份分为两组进行对比估计,分别为结构调整劳动偏向 $\eta<0$ 的欠发达地区和结构调整技术资本偏向 $\eta>0$ 的发达地区。利用两组面板数据建立回归模型如下:

$$\ln\tau_{it} = \alpha_0 + \alpha_1\ln(\eta_{it}+1) + \alpha_2\ln SI_{it} + \alpha_3\ln MI_{it} + \varepsilon_{it} \quad (11-14)$$

式(11-14)中,τ_{it} 和 η_{it} 分别表示地区某一年份的比较优势和结构调整偏向;SI_{it} 表示地区某一年份的产业结构指数,用第三产业占比来进行测度;MI_{it} 表示地区某一年份的市场化指数。本章分别采用了混合OLS模型、固定效应模型(FE)和随机效应模型(RE)三种设定来进行参数估计,并对固定效应模型(FE)和随机效应模型(RE)进行了Hausman检验,具体结果如表11.3所示。

表11.3 结构调整偏向与比较优势变迁关系估计值

变量	$\eta<0$ 的省份			$\eta>0$ 的省份		
	OLS	FE	RE	OLS	FE	RE
常数项	-0.2259** (-6.05)	-1.0136** (-3.69)	-1.0004* (-2.43)	-3.4381** (-7.03)	-0.1262** (-8.59)	-0.7619* (-2.61)
α_1	-19.4766** (-12.48)	-5.3107** (-4.68)	-6.2557** (-3.83)	9.4627** (9.53)	11.0822** (18.26)	10.2309** (7.68)
α_2	0.1274** (9.39)	0.1371 (1.60)	0.0884 (0.79)	1.8642** (4.73)	0.1849 (0.82)	0.1876 (1.03)
α_3	0.1560** (3.24)	1.0785** (4.68)	1.0402** (5.85)	1.0007** (6.99)	1.1064** (4.07)	1.1031** (3.46)

续表

变量	η<0 的省份			η>0 的省份		
	OLS	FE	RE	OLS	FE	RE
地区变量	不控制	控制	控制	不控制	控制	控制
年份变量	不控制	控制	控制	不控制	控制	控制
Hausman（P 值）	—	0.0000		—	0.0000	
R^2	0.493	0.424	0.512	0.475	0.490	0.521

注：括号内为估计值的 t 值，**和*分别表示在1%和5%的显著性水平下是显著的。

从表 11.3 的估计结果可以看到，Hausman 检验的 P 值均为 0，这表明估计方法中，固定效应的估计结果相对准确，本章的分析以固定效应的估计结果为准。固定效应的估计结果显示，$\eta<0$ 的欠发达省份，结构调整偏向与资本劳动比值呈现出显著的负相关关系，$\eta>0$ 的发达省份，结构调整偏向与资本劳动比值呈现出显著的正相关关系，这表明不论是结构调整劳动偏向还是技术资本偏向的地区，结构调整偏向的变动均会影响比较优势变迁方向。但是两个地区的影响大小和方向是存在明显差异的，通过表 11.3 的估计结果可以看到，$\eta<0$ 的欠发达省份，结构调整偏向与资本劳动比值呈现出显著的负相关关系：当结构调整技术资本偏向增加时，地区生产环节中的资本劳动比值会变小；反之当结构调整技术资本偏向降低时，地区生产环节中的资本劳动比值会提高。这就可以解释为什么欠发达地区的结构调整是劳动偏向的，因为这些地区的资本禀赋不明显，如果结构调整偏向资本时，会使得资本禀赋的劣势更加突出。而 $\eta>0$ 的发达省份，正好呈现出相反的态势，发达地区更加倾向于结构调整的技术资本偏向，因为这样能够更好地利用这些地区的资本和技术禀赋。

第四节 结构调整偏向、比较优势变迁与全要素生产率

前文已经对假说一中的结构调整偏向与比较优势变迁的关系进行了验证，本部分中将实证分析结构调整偏向、比较优势变迁与全要素生产率的

第十一章 结构调整偏向性、比较优势变迁与制造业全要素生产率增长

关系,即验证假说二的内容。具体来说研究两个内容,一是实证检验不同结构调整偏向条件下,制造业全要素生产率与比较优势变迁的关系;二是通过对式(11-11)全要素生产率增长效应的分解进行实证测度,来实证检验结构调整偏向和比较优势变迁及其相互关系对全要素生产率增长的影响。

一、比较优势变迁与全要素生产率

为了研究不同结构调整偏向条件下,比较优势变迁与制造业全要素生产率的关系,本部分还是将我国省份分为两组进行对比估计,分别为结构调整劳动偏向 $\eta<0$ 的欠发达地区和结构调整技术资本偏向 $\eta>0$ 的发达地区进行实证分析。具体构建如下面板数据估计的计量方程:

$$\ln TFP_{it}=\beta_0+\beta_1\ln\tau_{it}+\beta_2\ln FDII_{it}+\beta_3\ln RD_{it}+\beta_4\ln GZC_{it}+\beta_5\ln RK_{it}+\varepsilon_{it}$$

(11-15)

式中,TFP_{it} 表示制造业全要素生产率水平,因为涉及核算方法、投入产出变量不同,面临的数据质量及可获得性等问题,导致了现存制造业 TFP 核算结果存在较大差异,甚至截然相反。本章拟采用 LP 法对全要素生产率进行测度,LP 法能够使得分析人根据不同的数据特点选择合理的资本投入代理变量;τ_{it} 表示比较优势;后面四个变量为控制变量,分别表示外商投资率、地区研发投入水平、地区固定资产水平和地区人口规模。本部分依然分别采用了混合 OLS 模型、固定效应模型(FE)和随机效应模型(RE)三种设定来进行参数估计,并对固定效应模型(FE)和随机效应模型(RE)进行了 Hausman 检验,具体结果如表11.4所示。

表11.4 比较优势变迁与全要素生产率关系估计值

变量	$\eta<0$ 的省份			$\eta>0$ 的省份		
	OLS	FE	RE	OLS	FE	RE
常数项	0.0039** (0.30)	-0.0275** (-1.61)	-0.0123* (-1.13)	0.0022** (0.31)	-0.1118* (-2.30)	0.0043* (0.22)

续表

变量	$\eta<0$ 的省份			$\eta>0$ 的省份		
	OLS	FE	RE	OLS	FE	RE
β_1	−0.0406 (−1.80)	−0.2505** (−3.14)	−0.1486* (−2.41)	0.1218** (5.04)	0.2118** (3.87)	0.1612* (2.74)
β_2	0.0019 (0.61)	−0.0092 (−0.84)	−0.0039 (−0.58)	0.0101** (3.14)	−0.0025 (−0.26)	0.0086 (1.60)
β_3	0.0078* (2.37)	0.0152** (3.87)	0.0101** (3.47)	0.0086** (4.99)	0.0364* (2.44)	0.0083* (2.26)
β_4	0.0163 (0.39)	0.0250 (0.60)	0.0772 (0.59)	0.0531 (0.72)	0.0457 (0.71)	0.0765 (1.02)
β_5	0.0052* (2.76)	0.0014* (2.33)	0.0010** (3.37)	0.0036** (3.31)	0.0055** (3.14)	0.0072* (2.74)
地区变量	不控制	控制	控制	不控制	控制	控制
年份变量	不控制	控制	控制	不控制	控制	控制
Hausman（P值）	—	0.0000		—	0.0000	
R^2	0.563	0.578	0.600	0.619	0.547	0.611

注：括号内为估计值的 t 值，**和*分别表示在1%和5%的显著性水平下显著。

从表11.4的估计结果可以看到，结构调整劳动偏向的省份（$\eta<0$ 的省份），比较优势变迁系数的估计值为显著的负值；结构调整技术资本偏向的省份（$\eta>0$ 的省份），比较优势变迁系数的估计值为显著的正值。这表明结构调整劳动偏向的省份，资本劳动比值下降，有利于制造业全要素生产率增长；结构调整技术资本偏向的省份，资本劳动比值增加，则有利于制造业全要素生产率增长。笔者认为这主要可能是由于结构调整劳动偏向的省份，资本为相对稀缺的生产要素，结构调整将向更有利于提高资本的边际产出和节约资本方向发展，因而结构调整越偏向于劳动。为此，当其资本与劳动投入比越小时，结构调整劳动偏向的省份的比较优势结构与制造业全要素生产率呈现出此长彼消的关系。而结构调整技术资本偏向的省份的经济发展水平和要素禀赋类似于发达国家，劳动力特别是技能劳动成为稀缺要素，这与我国东部沿海地区的"民工荒"和"技工荒"现象相符，为此结构调整将向更有助于提高劳动边际生产率和节约劳动的方向发展，结构调整越偏向于资本，则资本劳动投入比越大，生产率越高，因而资本劳动比值与制造业全要素生产率呈现出相伴增长趋势。

二、制造业全要素生产率的分解

为了能够更好地研究结构调整偏向、比较优势变迁与制造业全要素生产率的关系，本部分将通过式（11-11）对全要素生产率进行分解，分析结构调整偏向对全要素生产率的综合效应、单纯结构调整偏向对全要素生产率的效应以及结构调整偏向与比较优势的交互效应这三种效应对全要素生产率的影响。本章分别就全国、主要发达省份和欠发达省份1982~2014年的三种效应变化趋势绘制了趋势图，具体如图11.1所示。从图11.1显示的各效应的趋势可以看到，发达的省市，例如北京、天津和上海等，纯结构调整偏向效应和结构调整偏向综合效应基本上都是由负转正的逐年上升过程，而结构调整偏向与比较优势变迁对制造业全要素生产率的交互效应表现出不断下降的过程，但下降趋势较前两个效应的上升趋势舒缓，从图形的变化趋势可以得到，结构调整偏向综合效应主要来源于纯结构调整偏向效应。欠发达省份，例如青海和宁夏等，纯结构调整偏向效应和结构调整偏向综合效应基本上都是逐年下降的过程，而结构调整偏向与比较优势变迁对制造业全要素生产率的交互效应表现出不断上升的过程，起到了抑制纯结构调整偏向效应下降的态势，但由于结构调整偏向与比较优势变迁对制造业全要素生产率的交互效应上升速度较慢，所以导致了结构调整偏向综合效应逐年下降为负值。总体来看，结构调整偏向在初期一定程度上提高了制造业全要素生产率，而近年来却抑制了制造业全要素生产率增长。从全国结构调整偏向对制造业全要素生产率影响效应来看，纯结构调整偏向效应与综合效应变化趋势相同呈递减趋势，结构调整偏向与比较优势对制造业全要素生产率的交互效应逐年递增，具有抑制综合效应下降的作用。因此，结构调整偏向方向与地区的比较优势变迁方向若能保持匹配，即若结构调整偏向于技术和资本，则在资本丰裕度和效率均较高的地区，结构调整资本偏向性将有助于优化要素结构并促进全要素生产率增长。反之，若结构调整偏向于技术资本而该地区并不具有资本优势，则其与比较优势变迁的综合作用对制造业生产率增长起抑制作用。综上所述，假说二中所描述的结构调整偏向性会通过非对称改变比较优势和要素配置效率方式影响生产率，比较优势并非一定与结构调整偏向相匹配进而导致全要素生产率增长出现波动的现象得到了验证。

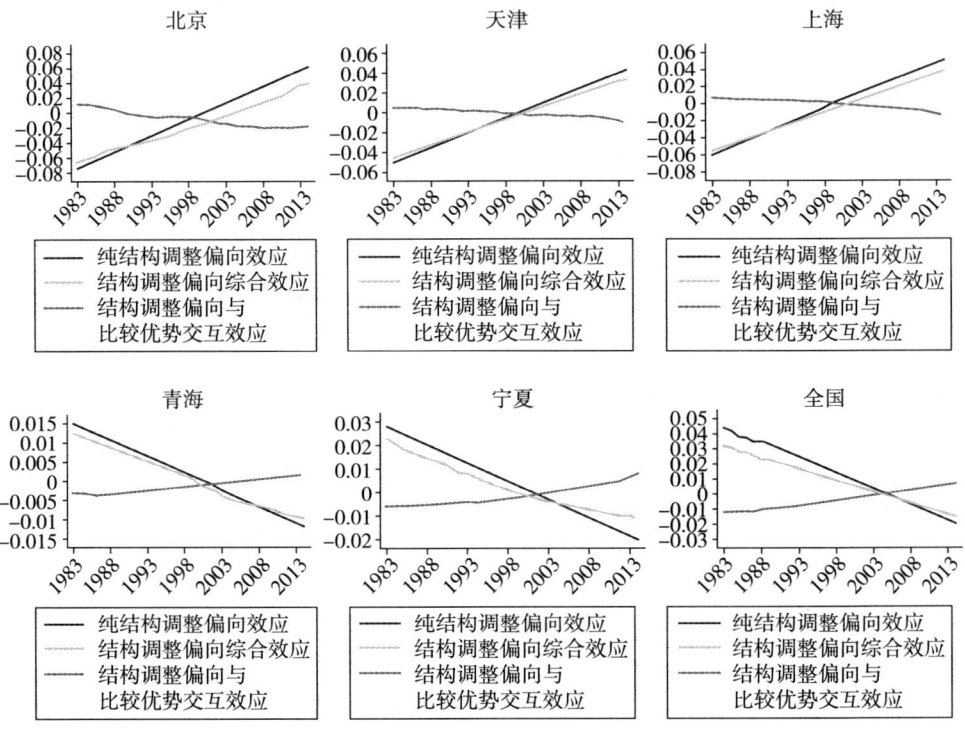

图 11.1 我国主要地区制造业全要素生产率分解效应的变化趋势

第五节 简要结论

本章通过构建 CES 生产函数从理论角度分析了我国结构调整偏向对比较优势变迁及其两者的共同作用对制造业全要素生产率的影响，并利用我国 1982~2014 年的时间序列和面板数据进行了实证分析，研究结果显示：

第一，从理论模型的分析可知，结构调整偏向会影响比较优势变迁，

○○○ 第十一章　结构调整偏向性、比较优势变迁与制造业全要素生产率增长

结构调整偏向性会通过非对称改变比较优势变迁方向和要素配置效率方式影响生产率，正是结构调整的偏向性，比较优势变迁方向并非一定与结构调整偏向相匹配进而导致全要素生产率增长出现波动现象。

第二，通过对我国1982~2014年的时间序列数据采用贝叶斯方法估计方程参数，依据参数计算了我国结构调整对生产函数中劳动和资本技术效率的影响，并以此测算了我国的结构调整偏向，研究发现我国结构调整对生产函数中劳动技术效率的影响具有明显的增加态势，而结构调整对生产函数中资本技术效率的影响具有明显的下降态势。我国结构调整偏向性指数均为正数，即结构调整持续朝偏向于技术资本方向发展，存在结构调整技术资本偏向。但是，在样本期内，我国结构调整技术资本偏向测算值呈明显下降趋势，这说明我国结构调整存在技术资本偏向，但是偏向程度在逐渐下降。进一步对我国不同地区的结构调整偏向进行测度发现，与全国的宏观时间序列数据相似，我国大部分省份结构调整对生产函数中劳动技术效率的影响具有明显的上升态势，而结构调整对生产函数中资本技术效率的影响具有明显的下降态势，即大部分地区的结构调整偏向性指数均为正数，结构调整持续朝偏向于技术资本方向发展，存在结构调整技术资本偏向。但也有部分地区的结构调整偏向性指数均为负数，即存在结构调整劳动偏向，这部分省份大部分处于我国欠发达地区，例如西藏、青海、宁夏和甘肃等八个省份。

第三，对利用我国的面板数据实证分析结构调整偏向、比较优势与全要素生产率的关系，研究发现结构调整劳动偏向的省份，资本劳动比值的降低，有利于制造业全要素生产率增长；结构调整技术资本偏向的省份，资本劳动比值的提高，则有利于制造业全要素生产率增长。同时，制造业全要素生产率增长效应分解结果显示，结构调整偏向方向与地区的比较优势变迁方向若能保持匹配，即若结构调整偏向于技术和资本，则在资本丰裕度和效率均较高的地区，结构调整资本偏向性将有助于优化要素结构并促进全要素生产率增长。反之，若结构调整偏向于技术资本而该地区并不具有资本优势，则其与比较优势变迁的综合作用对制造业生产率增长起抑制作用。

第四部分 政策篇

  克服资源禀赋和环境约束等对我国制造业发展的刚性制约，加快制造业战略性结构调整和比较优势升级，必须千方百计扩大全要素生产率对制造业增长的贡献，彻底抛弃传统投入驱动的数量型发展方式。我国产业政策的发展历程也表明，现在政策实施的过程中对企业竞争和创新的激励不足。适当的政府政策，特别是产业政策，如果是偏向竞争的，可以提高生产率数值和增长率；如果没有适宜的产业政策，创新型企业可以选择在不同行业经营，以面对产品市场的竞争。"垄断替代效应"的存在，会导致高部门集中度和低创新激励机制，在这种情况下，通过税收或其他税收补贴计划，鼓励企业在同一部门经营的产业政策，将有利于降低相关产业部门的集中度，增加企业创新的激励。因此，竞争和适当的设计产业政策在诱导创新和生产率增长之间有一定的互补性。根据我国制造业生产现状、资源禀赋特征等若干"特征化事实"，在实证研究基础上，依据基本研究结论，从全要素生产率视角总结和研究加快促进制造业技术创新、提高国际竞争力的"一揽子"政策建议，例如扩大全要素生产率对产出增长的贡献、加快制造业结构战略性调整、促进制造业比较优势升级、优化产品进出口结构、提高制造业国际竞争力以确保产业安全等，并对现有制度进行政策优化，包括制造业支持性政策等制度安排。

第十二章

产业政策、行业特征与制造业全要素生产率

第一节 引言

第二次世界大战后,一些发展中国家选择了旨在促进新兴产业或保护当地传统产业的产业政策,避免来自更先进的国家产品的竞争。然而,这些政策在20世纪80年代并没有取得相应的效果,产业政策阻碍了竞争,同时允许政府以一个自由的方式挑选赢家,从而扩大政府获得既得利益的范围。我国产业政策的发展历程也表明,现在政策的实施过程中对企业竞争和创新激励不足。适当的政府政策,特别是产业政策,如果是偏向竞争的,可以提高生产率数值和增长率。如果没有适宜的产业政策,创新型企业可以选择在不同行业经营,以面对产品市场的竞争,由于"垄断替代效应"的存在,会导致高部门集中度和低创新激励机制。在这种情况下,通过税收或其他税收补贴计划,鼓励企业在同一部门经营的产业政策,将有利于降低相关产业部门的集中度,增加企业创新的激励。因此,竞争和适当的设计产业政策在诱导创新和生产率增长之间有一定的互补性。

国内外有学者研究了产业政策对经济发展的影响,但是与本书的研究有些差异。有的研究认为由于经济知识外部性和高初始生产成本,新兴产业提倡实施政府支持的产业政策,这些产业是需要保护的,在短期内免受外国竞争直到他们成为完全竞争(Greenwald 和 Stiglitz,2006),无论从理

论还是实践方面，幼稚产业论都受到了挑战。例如 Krueger 和 Tuncer（1982）分析土耳其 20 世纪 60 年代工业政策对经济发展的影响时发现，未受关税保护的企业比受关税保护的企业具有较高的劳动生产率增长率。但是这些相关研究只是关注生产率增长本身，而没有去关注产业政策的设计问题。与本章研究最接近的分析是 Nunn 和 Treer（2010）的研究内容，使用跨国产业层面的面板数据，他们研究了是否像幼稚产业论所提出的那样，关税保护会提高一个行业的劳动生产率增长率，以及该行业中会成为技术密集型行业，并使用更多技能型的劳动力。通过研究发现，关税保护与生产率增长以及行业技术密集度之间存在一个显著的正相关关系，但作者同时又指出，这种显著的正相关关系并不意味着保护和生产率增长和行业技术进步之间有因果关系，这两个变量之间的关系本身可能是由于其他变量影响的结果，例如国家机构的运作水平等。但是 Nunn 和 Treer 也指出，这两个变量之间至少有 25% 的相关性与因果关系。总的来说，他们的研究表明，合理的政策设计能够提供经济增长，不仅仅在政策实施的产业内，可能还会惠及其他产业。现在问题仍然是，产业政策的制定是否要降低高技术密集与低技术密集行业之间以及高技术密集内竞争的成本。

基于此，本章利用我国 1998~2009 年工业数据库的数据，研究产业政策与不同行业竞争特征的关系对制造业全要素生产率的影响，为我国产业政策的发展提供建议。研究的主要发现是，当旨在促进竞争的制造业行业政策实施时，这些政策有利于生产率的增长。本章具体用勒纳指数衡量竞争来体现不同的行业特征，产业政策包括补贴、税收减免、贷款和关税等。偏向竞争的政策被定义为政策目标在于行业集中度低和鼓励年轻、更有生产力的企业发展的政策。

第二节 模型构建

一、基本模型构建假设

本章构建一个两阶段经济系统，系统中生产两种产品 A 和 B，系统中

第十二章 产业政策、行业特征与制造业全要素生产率

消费的每种商品的数量分别为 x^A 和 x^B，消费者的收入为 $2E$，消费 x^A 和 x^B 数量商品的消费者获得的效用水平为 $\log(x^A)+\log(x^B)$。这意味着如果商品 i 的价格为 p^i，则对商品 i 的需求为 $x^i=E/p^i$，为了简化分析，假定 $E=1$。假定系统的生产由两个大企业 1、2 和非常多的外围企业来完成，外围企业是完全竞争的，并且边际成本为 c_f，两个大企业 $j=1,2$ 都具有相同的初始边际成本 c，$c \leq c_f < 1$。假定企业的生产成本是企业特定的，并且独立于企业的生产行业。企业能够通过技术创新提高生产率，为了便于分析，假定两个大企业才能够进行技术创新，技术创新能够降低生产成本，但是生产成本的降低程度在两个产品生产部门 A 和 B 是不同的。为了不失一般性，假定在生产部门 A 中，存在一个技术创新效率指数 δ，能够使生产成本从 c 变为 $c/\gamma_A=c/(\gamma+\delta)$，生产部门 B 中，技术创新能够使生产成本从 c 变为 $c/\gamma_B=c/(\gamma-\delta)$，其中 $\gamma-\delta>1$。同时假定每个大企业具有同样的概率 q 进行技术创新，为了获得 q 概率的技术创新水平，企业需要付出 $q^2/2$ 的成本。最后假定除非两个领导企业选择在同一个部门并在该部门中串谋，否则企业在每个行业中进行的是伯川德竞争。用 φ 表示两个领导企业具有相同成本时在同一部门生产串谋的概率，并假定两个企业以联合垄断的形式串谋时 c_f 是既定的。在这种情形下，$c \leq c_f$ 时每个领导企业的期望利润为 $\dfrac{\varphi}{2} \dfrac{c_f-c}{c_f}$。

两个领导企业可以选择在同一部门或不同的部门进行生产，在同一部门生产称为专一性生产方式，在不同部门生产称为多样性生产方式。为了分析方便且不影响分析结果，假定在专一性生产情形下，两个企业都选择最优生产技术 A[①]。在多样性生产情形下，企业 1 选择最优生产技术 A，企业 2 选择最优生产技术 B，这是一个协调博弈过程，企业最终选择的生产技术是随机的。如果企业最终选择技术 B 而不愿意转换到技术 A 时，多样性生产情形是稳定的，其他情形下的均衡都是专一性。此时，企业决定投

---

① 部门和技术是等同的，一个生产部门或行业对应一种生产技术，当企业转换生产行业或生产部门时，企业相应的生产技术也要改变，所以本章用生产技术来代替生产部门是合理的。

资行为以促进技术创新。国家的产业政策会影响企业的技术创新行为,本章产业政策主要是国家对企业利润按一定比例实施的补贴政策或税收政策。假定对部门 A 和 B 中单位利润征收或补贴的比例分别为 t_A 和 t_B,当 t_k <0 时就是补贴政策,当 t_k>0 时就是税收政策。同时对所有企业来说 γ_i 的信息是共有信息,对企业征收的利润为创新的净利润。税收或补贴会影响企业的部门选择决策,例如企业可以选择专一性而不是多样性生产情形。由于税收或者补贴适用于创新的净利润,所以投资水平是不受税率影响的。创新的期望收益取决于部门间的征收比例差异。本章主要分析征收或补贴的比例为 $t_A \leq t_B$ 时的均衡①,得出在这种税收或补贴产业政策体系下,部门竞争水平 φ 与行业增长率之间的关系,得出预算约束下最优行业增长率的产业政策。

二、多样性生产情形

在多样性生产情形下,企业 1 在部门 A 和企业 2 在部门 B 生产,两个企业相比竞争对手在该部门中都具有成本优势。用 e 表示消费者在部门 A 产品上的支出,p_1 表示企业 1 生产产品的销售价格,c_f 表示其他外围企业生产的产品价格。

消费者在预算约束 $p_1 x_1^A + c_f x_f^A \leq e$ 下,购买部门 A 产品的数量(包含企业 1 和其他外围企业在部门 A 生产的产品)分别为 x_1^A 和 x_f^A,来使个人效用水平 $\log(x_1^A) + \log(x_f^A)$ 最大化。在该情形下,只有 $p_1 \leq c_f$ 时,均衡结果中才能使 $x_1^A \geq 0$,消费者预算支出 e,此时企业 1 的利润为 $e - c_1 x_1^A$,企业在 $p_1 \leq c_f$ 前提下选择最优的产品出售价格,即 $p_1 = c_f$。从而使得 $x^A = x_1^A = \dfrac{e}{c_f}$。由于两个生产部门是对称的,假设消费者有 2 单位收入(为了简化分析 $e=2$),消费者将会在两个部门间平均分配收入,所以可得:

$$x^A = x^B = 1/c_f \tag{12-1}$$

---

① $t_A \geq t_B$ 时的均衡与此时的正好相反,$t_A \geq t_B$ 时的产业政策及对企业生产率的影响与 $t_A \leq t_B$ 时的分析是对称的,因此本章只要分析一种情形就可以。

首先考虑在产业生产部门中没有税收或者补贴政策,如果企业不是一个潜在的创新者(发生的概率为0.5),其利润为:

$$\pi^{DN} = \frac{c_f - c}{c_f} \quad (12-2)$$

如果企业在部门 i 中选择成为潜在的创新者,当其创新时的利润率为 $c_f - c/\gamma_i$,不进行创新时的利润率为 $c_f - c$。因此企业选择成为潜在的创新者,并且以概率 q 进行技术创新时的期望利润为:

$$\pi_i^{DI} = \max_q q\left(c_f - \frac{c}{\gamma_i}\right)x^i + (1-q)(c_f - c)x^i - \frac{q^2}{2} \quad (12-3)$$

由式(12-1)来求解式(12-3)的最大化问题可得多样化生产情形下的最优创新概率和潜在创新者的期望利润为:

$$q_i^D = \frac{\gamma_i - 1}{\gamma_i} \frac{c}{c_f} \quad (12-4)$$

$$\pi_i^{DI} = \frac{(q_i^D)^2}{2} + \frac{c_f - c}{c_f} \quad (12-5)$$

根据技术创新能够使生产部门 A 的成本从 c 变为 $c/\gamma_A = c/(\gamma+\delta)$,生产部门 B 的生产成本从 c 变为 $c/\gamma_B = c/(\gamma-\delta)$,式(12-4)可写为:

$$q_A^D = q^D(\delta) = \frac{\gamma + \delta - 1}{\gamma + \delta} \frac{c}{c_f} \quad (12-6)$$

$$q_B^D = q^D(-\delta) = \frac{\gamma - \delta - 1}{\gamma - \delta} \frac{c}{c_f} \quad (12-7)$$

由于整个部门 i 中包含创新和不创新的两类企业,因此部门整体期望利润为:

$$\pi_i^D = \frac{1}{2}(\pi^{DN} + \pi_i^{DI}) = \frac{1}{4}(q_i^D)^2 + \frac{c_f - c}{c_f} \quad (12-8)$$

当部门 i 中的利润征收比例为 t 时,企业在降低成本上的技术创新概率仍然是 q_i^D,但是部门 i 中企业的期望利润变为:

$$\pi_i^D(t) = (1-t)\pi_i^D \quad (12-9)$$

三、专一性生产情形

按照前述的假定,每个部门中进行的是伯川德竞争,当两个领导企业都选择在同一部门从事生产活动时,这意味着对企业来说选择该部门具有最优的潜在增长率,否则企业就会选择另外的部门进行生产,例如选择在部门 A 中生产说明该部门对两个企业来说都有最优的增长率①。在专一性生产情形下,对每个领导企业来说最大的竞争对手都是另一个领导企业,而不是部门中的其他外围企业,因此,最优的均衡价格就像前文分析的仍然为 c,而且 $c \leqslant c_f$。所以在该情形下,根据 $x^i = 1/p^i$ 可得,两个部门的需求为 $x^A = 1/c$ 和 $x^B = 1/c_f$,此时消费者将会从部门 B 中的外围企业中购买商品 B。

首先假定在部门 A 中没有税收或补贴政策,企业 1 选择成为一个潜在的创新者,此时企业 1 进行技术创新获得的利润率为 $c - \dfrac{c}{\gamma + \delta}$,同时与部门中的其他企业进行伯川德竞争,获得整个部门的产品市场份额 $1/c$。如果企业 1 不进行技术创新,将会以 φ 的概率进行串谋以便制定 c_f 的价格,从而瓜分 $1/c_f$ 的市场需求,从而获得 $c_f - c$ 的利润率。如果企业串谋失败,利润率将会变为 0。因此,潜在的创新企业,并且以概率 q 进行技术创新时的期望利润为:

$$\pi^{FI} = \max_q \frac{\gamma + \delta - 1}{\gamma + \delta} + \frac{1}{2}(1-q)\varphi \frac{c_f - c}{c_f} - \frac{q^2}{2} \qquad (12\text{-}10)$$

由式(12-10)最大化问题可得多样化生产情形下的最优创新概率和潜在创新者的期望利润为:

$$q^F = \frac{\gamma + \delta - 1}{\gamma + \delta} - \frac{\varphi}{2} \frac{c_f - c}{c_f} \qquad (12\text{-}11)$$

$$\pi^{FI} = \frac{(q^F)^2}{2} + \frac{\varphi}{2} \frac{c_f - c}{c_f} \qquad (12\text{-}12)$$

---

① 本章以部门 A 与部门 B 作为分析部门得到的结果是对称的,所以我们只需选择一个部门进行分析就可以得到本章要的结论,没有必要分析两个部门。

当企业不选择进行技术创新时,只有当其他企业失败或者串谋成功时才会获得正利润,此时企业的期望利润为:

$$\pi^{FN} = (1-q^F)\frac{\varphi}{2}\frac{c_f-c}{c_f} \qquad (12-13)$$

由式(12-12)和式(12-13)可得,部门 A 中每个企业在专一性生产情形下的期望利润为:

$$\pi^F = \frac{1}{2}\pi^{FI} + \frac{1}{2}\pi^{FN} = \frac{(q^F)^2}{4} + (2-q^F)\frac{\varphi}{4}\frac{c_f-c}{c_f} \qquad (12-14)$$

由式(12-12)和式(12-13)可以看到 π^{FI} 和 π^{FN} 是 φ 的增函数,因此式(12-14)π^F 也是 φ 的增函数,从式(12-11)可以看到 q^F 是 δ 的增函数和 φ 的减函数,因此对式(12-14)求 δ 和 φ 二阶导数可得:

$$\frac{\partial^2 \pi^F}{\partial \delta \partial \varphi} = \frac{1}{2}\frac{\partial q^F}{\partial \delta}\frac{\partial q^F}{\partial \varphi} - \frac{1}{4}\frac{\partial q^F}{\partial \delta}\frac{c_f-c}{c_f} < 0 \qquad (12-15)$$

当部门 A 中的利润征收比例为 t 时,企业在降低成本上的技术创新概率仍然是 q^F,但是部门 A 中企业的期望利润变为:

$$\pi^F(t) = (1-t)\pi^F \qquad (12-16)$$

四、均衡分析

首先分析一个特殊税收或补贴政策,国家在所有部门都实施相同的产业政策,即两个部门不进行征税或补贴的比例为 $t_A = t_B = 0$。当 $\pi^F \geq \pi_B^D$ 时,部门 B 是利润最低的部门,没有企业愿意到部门 B 进行生产,专一性生产情形将是唯一的均衡。当 $\pi^F < \pi_B^D$ 时,多样性生产情形将是均衡的选择。因此存在一个最优的临界值 $\delta^F(\varphi)$ 使得 $\pi^F = \pi_B^D$ 存在,而且 $\delta^F(\varphi)$ 是相对串谋概率 φ 的减函数。由式(12-15)可得 π^F 是 δ 的增函数,所以当 $\delta(\varphi) \geq \delta^F(\varphi)$,专一性生产情形是企业的均衡和最优选择。由于 φ 表示串谋概率,则 $1-\varphi$ 表示部门的竞争程度,串谋概率 φ 越高部门的竞争程度 $1-\varphi$ 越低,由于 $\delta^F(\varphi)$ 是相对串谋概率 φ 的减函数,所以串谋概率 φ 降低即竞争程度 $1-\varphi$ 增加后,$\delta^F(\varphi)$ 会增加,使得 $\delta(\varphi) \geq \delta^F(\varphi)$ 的成立变得越来越困难,从而使企业偏向多样化生产。综上所述,可得本章的定理一。

定理一：技术创新效率指数 δ 存在一个最优的临界值 $\delta^F(\varphi)$，当 $\delta(\varphi) \geqslant \delta^F(\varphi)$ 时，企业进行专一性生产是最优的选择；随着部门竞争程度 $1-\varphi$ 的增加，企业偏向多样化生产。

当 $\pi^F \geqslant \pi_B^D$ 时企业会选择在部门 A 中采用专一性生产，如果实施税收产业政策后企业改变均衡结果，企业会选择在部门 A 中开始生产，由专一性情形改变为多样性生产情形，那么实施税收产业政策后必须满足 $(1-t_B)\pi_B^D \geqslant (1-t_A)\pi^F$，但是由这个关系式得出最优的税收或补贴比例是比较困难的，因此，本章拟构建一个部门间税收的比例关系来进行分析，即：

$$\tau = \frac{1-t_A}{1-t_B} \quad (12-17)$$

式（12-17）意味着部门 A 中的税收或补贴比例相对部门 B 越大，τ 的数值越大。由于 τ 应该能够明确的反映企业对生产情形的选择，另外 τ 还是对两个部门间税收或补贴政策不对称性的一种度量，因此本章将构建一个关系式进行分析。由定理一的分析可知，当 $t_A = t_B = 0$ 时 $\tau = 1$，部门间具有相同的 0 税收或补贴政策，均衡时的技术创新效率指数可以定义为 $\Delta(\varphi, 1) = \delta^F(\varphi)$。假定产业政策倾向部门 A，即存在低税收或高补贴，则 $\tau > 1$ 时专一性情形成为均衡的可能，实际上当 $\tau\pi^F > \pi_B^D$ 时均衡结果就是专一性生产情形。由于 π^F 是 δ 的增函数，所以 $\Delta(\varphi, \tau)$ 随着 τ 的增加而降低。因此，不论是产业政策倾向部门 A 还是部门 B，即低税收或高补贴，都会导致专一性生产情形的均衡结果。综上所述，可以得到推论一。

推论一：用 $\tau = \frac{1-t_A}{1-t_B}$ 表示一种税收或补贴的产业政策，当 $\tau > 1$ 时，存在一个临界值 $\Delta(\varphi, \tau) \leqslant \delta^F(\varphi)$，使得专一性生产情形的均衡结果，反之均衡结果就是多样性生产情形，并且这个临界值是随着 τ 和 φ 增加而降低。

五、产业政策与生产率

首先分析在专一性生产情形和多样性生产情形下技术创新概率的差异，然后再分析差异对生产率的影响。由式（12-6）和式（12-7）可得，

当专一性生产情形下具有较高的技术创新概率时,下式是成立的:

$$2q^F(\varphi) > q^D(\delta) + q^D(-\delta) = \left(\frac{\gamma+\delta-1}{\gamma+\delta} + \frac{\gamma-\delta-1}{\gamma-\delta}\right)\frac{c}{c_f} \quad (12-18)$$

由于 $q^F(\varphi)$ 是 φ 的减函数,式(12-18)意味着在专一性生产情形下存在一个最小的部门串谋概率 φ,使得部门中企业的技术创新概率最大。

现在分析产业政策对部门产出水平的影响,如果此时是多样化生产情形,在部门中技术创新概率是独立的,产品的价格仍然是 c_f,这是因为每个部门中的领导企业与该部门中的外围企业是竞争的,技术创新会降低生产成本但不会直接影响产品价格。因此,在多样性生产情形下的总产出为:

$$Y^D = \frac{2}{c_f} \quad (12-19)$$

与多样性生产情形相反,在专一性生产情形下,技术创新活动直接影响企业的产出。如果此时部门中企业没有技术创新活动,企业间将存在一个串谋的概率 φ 制定价格为 c_f,但是如果串谋失败,由于两个领导企业在同一部门竞争价格将会变为 c。如果一个企业进行技术创新,产品价格也将会变为 c。因此,在专一性生产情形下的总产出为:

$$Y^F = \frac{q^F}{c} + (1-q^F)\left(\frac{\varphi}{c_f} + \frac{1-\varphi}{c}\right) = \frac{1}{c} - \varphi(1-q^F)\left(\frac{1}{c} - \frac{1}{c_f}\right) \quad (12-20)$$

所以当企业从多样化生产情形转向专一性生产情形时,变化的产出为:

$$\Delta Y = Y^F - Y^D \approx \frac{c_f}{c} - \frac{\varphi}{2}(1-q^F)\left(\frac{c_f}{c} - 1\right) - 1 \quad (12-21)$$

由式(12-21)可以看到,$\varphi(1-q^F)$ 的数值越小产出的产出变化的数值越大,当 $\varphi=0$ 时,企业从多样化生产情形转向专一性生产情形时产出的变化为正数。根据本章推论一的分析,以企业利润为基础的税收或补贴的产业政策如果倾向于部门 A 时,即 $\tau>1$ 时,将会影响企业的技术创新和单位产出水平。只有当 $\tau=1$ 时企业才会选择多样化生产情形,当 $\tau>1$ 且足够大时企业会转向专一性生产情形。因此,在以企业利润为基础的税收或补贴的产业政策下，τ-产业政策可以称为有效的产业政策，会导致企业从多样化生产情形转向专一性生产情形，并发生企业产出的变化。

接着分析 τ-产业政策使企业生产情形发生变化从而导致产出变化的大小及影响程度，由式(12-11)可以看到 q^F 是 φ 的减函数，所以 $\varphi(1-q^F)$ 是 φ 的增函数。因此，φ 越小，部门中竞争程度越大，并且由推论一可知，当 φ 越小时企业越倾向于选择专一性生产情形，企业从多样化生产情形转向专一性生产情形的产出变化 ΔY 越大。由于 q^F 是 φ 的减函数，所以 φ 越小，专一性生产情形下部门中企业技术创新的概率越高。综上所述，当有效的 τ-产业政策使企业发生生产情形的转换，并进而影响企业的产出和技术创新积极性，当 φ 越小，即部门中竞争程度越大时，τ-产业政策导致的企业转换生产情形而产生的产出增加越高，企业在专一性生产情形下的技术创新积极性越高。因此，可得本章的定理二。

定理二：有效的 τ-产业政策能够使企业发生生产情形的转换，并进而影响企业的产出和技术创新积极性，当部门中竞争程度越大时，有效的 τ-产业政策导致的企业转换生产情形而产生的产出增加越高，技术创新积极性越高。

六、实证假设

从上面的理论分析得到的定理和推论，可以得出本章实证分析的理论假设如下：

假设一：一个倾向于某个行业部门的产业政策对产出和技术创新会有明显的影响，对部门的税收越少或补贴越大越会导致企业集中于某个部门实行专一性生产；并且这种产业政策倾向性在部门间越明显，对产出和技术创新的影响越明显。

假设二：只是针对某个具体企业的产业政策不会导致行业均衡的变化，对所有企业共同的产业政策会影响企业的技术创新和产出。

假设三：税收或补贴产业政策与控制竞争的产业政策之间能够相互协调。

第三节 实证研究数据、模型与描述性分析

一、研究数据

本章使用的数据主要来自国家统计局 2002~2011 年的《中国工业企业数据库》，研究样本包含 2002~2011 年按二位码行业标准划分的共 39 个行业的制造业企业非平衡面板数据，但本章只选取了二位码 13~43 的 30 个行业。我们对原始样本进行了以下处理：删除了员工人数少于 8 的样本，因为大多数异常值来自这些没有可靠会计系统的个体户（谢千里等，2008），删除了统计中的错误记录和变量赋值明显不合理的样本观察值，如总资产、固定资产净值、企业年龄、应付工资总额、实收资本等小于零，工业增加值大于总产值等；由于 43 行业中只有零星的几个企业出口，我们删除了这个行业的企业样本。由于本章使用的是平衡面板，所以选取了在 2002~2011 年一直存在的企业，最后通过处理共选择了 24 个制造业行业的 154562 个企业的数据（李强，2015）。构建的分析样本中包含实际和名义产出、企业资产水平、企业人员数量、企业薪酬、企业投入水平、企业所有制结构、吸收 FDI 水平、销售收入和出口的信息等。由于国有企业、外资企业和公有制企业行为上的差异性，在本章的实证回归分析中，样本中去掉外资企业和国有资本占比高的企业，最后的实证分析样本为 24 个制造业行业的 106956 个企业的数据。为了控制贸易政策的影响，本章创建了一个时间序列的关税数据，具体数据从世界银行的世界综合贸易解决方案（WITS）获得。

二、研究模型

（一）变量设置

1. 产业政策变量

本章提及的产业政策是一个综合的概念，是一系列产业政策的总称，

具体来说本章拟用补贴（sub）、流动负债支付利息（int）、税收优惠（tax）和关税（tar）四个指标来衡量。补贴、流动负债支付利息、税收优惠三个指标是企业层面的数据指标，关税指标是我国二位码行业层面上的数据指标。关税是外生的变量，独立于企业和地区因素。但是由于关税是行业层面的变量而不是企业层面的变量，数值不随企业而变化，所以不能用关税来表示行业内的关税产业政策对竞争程度的影响，关税政策变量主要是用来分析关税在不同竞争强度的行业是否产生不同的生产率表现。

2. 竞争程度变量（lerner）

本章用国家和行业层面的勒纳指数来度量竞争程度，勒纳指数度量了企业总价值的增加程度（价格和边际成本之间的差额）。勒纳指数被定义为营业利润减去资本成本与销售额的比值，为了计算勒纳指数首先要获得企业、产业和年份上的企业总营业利润、资本成本和销售额。在完全竞争情形下，由于不存在高于资本成本的超额利润，勒纳指数应该等于零，勒纳指数是对竞争程度的反向度量。

3. 全要素生产率变量（TFP）

全要素生产率的估计有很多方法，但经典的估计方法存在一定的"内生性"。如果一个企业的生产率高，那么他一般会追加投资，导致低估资本项、高估劳动力和中间投入项，最终在估计全要素生产率时产生偏差（刘巳洋等，2008）。因此，本章拟采用 OP 方法来估计制造业企业的全要素生产率，OP 方法具有很多优秀的特性，能够在诸多复杂条件下给出较好的估计值。对于 TFP 的 OP 估计，本章采用刘巳洋等（2008）的做法并进行了改进，采取一个两阶段的过程，在第一阶段中，利用 OP 回归方法以获得投入系数以及利用生产方程的剩余计算 TFP，在第二阶段中，以第一阶段计算的 TFP 为基础构建一个新的估计方程对 TFP 进行回归。本章为了更好地比较分析，同时采用最小二乘法（OLS）回归计算索洛余值的方法与 OP 方法进行对比分析。

4. 产业政策—竞争程度交互变量

为了验证推论一的正确性,本章将构建一个产业政策和竞争程度的交互变量,来度量产业政策对不同竞争行业企业全要素生产率的影响。具体为产业补贴政策与行业竞争程度($sub \cdot com$)。同理,本章也构建了流动负债支付利息和税收优惠产业政策与竞争程度的交互变量($int \cdot com$ 和 $tax \cdot com$)。但是关税产业政策有些不同,关税虽然不随地区发生变化,但是由于各地区制造业行业构成的不同和时间的变化,关税还是会存在地区间的差异,而且地区间竞争程度是不同的,因此,关税产业政策与竞争程度的交互变量($tar \cdot com$)设置是可行的。

5. 产业政策惠及度

假设二中提出惠及整个行业的产业政策对企业的效用和技术创新激励要好于对单个企业的产业政策,因此,本章拟构建产业政策惠及度变量,分别为补贴产业政策惠及度($Herf\_sub$)、税收优惠产业政策惠及度($Herf\_tax$)和利率产业政策惠及度($Herf\_int$)。由于关税在行业中是不变的,对所有企业都是相同的,所以不存在关税产业政策惠及度的问题。在具体构建产业政策惠及度变量时参考产业集中度的度量方法,利用赫芬达尔指数进行度量,例如补贴产业政策惠及度具体为:

$$Herf\_sub_{ijt} = \sum_{h \in j, h \notin i} \left(\frac{subsidy_{ijt}}{Sum\_subsidy_{jt}} \right)^2$$

同样的方法可以得到税收优惠和利率的产业政策惠及度为:

$$Herf\_tax_{ijt} = \sum_{h \in j, h \notin i} \left(\frac{taxholiday_{ijt}}{Sum\_taxholiday_{jt}} \right)^2$$

$$Herf\_int_{ijt} = \sum_{h \in j, h \notin i} \left(\frac{interest_{ijt}}{Sum\_subsidy_{jt}} \right)^2$$

(二) 实证分析模型

依据前文的具体待验证的假设和变量设置内容,考虑到本章的数据结构,拟构建如下计量模型进行实证分析:

$$\ln TFP_{ijt} = \theta_1 Z_{ijt} + \theta_2 S_{jt} + \beta_m Herf_{imjt} + \alpha_m \Omega_{mrt} + \mu_j + d_t + \varepsilon_{ijt} \quad (12-22)$$

式中，i 表示企业，j 表示行业，t 表示样本时间，m 表示产业政策类型；Ω_{mrt} 表示产业政策变量与竞争程度的交互变量，Z 表示企业层面的控制变量，包括企业国有控股比例等，S 表示行业层面的控制变量，例如关税水平或者外资进入程度等，μ_j 表示企业固定效应，d_t 表示时间固定效应。另外，计量模型中还对行业和时间变量进行了控制。

（三）描述性统计分析

1. 产业政策描述性统计分析

我国政府一直以来都积极推动制造业产业的发展，推动制造业发展的产业政策包含一系列的政策工具，例如关税保护、低息贷款、税收减免和促进重点领域投资的补贴政策等。首先，本章对我国样本期内的产业政策变量进行统计分析，具体产业政策的描述性统计分析如表 12.1 所示。

表 12.1 中各类型企业的第一行是接受补贴企业的占比，2002 年有 9.4% 的企业受到了补贴。接受补贴的企业占比在样本比重不断提升，在 2007 年达到最大值 15%，此后下降，到 2009 年下降到 12.3%。这个比重要比国有企业和外资企业（包括形成了国有企业的合资企业）高，但是要低于不含外资成分的国内企业。对于国内的私有企业来说，接受补贴的企业的比例稍低，从 2002 年的 8.3% 增长到 2007 年的 13.7%，但到 2009 年又降到 11.5%。表 12.1 中各类型企业的第二行是接受税收优惠企业的占比，企业接受税收优惠本章定义为企业支付的实际税率低于法定的增值税税率或所得税税率，在样本期内很大一部分制造业企业支付的税率低于法定税率。接受税收优惠的企业，从 2002 年的 41.5% 提高到 2009 年的接近 50%。从表 12.1 可以看到不同类型的企业之间税收优惠也存在较大的差异，国有企业的比重是最低的，外资企业的比重是最高的。例如外资企业在 2006 年达到了 59.2%，但是此时国有企业仅有 36.4%。低利率贷款是我国产业政策的一项重要措施，由于银行和政府无法获得相关数据，所以本章选择替代变量来描述这一相关产业政策。企业的数据信息中包含利息总额和流动负债的数据，因此，本章可以计算出贷款债务的实际利率，具体结果如表 12.1 中各类型企业的第三行所示。从具体数值可以看到，支付

非零利息的企业占总企业的比重在 2002 年为 5.56%，并且一直下降，到 2007 年下降到 2.67%，然后又增加到 2009 年的 3.28%。在不同类型的企业中存在显著的差异，私有企业支付的利率大约是国有企业的两倍。表 12.1 中各类型企业的最后一行数据为进口商品的关税，由于关税税率是由国家统一制定的，所以企业之间没有明显的差异。在样本期内，平均关税从 2002 年到 2009 年大幅下降，从平均 20 个百分点下降到平均为 10 个百分点。

表 12.1 产业政策的描述性统计

年份	2002	2003	2004	2005	2006	2007	2008	2009
所有企业								
接受补贴企业占比（%）	9.36	10.9	11.4	12.8	13.7	15	13.6	12.3
接受税收优惠企业占比（%）	41.5	45.2	44	44.2	45.5	41.8	45.3	49.6
流动负债支付利息	0.0556	0.0412	0.0365	0.0339	0.0318	0.0267	0.0312	0.0328
进口商品关税（%）	19.47	18.67	13.83	13.57	12.22	10.90	10.16	10.11
国有企业								
接受补贴企业占比（%）	13.8	16.1	17	18	19.6	19.6	22.3	25.2
接受税收优惠企业占比（%）	30.5	35.4	33.3	34.2	36.4	33.6	36.6	45.4
流动负债支付利息	0.0415	0.0287	0.0254	0.0237	0.0221	0.0183	0.0182	0.0199
进口商品关税（%）	19.8	19.1	13.75	13.47	12.04	11	10.23	10.23
外资企业								
接受补贴企业占比（%）	67.7	8.38	10.2	13.2	15.3	18	14.5	14.1
接受税收优惠企业占比（%）	53.9	59	57.1	58.4	59.2	57.6	59.7	60.7
流动负债支付利息	4.07	2.81	2.48	2.18	1.97	1.63	1.84	1.97
进口商品关税（%）	21.28	19.82	14.64	14.40	12.98	11.44	10.67	10.44

续表

年份	2002	2003	2004	2005	2006	2007	2008	2009
	私有企业							
接受补贴企业占比（%）	8.34	10.4	10.6	11.8	12.5	13.7	13	11.5
接受税收优惠企业占比（%）	41.7	43	41.6	41.1	42	37.3	41.2	46.6
流动负债支付利息	0.0667	0.0490	0.0423	0.0390	0.0364	0.0303	0.0355	0.0367
进口商品关税（%）	18.64	18.13	13.57	13.32	11.99	10.73	9.98	10.01

表 12.2 中列出的是 2002~2009 年间我国 24 个制造业行业部门的产业政策概况，不同的制造业行业部门间产业政策具有明显的差异性。例如支付的流动负债的利率方面，通信设备、计算机及其他电子设备制造业行业只有 1.8%，但是在通用设备制造业达到了 4.6%、饮料制造业为 4.4%，造纸及纸制品业的 4.3%。关税也具有明显的差异性，烟草行业的关税比例最高，达到了 52.2%，最低的是色金属冶炼及压延加工业，只有 5.6%。另外，从表 12.2 中也可以看到，补贴和税收在行业间也具有明显的差异。

表 12.2 部门产业政策的描述性统计

行业类别	利率	关税（%）	补贴	税收（%）
食品加工制造业	0.0423	21.66	0.108	0.475
饮料制造业	0.0440	27.47	0.105	0.450
烟草制品业	0.0335	52.27	0.228	0.319
纺织业	0.0356	14.38	0.119	0.443
纺织服装、鞋、帽制造业	0.0255	20.31	0.100	0.491
皮革、毛皮、羽毛（绒）及其制品业	0.0307	18.16	0.094	0.0485
木材加工及木、竹、藤、棕草制品业	0.0274	7.556	0.113	0.547
家具制造业	0.0396	8.775	0.091	0.500
造纸及纸制品业	0.0437	10.59	0.104	0.453

第十二章 产业政策、行业特征与制造业全要素生产率

续表

行业类别	利率	关税（%）	补贴	税收（%）
印刷业和记录媒介的复制	0.0333	17.02	0.101	0.484
文教体育用品制造业	0.0229	11.98	0.125	0.473
石油加工、炼焦及核燃料加工业	0.0390	6.03	0.105	0.387
化学原料及化学制品制造业	0.0390	9.50	0.144	0.451
医药制造业	0.0390	6.13	0.165	0.467
化学纤维制造业	0.0380	8.73	0.165	0.425
黑色金属冶炼及压延加工业	0.0366	6.18	0.108	0.412
有色金属冶炼及压延加工业	0.0396	5.59	0.159	0.432
金属制品业	0.0292	12.14	0.106	0.431
通用设备制造业	0.0461	12.37	0.138	0.444
专用设备制造业	0.0287	9.10	0.137	0.418
交通运输设备制造业	0.0288	17.56	0.149	0.412
电气机械及器材制造业	0.0265	11.66	0.143	0.422
通信设备、计算机及其他电子设备制造业	0.0181	7.07	0.154	0.537
仪器仪表及文化、办公用机械制造业	0.0205	9.43	0.169	0.469

2. 变量描述性分析

各变量的描述性统计分析如表 12.3 所示。

表 12.3 变量描述性统计分析

变量	均值	标准差	最大值	最小值
$Herf\_sub$	0.569	0.336	0	1
$Herf\_tax$	0.870	0.195	0	1
$Herf\_int$	0.845	0.203	0	1
$lerner$	0.987	0.025	0.027	1
sub	0.113	0.317	0	1

续表

变量	均值	标准差	最大值	最小值
tax	0.422	0.493	0	1
int	0.689	0.461	0	1
lntar	2.388	0.471	0.861	4.173
Export Share	0.174	0.151	0.00634	0.684
State Share	0.021	0.126	0	1
FDI	0.239	0.127	0.0007	0.938
lnTFP（OLS）	2.015	0.447	-0.229	11.48
lnTFP（OP）	1.852	0.463	-0.511	11.16

第四节 实证结果分析

一、基本实证结果分析

对于式（12-21）表示的面板计量模型，有很多种估计方法，而式（12-21）的计量模型中同时包含"企业效应"和"时间效应"的面板数据，对于这类面板数据模型的估计，本章根据 Peterson（2009）的研究，在仅有时间效应的情况下，最理想的方法应当是采用 Fama-MacBeth 两阶段回归法来估计标准误。在仅有企业效应的情况下，OLS 的标准误会被低估，因为每一个额外观测值所能提供的真实信息量要小于 OLS 模型所假设具有的信息量，在这种情况下，研究者应采用群集标准误（clustered standard errors），并且根据企业来群集。同时具有时间和企业效益的情况会比较复杂，Peterson 提到，有些时候企业效应是暂时性的，即随着时间的推延，某些影响因素会渐渐消退。Peterson 指出，一种最通常的方法是对某一个维度使用虚拟变量（Dummy Variable），然后使用另一维度的群集标准误。一般在研究中比较常见的是，对时间取虚拟变量，然后做企业的群集标准误，因为一般的面板数据都具有许多个企业，但未必有足够多的时间点用来做时间群集标准误。因此，本章采用群集标准误对方程的变量进行估计，来得到无偏的估计值。具体估计结果如表 12.4 所示，主要研究的重点是式（12-21）中 α_m 和 β_m 的数值大小和符号，解释变量为 TEP 的对数值，TFP 的估计用了 OP 方法和 OLS 方法进行估计来进行对比分析。

表 12.4 基本估计结果

变量	(1)	(2)	(3)	(4)	(5)	(6)	(7)	(8)
	TFP_OLS				TFP_OP			
$Herf\_sub$	-0.0387** (0.0096)			-0.0306** (0.0082)	-0.0406** (0.0110)			-0.0318** (0.0092)
$sub \cdot com$	0.0023 (0.0035)			0.0009 (0.0038)	0.0012 (0.0034)			0.0001 (0.0039)
$Herf\_tax$		-0.0998** (0.0206)		-0.0858** (0.0229)		-0.1020** (0.0228)		-0.0860** (0.0249)
$tax \cdot com$		0.0142** (0.0039)		0.0151** (0.0042)		0.0152** (0.0042)		0.0161** (0.0046)
$Herf\_int$			-0.0765** (0.0169)	-0.0567** (0.0163)			-0.0844** (0.0194)	-0.0668** (0.0189)
$int \cdot com$			-0.0132** (0.0038)	-0.0123** (0.0045)			-0.0125** (0.0039)	-0.0121** (0.0044)
$tar \cdot com$	0.0410** (0.0142)	0.0207* (0.0098)	0.0329** (0.0099)	0.0304* (0.0146)	0.0311* (0.0144)	0.0162 (0.0101)	0.0280** (0.0103)	0.0198 (0.0148)
$lerner$	-10.620* (4.711)	-9.348** (3.448)	-9.403** (3.416)	-10.259* (4.534)	-12.979* (6.320)	-9.098** (3.676)	-9.395* (3.677)	-12.048 (6.101)
$Lerner^2$	6.140* (2.591)	5.361** (1.897)	5.412** (1.885)	5.952* (2.492)	6.962* (3.457)	4.926* (2.059)	5.107* (2.065)	6.463 (3.343)
Export Share	0.327* (0.140)	0.369** (0.138)	0.345* (0.139)	0.342* (0.140)	0.631** (0.177)	0.682** (0.174)	0.650** (0.174)	0.659** (0.177)
State Share	0.0028 (0.0046)	0.0034 (0.0041)	-0.0004 (0.0038)	0.0030 (0.0051)	0.0029 (0.0047)	-0.0004 (0.0042)	-0.0005 (0.0038)	0.0031 (0.0050)
sub	0.0115** (0.0018)	0.0109** (0.0017)	0.0115** (0.0016)	0.0104** (0.0019)	0.0081** (0.0019)	0.0076** (0.0018)	0.0082** (0.0019)	0.0067** (0.0020)

续表

变量	(1)	(2)	(3)	(4)	(5)	(6)	(7)	(8)
	TFP_OLS				TFP_OP			
tax	0.0219** (0.0011)	0.0201** (0.0010)	0.0217** (0.0009)	0.0204** (0.0011)	0.0213** (0.0010)	0.0196** (0.0009)	0.0212** (0.0009)	0.0199** (0.0010)
int	-0.0128** (0.0016)	-0.0141** (0.0014)	-0.0156** (0.0015)	-0.0119** (0.0017)	-0.0108** (0.0019)	-0.0123** (0.0016)	-0.0138** (0.0017)	-0.0101** (0.0019)
lntar	0.0715 (0.0578)	0.0618 (0.0555)	0.0625 (0.0555)	0.0689 (0.0575)	0.0526 (0.0569)	0.0415 (0.0550)	0.0448 (0.0548)	0.0475 (0.0565)
R^2	0.206	0.206	0.206	0.208	0.180	0.182	0.181	0.183
行业变量	控制	控制	控制	控制	控制	控制	控制	控制
时间变量	控制	控制	控制	控制	控制	控制	控制	控制
观测值	81073	90345	96207	74630	81073	90345	96207	74630

注：**表示在1%的显著性水平下显著，*表示在5%的显著性水平下显著；本章为了简化分析，表中没有列出其他控制变量的估计结果。下同。

表12.4中列（1）（2）（3）和列（5）（6）（7）分别只包含了某一种主要的产业政策变量进行估计，列（4）和列（8）把所有的产业政策变量放在一起进行估计，估计值的符号和显著性没有发生改变。从表12.4中用OP方法计算TFP进行估计的结果来看，与OLS方法的估计结果相比，主要变量的显著性和变量符号都没有发生改变，只是估计值的大小发生了小的变化。

根据前文的理论假设，"只是针对某个具体企业的产业政策不会导致行业均衡的变化，对所有企业共同的产业政策会影响企业的技术创新和产出"，产业政策惠及度变量的符号预期为负值。从表12.4的估计结果来看，三个产业政策惠及度变量的符号都是负值，并且都是显著的，表明任何产业政策如果惠及行业的程度增加，都能够显著地提高行业的全要素生产率。例如列（1）的补贴产业政策惠及度估计值为-0.0387，并且在1%的显著性水平下是显著的，表明补贴产业政策惠及度从1变为0，企业的TFP将会增加3.9%。

□□□ 第十二章 产业政策、行业特征与制造业全要素生产率

就单纯的产业政策变量的估计结果来看,补贴、税收优惠和优惠贷款政策对制造业全要素生产率的影响都是显著的,而且这三种产业政策对全要素生产率的增长都有促进作用。只是结合具体的行业竞争程度后,就会体现出在不同竞争程度行业中的差异性。产业政策—竞争程度交互变量的具体估计结果,无论从估计值的符号还是显著性来看都具有明显的差异性。补贴产业政策—竞争程度交互变量($sub \cdot com$)是不显著的,这表明对竞争性强的行业给予更多的补贴并不能够显著地提高该类行业的全要素生产率。税收产业政策变量以及税收产业政策-竞争程度交互变量($tax \cdot com$)都是显著的正值,这表明在竞争性制造业行业中能够显著地降低税收优惠对制造业行业全要素生产率的增长,这说明在竞争性行业中实施税收优惠产业政策并不是有利的选择。这可能是由于我国税收优惠更多惠及的是外资企业,而本章主要的样本是国内企业,国内企业并没有得到过多的税收优惠。优惠贷款产业政策变量以及优惠贷款产业政策—竞争程度交互变量($int \cdot com$)都是显著的负值,在竞争性行业中实施优惠贷款产业政策,能够促进贷款利率的降低对制造业行业全要素生产率的增长的影响,这说明在竞争性行业中实施优惠贷款产业政策是有利的选择。关税产业政策—竞争程度交互变量的估计值有的是显著的,有的不显著,而且关税产业政策变量对全要素生产率的影响都是不显著的,表明在竞争性制造业行业中实施关税优惠对制造业行业全要素生产率的增长影响是不确定的。

二、企业异质性下的产业政策估计结果

同一制造业行业中的企业存在差异性,在本章计算产业政策惠及度时没有考虑行业中具体企业的异质性问题,因此存在一个问题,即是否行业中不同的企业就应该获得更高的支持呢?就像在假设中提出的那样,是不是对创新性更好的企业实施产业政策更能提高企业的全要素生产率,从而促进企业的进一步创新呢?另外,Melitz(2003)提出,生产率越高的企业规模可能越大,即企业规模是否会影响产业政策的效果呢?本部分将通

过实证分析这些问题,为了体现企业的异质性,本部分将对产业政策惠及度变量的计算进行修正。在基本估计中,产业政策惠及度变量是利用赫芬达尔指数进行的度量,在计算行业内的产业政策惠及度时没有考虑企业的异质性,即所有企业按照统一的权重进行求和。为了体现企业的异质性包括技术创新和企业规模,本章拟利用企业的创新投入水平和企业规模作为权重进行重新计算赫芬达尔指数来度量产业政策惠及度。具体估计方法参照基本估计过程,具体结果如表 12.5 所示。在表 12.5 中列(1)和列(2)是没有对产业政策惠及度进行修正的估计结果,列(3)和列(4)是利用企业规模和企业创新能力对产业政策惠及度进行修正的估计结果。从具体估计结果来看,根据企业规模实施不同的产业政策惠及度对制造业全要素生产率影响与实施统一的产业政策惠及度相比并没有明显的增加,也就是说根据企业规模的不同来确定产业政策惠及度的差异并不能够明显地提高全要素生产率。但是从列(4)的估计结果来看,根据企业创新投入即企业创新能力实施不同的产业政策惠及度,对制造业全要素生产率影响与实施统一的产业政策惠及度相比明显的增加,也就是说根据企业创新投入的不同来确定产业政策惠及度的差异能够明显地提高全要素生产率。

表 12.5 企业异质性下的估计结果

变量	(1)	(2)	(3)	(4)
	TFP_OP			
$Herf\_sub$	-0.0304** (0.0081)	-0.0318** (0.0090)		
$Herf\_tax$	-0.0858** (0.0219)	-0.0860** (0.0248)		
$Herf\_int$	-0.0567** (0.0163)	-0.0668** (0.0189)		
$Herf\_sub\_weightsize$			-0.0254** (0.0089)	
$Herf\_tax\_weightsize$			-0.0554** (0.0123)	

续表

变量	(1)	(2)	(3)	(4)
		TFP_OP		
Herf_int_weightsize			−0.0615** (0.0097)	
Herf_sub_weightinnovative				−0.1020** (0.0312)
Herf_tax_weightinnovative				−0.0998** (0.0254)
Herf_int_weightinnovative				−0.0591** (0.0252)
lerner	−10.25* (4.534)	−12.04 (6.101)	−12.71* (6.252)	−12.61** (6.261)
$Lerner^2$	5.952* (2.492)	6.463 (3.343)	6.812 (3.419)	6.759 (3.423)
Export Share	0.342* (0.140)	0.659** (0.177)	0.671** (0.178)	0.672** (0.178)
State Share	0.0029 (0.0049)	0.0030 (0.0051)	0.0026 (0.0046)	0.0027 (0.0050)
sub	0.0104** (0.0018)	0.0066** (0.0020)	0.0078** (0.0020)	0.0079** (0.0019)
tax	0.0204** (0.0011)	0.0199** (0.0010)	0.0200** (0.0010)	0.0199** (0.0010)
int	−0.0119** (0.0017)	−0.0100** (0.0019)	−0.0099** (0.0019)	−0.0099** (0.0019)
R^2	0.207	0.183	0.181	0.181
行业变量	控制	控制	控制	控制
时间变量	控制	控制	控制	控制
观测值	74630	74630	74715	74673

三、稳健性检验

前部分的研究虽然用了两种方法度量制造业全要素生产率,但是 TFP

仍然可能存在计算偏差的问题，从而影响参数的估计结果。本部分将对 TFP 的计算进行修正，从而对前述研究结果进行稳健性检验。最近有关全要素生产率的研究表明，在 OP 的第一阶段估计时如果投入中去掉政策变量将会导致估计偏差。因此，本部分首先在 OP 的第一阶段估计时的投入变量中加入主要政策变量重新计算 TFP，以该 TFP 为被解释变量的具体估计结果如表 12.6 中列（1）（3）和（5）所示。另外，近年来有关决定制造业全要素生产率的因素研究从企业内部转移到企业间，例如 Olley 和 Pakes（1996）、Melitz（2003）研究认为，企业生产率的提升不是通过企业内部的学习而是通过企业之间的学习实现的。因此，本部分从行业层面计算 TFP 作为第二种稳健性检验，以该 TFP 为被解释变量的具体估计结果如表 12.6 中列（2）（4）和（6）所示。从这两种新的 TFP 的计算方法得出的估计值来看，与前文的估计值相比只是数值大小发生了变化，但是估计值的显著性和符号并没有发生改变。这说明前文的 TFP 计算方法是可行的，得到的实证分析结果也是有说服力的。

表 12.6　稳健性估计结果

变量	(1) TFP_OP_policy	(2) TFP_OP_sector	(3) TFP_OP_policy	(4) TFP_OP_sector	(5) TFP_OP_policy	(6) TFP_OP_sector
$Herf\_sub$	-0.0115** (0.0019)	-0.0107** (0.0018)				
$Herf\_tax$	-0.0282** (0.0056)	-0.0172** (0.0048)				
$Herf\_int$	-0.0527** (0.0042)	-0.0495** (0.0041)				
$Herf\_sub\_weightsize$			-0.0018** (0.0008)	-0.0021** (0.0006)		
$Herf\_tax\_weightsize$			-0.0174** (0.0079)	-0.0084** (0.0013)		
$Herf\_int\_weightsize$			-0.0666** (0.0070)	-0.0514** (0.0064)		

续表

变量	(1) TFP_OP_policy	(2) TFP_OP_sector	(3) TFP_OP_policy	(4) TFP_OP_sector	(5) TFP_OP_policy	(6) TFP_OP_sector
Herf_sub_weightinnovative					-0.0667** (0.0076)	-0.0535** (0.0071)
Herf_tax_weightinnovative					-0.0891** (0.0058)	-0.0742** (0.0063)
Herf_int_weightinnovative					-0.0099** (0.0026)	-0.0379** (0.0065)
lerner	-1.201** (0.304)	1.081** (0.272)	-1.225** (0.318)	-1.094** (0.281)	-1.120** (0.309)	-1.007** (0.274)
$Lerner^2$	0.801** (0.186)	0.719** (0.166)	0.818** (0.194)	0.724** (0.170)	0.758** (0.188)	0.675** (0.167)
Export Share	0.0154 (0.112)	0.0016 (0.105)	0.0126 (0.114)	0.0016 (0.105)	0.0194 (0.111)	0.0061 (0.103)
State Share	-0.0774 (0.0961)	0.0167 (0.0955)	-0.0595 (0.0990)	0.0316 (0.0976)	-0.0791 (0.0992)	0.0156 (0.0979)
sub	0.0109** (0.0031)	0.0100** (0.0036)	0.0103** (0.0018)	0.0106** (0.0017)	0.0101** (0.0025)	0.0107** (0.0039)
tax	0.0142** (0.0019)	0.0203** (0.0020)	0.0142** (0.0011)	0.0203** (0.0014)	0.0143** (0.0008)	0.0209** (0.0015)
int	-0.0066** (0.0027)	-0.0062** (0.0026)	-0.0124** (0.0028)	-0.0117** (0.0027)	-0.0156** (0.0028)	-0.0144** (0.0027)
R^2	0.079	0.067	0.068	0.059	0.092	0.078
行业变量	控制	控制	控制	控制	控制	控制
时间变量	控制	控制	控制	控制	控制	控制
观测值	64454	64454	64454	64454	64454	64454

第五节　简要结论

本章讨论了我国产业政策的变化对制造业全要素生产率的影响,从理论和实证两个方面分析不同竞争程度的行业实施不同的产业政策对制造业全要素生产率的影响。首先通过构建理论模型分析产业政策在竞争程度不同的行业内对生产率影响的理论假设，随后利用我国 2002~2011 年的《中国工业企业数据库》进行实证分析得到以下结论：

第一，不考虑行业特征时政府补贴、税收优惠和贷款优惠产业政策对制造业全要素生产率的增长都具有显著的促进作用。但是考虑制造业行业竞争特征后，产业政策对全要素生产率的增长的影响会发生改变。在竞争性强的行业中实施优惠税收和优惠贷款产业政策对制造业全要素生产率的增长具有更强的促进作用，但在竞争行业中实施产业补贴政策不能对制造业全要素生产率的增长产生更强的促进作用。这就要求我们在设计产业政策时，必须使得产业政策能够更符合制造业行业的竞争性特征，产业政策的设计要在竞争性行业中更能促进全要素生产率的增长。本章的分析告诉我们适宜的制造业行业环境结合合理的产业政策选择能够更好地提高制造业的全要素生产率。

第二，产业政策实施时要扩大惠及面，使更多的企业能够享受到产业政策的效果，因为本章分析认为任何产业政策惠及度的增长都会带来制造业全要素生产率的提升。所以政策制定时要充分考虑到政策的影响程度，如果只是针对少数企业的产业政策，并不能够明显地带来全要素生产率的增长，而针对行业内大多数企业的产业政策能够更好地促进全要素生产率的提升。

第三，对创新能力强的企业提供产业政策支持更能提高全要素生产率。本章研究发现根据企业创新投入即企业创新能力实施不同的产业政策惠及度，对制造业全要素生产率影响与实施统一的产业政策惠及度相比有明显的增加，即根据企业创新投入的不同来确定产业政策惠及度的差异能明显地提高全要素生产率。因此，政府制定产业政策时要重点关注创新型企业，对创新型企业给予更优惠的产业政策，例如更好的补贴、更优惠的贷款政策和税收政策等，以提高企业的全要素生产率。

第十三章

制造业结构向中高端转型升级的引擎和杠杆

第一节 前言：问题的提出

我国经济进入新常态下，经济发展就有两个目标：一是经济增长速度转向中高速；二是制造业结构转向中高端。就结构和速度的关系来说，根据库氏的分析，结构调整对速度有推动作用。现代经济增长的高速度是可以达到的，只要所需的制造业结构的转移不被劳动力、资本和人们的反抗及老常规中的资源所阻碍。这意味着，中高速的增长速度将依赖于制造业结构向中高端转型升级。

制造业结构转向中高端的必要性在于，虽然我国的GDP总量达到世界第二，人均GDP也达到了中等收入国家的水平，但与发达国家相比，我国的制造业结构水准仍然处于低端，带有低收入发展阶段的特征：首先，我国劳动密集型制造业比重过大，不仅是高消耗、高污染行业偏多，资源、环境供给也不可持续。更为突出的问题是资源环境承载力已经达到或接近上限，难以支撑如此大规模的劳动密集型制造业。其次是高端制造业比重太低，难以满足进入中等收入发展阶段后人民群众的更高需求。最后是制造业的科技含量和档次低。这些问题可以归结为制造业结构仍处于中低端的水平。

以上不仅指出了欧美国家高端制造业结构的新动向，同时也对制造业结构处于中低端的我国提出了严重的挑战。它们的这些举措必然孕育着全球制造业的调整和再平衡，国际产业分工和国际市场竞争态势必然会大调整，将直接影响我国制造业在国际分工体系和国际市场中的地位。这也就倒逼我国加快推进制造业结构向中高端转型升级。

基于我国制造业结构现状和高端制造业结构的对比，可以明确我国制造业结构向中高端转型升级的方向：一是三类制造业结构的调整，方向是提高技术尤其是高端制造业的比重；二是产业创新，在提高自主创新技术含量的基础上提高附加值，包括发展战略性新兴产业，各个产业都采用高新技术；三是化解过剩产能，淘汰高消耗、高污染的技术和行业。

实际上，我国早就提出制造业结构调整的目标和任务，但进展不明显，可以说是存在结构刚性。其中的一个重要原因是，已有的结构调整主要采取增量调整方式，也就是依靠新增投资的结构调整来推动结构调整。其效果，一是靠增量调整已经无法推动制造业结构的转型升级，二是存量结构没有得到调整，过剩产能越来越多，应该淘汰的污染产能和高耗能产能无法淘汰。因此，推动制造业结构向中高端升级的着力点在存量结构调整：一是"凤凰涅槃"，下决心化解过剩产能，淘汰污染产能和落后产能；二是"腾笼换鸟"，在现有的土地等物质资源被落后产业占用的情况下，需要为高端制造业和高科技产业的发展腾出空间。

以存量结构调整的方式推进制造业结构向中高端转型升级，需要强有力的引擎。原因在于相比增量结构调整，存量结构调整无论是淘汰还是腾笼都会牺牲一部分生产能力，损害一部分人的利益，其阻力必然很大。而且，存量结构调整的推动力一般不可能来自需要调整的产业内部，内部不可能出现毁灭自己的创新。因此，存量结构调整的推动力一般来自于外部，只有外部动力足够大，才推得动存量调整。

我国十八届三中全会做出的全面深化改革的决定也已经明确，市场对资源配置起决定性作用。这意味着市场对制造业结构调整应该起更大的作用，也就是成为结构调整的主体。但是，在我国这样的发展中大国面对着以调整存量结构为对象的制造业结构转型升级，结构调整能否都交给市场，政府还要不要发挥作用，在多大程度上发挥作用，这是需要深入研究

□□□ 第十三章 制造业结构向中高端转型升级的引擎和杠杆

的问题。

正在出现和推进的市场化、信息化、全球化、城市化，可能成为结构调整的巨大推动力，制造业结构调整的主题是产业升级，不仅涉及以信息化为内容的工业化，还涉及现代服务业的发展；企业结构调整的主题是推动资本和市场向优势企业集中；目前学界对结构调整的方向和增量结构调整的研究较多，而对存量结构调整的方向，特别是相应的结构调整的有效方式和动力研究不多。本书致力于存量结构调整的研究，发现现阶段推动制造业结构向中高端转型升级的引擎主要在三个方面：一是创新驱动，突出在产业化创新；二是并购和资产重组；三是市场推动，不仅是市场选择，更要活跃的资本市场。

制造业结构的转型升级需要国家的产业发展规划和相应的产业政策来引导，前瞻性培育战略性新兴产业还需要政府的引导性投资，推动产业创新的科技创新需要政府的积极参与。政府在这些方面推动结构调整同市场调节结构应该是并行不悖的。

第二节　制造业升级的引擎：产业化创新

制造业结构调整的基本驱动力是投资结构，也就是以抑长补短的投资结构来进行结构调整，是一种静态的调整，不改变产业的基本水准。我们今天所要进行的结构调整是要推进制造业结构的高级化，是制造业结构的根本性调整，是建立在产业创新基础上的转型升级。这意味着结构调整的基本驱动力要转向科技和产业创新。

我国的制造业要想进入世界前沿，需要解决三个认识问题。首先是比较优势不具有竞争优势。长期以来，我们把资源禀赋的比较优势作为一个国家和地区制造业的结构的依据。这是现阶段制造业结构转型升级的陷阱。拘泥于资源禀赋的比较优势，我国不可能缩短与发达国家制造业的距离，更谈不上进入世界制造业前沿。因此制造业创新应该由比较优势转向竞争优势，所谓制造业竞争优势是指"一国产业是否拥有可与世界级竞争对手较劲的竞争优势"（波特，1996）。其次是规模优势不具有价值链优势。我国的制造业只是具有规模的优势，没有价值链的优势，需要通过创新和新技术的应用进入价值链的高端，提高制造业附加值。最后是高端无法被模仿和引进。只有与发达国家进入同一创新起跑线才能进入高端。正如库兹涅茨所说，科技和产业的"时代划分是以许多国家所共有的创造发明为依据的。这是现代经济增长的一条特殊真理"。这就是说，与发达国家进入共同的科技和产业创新领域，你研发新能源，我也研发新能源，你研发新材料，我也研发新材料，你研发生物技术，我也研发生物技术。不仅如此，还要把这些领域研发的新技术迅速转化为新产业，前瞻性地发展战略性新兴产业。所有这些都离不开自主的科技创新。

所谓创新，指的是新技术新发明的第一次应用。就如诺贝尔经济学奖得主费尔普斯的定义："创新是指新工艺或新产品在世界上的某个地方成为新的生产实践。"创新已经成为制造业结构转型升级的原动力。就如熊彼特所说，创新是创造性的毁灭。一个新技术、新产业出现就可能毁灭一个产业。例如：数码相机的产生毁灭了以柯达为代表的使用胶片的相机制造业，2012年柯达这个拥有131年历史、占据全球2/3的胶卷市场的老牌摄影器材企业，正式向法院递交破产保护申请。移动网络的出现毁灭了传统的电报电话行业。这充分说明了产业创新对制造业结构调整的革命性作用。产业化创新实际上是培育新的增长点。

就科技创新和产业创新的关系而言，在现阶段两者不是孤立进行的。科技创新是源头，产业创新是目的。如果说过去一项重大科学发现到产业上应用需要隔上数十年的话，那么现在的趋势是科技创新和产业创新几乎是同时进行的。因此，创新是驱动制造业结构转型升级的推动力，即科技创新的成果迅速转化为新技术、新产业，也就形成产业化创新。这就是2014年中央经济工作会议所指出的：创新要实，更多靠产业化的创新来培育和形成新的增长点，把创新成果变成实实在在的创新活动。

产业化创新驱动制造业结构转型升级，不仅仅是培育战略性新兴产业、一花独放，更重要的是驱动已有的各个产业部门的创新。需要以战略性新兴产业带动整个制造业结构的提升，包括新技术的扩散，以及产业链的延伸等。例如，信息产业是信息产业，在此基础上将信息化和工业化融合，就能实现工业结构的技术跨越。在现代信息技术基础上产生的互联网的广泛应用就可能产生产业的提升。"互联网+"就有这种效应。互联网+零售即产生网购，互联网+金融即产生互联网金融，互联网+媒体即新媒体，互联网+教育即慕课（MOOC），《第三次工业革命》的作者里夫金则把第三次工业革命的标志称为"移动互联网+清洁能源"。显然，移动互联网进入哪个产业领域，哪个产业领域就能得到根本改造并得到提升。

"互联网+"的效应说明了产业化创新是实现产业转型升级的活力之源。如熊彼特所说：创新通常可以说是体现在新的企业中，它们不是从旧企业里产生的。例如，并不是驿路马车的所有者去建造铁路。原因是，已有的各个产业部门（或者说传统产业）没有以对自身的创新来毁灭自己的动力。资产的专用性使得已有的市场都会阻碍自己的产业创新。因此，产业创新往往产生在已有产业的外部。但只有在已有产业都能进入产业创新的轨道时，才会有整个制造业结构的转型升级。以"移动互联网+"为例，现有的实体零售业遇到网购产业的冲击，迫使其也要进入"互联网+"，再如已有的金融业受到互联网金融业的冲击，迫使其也要采用互联网技术并且也要采取移动支付的方式。发展趋势是谁都要进入"互联网+"，否则就会被新产业淘汰。反过来也可以说，新产业往往不是在从事传统产业的企业中产生的。只要采用最新技术，再传统的产业都可以成为现代产业。

基于以上产业化创新对制造业结构升级的引擎作用分析，可以对产业化创新的内涵做出规定。创新包含创新和产业化两个方面：一是以研发和孵化为新技术，新发明的创新；二是新技术新发明的应用，即创业。产业化创新则是把两者有机地融合在一起。

第三节 转型升级的路径：资产重组

制造业结构的转型升级面临两大课题：一是率先产业化创新的企业如

何在短期内成长为大企业，从而成为新兴产业的领跑者；二是过剩产能和落后产能如何被淘汰。以下的研究将说明，并购和资产重组将是这两方面结构调整的最为有效的途径。

就率先产业化创新的企业成长来说，长期以来，人们往往以企业规模来论企业的创新能力，从而论制造业结构的转换能力。也就是说，大企业的创新能力强，创新都是从大企业开始的。小企业首先进行创新，其创新的技术只有被大企业采用时，才会出现产业的提升。这种理论判断或许在两种场合是成立的：一是在工艺创新场合是成立的，而在产业创新场合就不成立了；二是在信息技术革命以前是成立的，而在20世纪八九十年代产生信息技术革命后，这种理论就被颠覆了。有以下几方面原因：

第一，率先发动产业化创新的一般不是已有的大企业，常常是小微科技企业。比尔·盖茨领导的微软，乔布斯领导的苹果一开始都是小企业，是它们率先进行了电子信息技术的产业化创新，我国的华为和中兴在二十世纪八九十年代都还只是小企业，在世界信息技术和产业革命的浪潮中抓住时机，在信息技术的产业化创新上取得突破。成立于1999年的阿里巴巴，最初也是小企业，它率先进行互联网领域的产业化创新。

第二，制造业升级也不是在小企业创新的技术被大企业采用后才实现。恰恰是率先进行产业化创新的小企业利用市场方式自身实现了爆发性扩张，不仅在市场竞争中胜出并迅速扩大规模，而且带动整个制造业结构的提升。如微软和苹果一跃超过老牌的福特等"百年老店"，领导了世界的信息技术革命。华为和中兴均成为全球最大的电信设备制造商和商用网络的巨头，极大地推动了我国制造业结构的信息化。阿里巴巴一跃成为全球顶尖的电子商务巨头，并且与腾讯等企业一起推动"互联网金融"，以"互联网+"的技术推动了传统产业的转型升级。与此相反的是，没有进入产业化创新轨道的企业，即便是大企业也可能衰落甚至被淘汰。

再就过剩和落后产能的淘汰来说，在资源有限的背景下，过剩产能不化解，落后产能、污染产能以及高能耗产能不淘汰，产业创新、高科技产业化都难以推进。制造业结构转向中高端的一个重要方面是夕阳产业和劣

○○○ 第十三章 制造业结构向中高端转型升级的引擎和杠杆

质企业被淘汰出局,其占用的资源转向新兴产业和优势企业。这些都是存量制造业结构调整的内容。所谓存量结构调整,如马克思所说,是"以已经存在的并且执行职能的资本在分配上的变化为前提"。存量结构调整的目标,就是通过优胜劣汰和资本流动、重组的过程使资本和资源向优势企业集中。要做到这一点需要通过改革来解决优胜劣汰和资本有效流动的制度障碍。制造业结构调整也就是资源在各个产业部门配置比例的调整。市场决定资源配置就是指市场决定资源在各个产业部门之间的配置比例。在资本、劳动力、技术等要素自由流动的条件下,市场通过自主选择和优胜劣汰的机制进行结构的调整。市场调节结构也就是对产业和产品进行市场选择,其机制是市场需求和竞争性选择。首先是市场需求导向。一种产业能否发展起来,发展规模有多大,取决于市场是否需要,需求的规模和潜力有多大。不同产品的市场需求差别直接影响不同产品的供给规模。其次是市场竞争压力。对结构调整起决定性作用的就是优胜劣汰的决定性作用。

根据保罗·莫斯利(Paul Mosley)的定义,"结构调整是通过消除市场不完全来促进经济供给方面发展政策的一部分"。这是市场结构调整的必要条件。如果市场体系不完善,有的要素市场已放开,有的要素还没有进入市场,竞争不充分,要素在部门间的流动就会发生紊乱或受阻。因此为了保证市场对结构调整能起有效的决定性作用,就必须完善市场机制、强化市场竞争,特别是强化其优胜劣汰的机制。因此市场结构调整的程度和范围应该以市场体系的完善程度为边界。

竞争对结构调整的杠杆作用突出在三个方面。首先,优胜劣汰就是竞争性选择机制。哪些产能应该成长发展,哪些产能应该削减和淘汰,要靠竞争来调节。在这个过程中,政府的介入,尤其是地方政府的介入,将难以做出符合市场规律的准确选择。其次,竞争的结果是吞并,"某些资本成为对其他资本的占压倒的压力中心,打破其他资本的个体内聚力,然后把各个零散的碎片吸引到自己方面来"。最后,优胜劣汰的制度条件是要素的自由流动。资本有更大的流动性,更容易从一个部门和一个地点转移到另一个部门和另一个地点。长期以来我国制造业结构的调整缓慢，说到底，就是这种市场力量用得不够，竞争不充分。因此，要充分发挥竞争对结构调整的杠杆作用，关键在两个方面：一是打破垄断，实践证明，凡是垄断的部门，技术进步一定最缓慢。因此需要打破除了自然垄断以外的一切垄断，尤其是行政性垄断。二是打破地方保护，现实中存在的部门、地区的分割和封销阻碍了这种调整，强化了地方的利益，进一步增加了结构调整的阻力，致使该上的上不去，该压的压不下，甚至可能出现劣币驱逐良币的状况。现在过剩产能越积越多，污染产能淘汰不了，应该淘汰的落后产业"死不了"，根本原因是地方政府和部门的保护。行政的藩篱阻碍了要素流动、限制竞争。因此，打破地方保护和行政垄断是强化市场竞争，从而在更大范围、更大程度上发挥市场结构调整的调节作用的前提。只有打破地方保护和封锁，市场才能发挥优胜劣汰的功能。

首先，改革政府规制（管制）产业。现实中有一部分制造业是政府规制的产业，涉及自然垄断和行政垄断的制造业。政府本意是防止其利用垄断地位谋取垄断利润，保护消费者利益。但只要是政府规制的制造业效率都低下，技术进步缓慢甚至停滞。实践证明，凡是对自然垄断行业的管制，其结果往往是产出下降，供不应求；凡是对非自然垄断制造业行业的管制，其结果往往是成本和价格的提高。政府规制改革的可能性在于以下两个原因。一是新技术的普遍运用，使得某些受规制产业的性质发生了巨大变化，不再具有自然垄断的性质。例如电话被移动通信所代替。这导致对相关制造业行业的规制手段失去了现实的必要性。二是专业化分工的发展也改变了自然垄断的范围。随着产业的发展和产业需求的扩大，各个生产环节的规模大到足以独立进行，企业内部的垂直一体化分工便转化为社会专业化分工。其中有相当部分的生产环节不具有自然垄断性质。就如电力中的发电环节、电力设备生产环节就具有明显的竞争性。因此在电力行业之类的自然垄断行业可能分离出相当多的部门，退出政府规制的范围。政府规制改革的主要走向是放松政府规制，实行竞争和开放政策。在市场机制可以发挥作用的行业完全或部分取消对价格和市场进入的规制。哪个部门市场调节更有效率,政府规制就要从哪个部门退出。具体来说,政府规制的领域只能限于自然垄断领域。非自然垄断行业应该逐步退出政府规制的范围。针对不再具有自然垄断性的某些制造业部门如电信产业,应当退出政府规制,使其转为竞争性行业。针对某些产业环节适合于竞争而其他环节适合于垄断经营的混合制造业结构,规制改革的措施是,将竞争性业务从垄断性业务中分离出来,并防止在某个产业环节居于垄断地位的厂商将其垄断势力扩展到该产业的其他环节。试想,如果发电不分开,何来风电和太阳能等清洁能源的大发展?

其次,降低结构调整的成本。由增量结构调整转向存量结构调整必然会大大增大调整成本。调整成本过大,会阻碍调整。因此,有效的结构调整需要寻求降低调整结构成本的方式。一般来说,这些需要淘汰的产能的市场信号是清楚的,如价格下跌、需求下降、负债严重、企业亏损、员工收入下降。企业基本上是靠银行负债、政府补贴苟延残喘。如果采取破产方式来淘汰这些产能,实际上是内部负担社会化,员工的失业安置和就业安排需要社会承担,资不抵债的债务特别是银行负债"一笔勾销",企业内物质资产成为废铜烂铁。这些成本都成为社会成本,也成为结构调整的阻力。因此经济学家一般不推荐这种淘汰方式。

按结构调整的要求淘汰过剩的、落后的、污染的、高能耗的产能,不等于完全消灭这些产能。可行的途径是并购,马克思提供了两种方式:一是吞并的方式。也就是在充分竞争的基础上,优势企业成为"引力中心",把被竞争打碎的"各个零散的碎片吸引到自己方面来"。二是建立股份公司这种平滑的办法,把它们"溶合起来"。这两种方式就是我们现在讲的并购的方式。这种并购和资产重组的方式相当于科斯所说的企业代替市场的方式,可以大大降低破产所产生的社会成本。市场调节结构调整效率的前提是形成完善的市场机制。最大的动力是资本的推动。最后,足够的制造业创新能力。涉及新制造业技术的供给,以及相应的人力资本的供给,包括员工的学习能力。

并购需要淘汰的产能及其企业不是没有交易成本的。其中包括被并购企业的债务承担、员工安置。同时也要支付大量的为原有产能转变为可用产能所需要的成本，等等。这种交易成本可能会大到超过并购收益。面对这么大的交易成本，优势企业往往会望而却步。这时候就要政府出场了。本来淘汰产能所需要的成本是社会成本，应该由政府来承担。现在企业通过并购的方式来淘汰落后产能，实际上是将其外部成本内部化。并购企业实际上承担了这些成本。这意味着政府应该对并购企业给予激励，对其承担的过高的交易成本给予补贴。基本要求是对符合产业政策、符合制造业结构转型升级方向的并购给予足够有激励作用的补贴。

市场对结构调整的决定性作用还是有限制的。首先，在我国这样的发展中大国，虽然市场对产品结构的调整是非常有效的，但对制造业结构的调整则有失灵之处。原因是我国的制造业结构长期处于低水准，结构性矛盾积重难返。现在所要进行的制造业结构调整可以说是整体性转型升级。尤其是对存量结构的调整，个别企业无能为力，市场机制也无济于事，需要政府的强力推动。就像北京周边地区导致雾霾的高污染产业长期难以淘汰，中央政府一声令下，它们很快就被拆除。其次，现在市场推不动制造业结构调整也不完全是市场本身缺乏调节能力，还存在政府的阻力。因此为了在更大范围发挥市场对制造业结构调整的调节作用，需要政府自身的改革。

第四节 结构调整的杠杆：活跃的资本市场

制造业结构调整的推动力是资本。所谓创新要实，不只是指创新成果要实，还要有实实在在的资金支持。问题是这两个阶段离市场较远，信息不完全，投资风险大，因而进入这个阶段的投资往往是风险投资。马克思当年明确指出，信用是资本集中的重要杠杆。其前提是"资本有更大的活动性"，其重要的制度基础就是，"信用制度的发展已经把大量分散的可供支配的社会资本在各个资本家面前集中起来"。借助信用机制，资本可以不受限制地自由地从一个部门流向另一个部门。而在现代市场经济中创造

第十三章 制造业结构向中高端转型升级的引擎和杠杆

的以股票市场为代表的资本市场以及相应的各种类型的基金的运作,则在更大范围更短的时间内推动了制造业结构的转型升级。这里有三个层次或三个阶段。第一个阶段即产业化创新阶段,需要风险投资及相应的产权交易市场。第二个阶段即产业化创新成功的小企业需要通过资本市场上市来扩大规模,实现自身的市场价值。第三个阶段即利用资本市场的资产重组机制,做强企业并带动整个行业的提升。这三个阶段也就是威廉·拉让尼克概括的新经济企业模式下的股票市场:从创新到投机再到操纵。

就产业化创新阶段来说,孵化新技术的风险投资通常是天使投资之类的风险投资。1971年创立的纳斯达克市场较主板市场宽松许多的上市条件使创新企业的首次公开发行上市变得大为容易,使风险资本在完成其使命后及时退出并得到回报。目前我国已经开放创业板市场(二板市场),在"大众创业、万众创新"的背景下,创业板市场之类的产权交易市场需要进一步放开,让更多的产业化创新公司上市,以实现其创新价值。

第二个阶段是实现产业创新的企业通过上市来迅速实现自身价值并实现由小到大的跳跃。从理论上讲,成功进行产业化创新的企业要想成为产业升级的"领头羊",不能亦步亦趋地成长,需要在短期内实现由小到大的爆发性扩张。用马克思的话说:"如果要靠其自己的积累来建铁路的话也许到现在还没有铁路,采取股份制的方式转瞬之间就把铁路建成了"。进一步说明了率先实现产业化创新的企业要靠自身的努力成为大企业必然是个缓慢的过程,资本市场则提供了其实现爆发性扩张的机制。一方面资本市场能够客观地评价其产业创新后的公司价值,另一方面资本市场依据对其市场价值的客观评价大规模的募集社会资本。作用不仅在其从市场募集到了巨额资金,更重要的是其"移动互联网+"的新技术广泛使用。

率先产业化创新的企业通过股票市场获得爆发性扩张以后,进一步的要求是控制市场。其必要性在于公司上市后需要有足够的业绩来支撑,同时面对同行业的竞争所产生的竞争费用会降低其盈利能力。在此背景下通过股票市场提高市值并且募集了巨额资本的企业必然要推进企业之间的并购。对制造业结构转向中高端也有特别的意义。资本市场提供的产权交易机制提供了这种功能。率先进行产业化创新的企业创新成功时面对的是同行业中的大企业,这些企业不通过并购和重组的方式迅速壮大并成为行业"老大",如微软收购有150年历史的大企业诺基亚;摩托罗拉成立于1928年,是世界财富百强企业之一,是全球芯片制造、电子通信的领导者,先被谷歌收购,后被联想收购。这些案例既说明创新就是创造性毁灭,又说明率先进行产业化创新的企业通过同行业并购在短时期内力压群芳成为大企业,甚至成为新兴产业领跑者的过程。

推动制造业结构转向中高端所需要的资本市场的活跃程度取决于两个基本条件:一是充分的资金供给,二是专业化的市场主体。硅谷的经验不仅仅是其靠近大学,更重要的是这里聚集了活跃的专门从事创新创业的风险投资公司。

就创新创业的资金供给来说,无论是哪个风投公司都不可能靠自有资金去推动创新创业,必须要借助金融,相应地就需要风险投资基金。硅谷就是靠资本向风险投资基金流动,为活跃的风险投资创造了条件。其中的一个重要方面就是养老基金大量流入风险投资基金。"在整个20世纪80年代和90年代,来自养老基金的投资占独立风险投资合伙企业募集资金总量的31%至59%。"我国目前影响创新创业的一大困难就是创新创业投资不足。参照硅谷的经验创立风险投资基金,并且为风险投资基金寻求充足的来源便显得十分重要。现在我国已经允许社保基金进入股市,需要进一步允许其投资于风险投资基金,参与产业化创新的企业的创建。另外,风险投资具有投机性质,因此只有上市才有吸引力。其可能性就是马克思当年所说的:在资本最低限额提高的条件下,分散的小资本往往进入资本市场或信用渠道。一部分不能形成新的独立资本的资本"以信用形式交给大产业部门的指挥人去支配"。"大量分散的小资本则走上冒险的道路,包括股票投机。"没有上市这条途径,风险投资基金的筹集还是非常困难的。

活跃的资本市场的关键是活跃的风险投资主体,也就是风险投资家。风险投资家由风险投资基金公司或企业家主导,或者由金融家主导。他们以充足的资金和专家的水准,再加上敢冒风险的企业家精神进行资本运

第十三章　制造业结构向中高端转型升级的引擎和杠杆

作,成功的概率较大。实践证明,培育一些专门从事并购的、由企业家和金融家主导的基金公司对推进结构调整是非常有必要的。

综上所述,推动制造业结构转向中高端需要三个方面的推动力:一是产业化创新,二是优胜劣汰基础上的资产重组,三是活跃的资本市场。

第十四章

从原经济发展模式到新常态下的制造业结构转型升级

第一节 原经济发展模式下我国的制造业结构特征

经过改革开放40多年的发展,中国经济总量位居世界第二,并且以前有人预测,到2016年中国实际GDP将赶上美国,但是目前中国的人均GDP还不到美国的1/10(按现价美元算),接近世界平均水平的1/3,每小时平均工资不到美国的1/15。按照库兹涅茨(1991)所说的"各国的经济增长是指人均或每个劳动力平均产量的持续增长,以及相伴随着的人口增长和结构的巨大变化"这个定义,中国经济增长水平要在人均GDP上持续提高,赶上世界平均水平,需要更为显著的经济结构变化来支持。

众所周知,从1978年开始的中国经济增长,是一个典型的工业化不断发展的过程,制造业在GDP比重中长期处于绝对领先地位,在国内表现为大量农村剩余劳动力向工业和城市转移。当国内制造业满足国内需求之后,增长引擎转向国外需求。不难发现,中国对外开放,尤其是加入WTO之后,凭借廉价的劳动力优势,出口导向的发展战略转变成加入全球化专业化分工导向的发展战略,积极吸收了大量的国外制造业价值链低附加值环节的转移,成为世界第二大制造业中间产品的贸易大国。中国出口从以最终产品贸易为主转变为最终产品和中间产品贸易并重的贸易结构。这是中国经济增长在改革开放以来获得的第一波"全球化红利",其基本决定

第十四章 从原经济发展模式到新常态下的制造业结构转型升级

因素是相对富裕的劳动力资源和绝对低廉的劳动力价格带来的巨大"人口红利"。

从附加值和增加值来看,中国出口的最终产品和中间产品都是市场竞争程度较高的产品,来自国内地区间的竞争和其他发展中国家的潜在竞争。在最终产品上表现为产品定价能力有限、附加值较低。在中间产品上,虽然涉及了高技术产业,但是由于作为代工者,缺乏核心技术和知识产权,中国获得的产品增加值份额小。由此决定了中国经济增长相对发达国家来说(以美国为例),出现了 GDP 总量之比上升幅度大,人均 GDP 之比上升幅度小(从 1988~2008 年,按现价美元计算,中国 GDP 与美国之比从 12% 上升到 31%,上升了 19%,人均 GDP 与美国之比从 3% 上升到 7%,上升了 4%)。这就是原先我国经济发展的模式,是一种"只长骨头不长肉""贫困式增长",在这种发展模式下,经济结构出现了以下几方面特征:

(1)相对 OECD 和东亚国家来说,中国形成了依赖于(低技能)劳动力比较优势的制造业由两部分构成:一是以产品贸易表现出来的具有比较优势的传统产业;二是以产品贸易表现出的具有比较优势的、定位于全球价值链低端的加工制造业(中国在全球制造业)。后者在中国净出口总额中的比重在 2000 年后迅速增长,大大超越了前者。

(2)在全球价值链中,各国制造业结构的差异演变成价值链结构的差异,其中发达国家在各种高技能密集型的制造业和服务业价值链中主导高附加值环节,利用中国与其他发展中国家本身与相互竞争导致的低技能劳动力成本优势,让中国长期处于价值链的低附加值环节,以此保持和扩大发达国家自身的产业国际竞争力,扩大市场份额,为本国消费者、生产者提供价格更低的产品,同时获取高附加值环节的高额利润。为了减少中国在全球价值链的产业升级中受到发达国家控制和发展中国家的竞争,需要在各国之间进行协调,降低产业升级难度和成本。在国内三次制造业结构中,制造业长期处于主导地位,服务业发展主要满足于制造业发展的需求,交通运输、通信、物流、金融和房地产等服务业发展迅速,以研发、商务服务等为代表的高级生产性服务业发展相对缓慢。

（3）在区域和城乡结构中，制造业投资尤其是来自国外的投资集中在接近国际市场的东部地区，中西部地区劳动力，包括高技能劳动力流向东部地区，东中西部发展不平衡；制造业和服务业率先集中于城市，来自国外的制造业投资和生产性服务也优先选择城市，城市的公共服务投入优先得到满足和提升，农村大量的劳动力转移到城市，农村公共服务投入和社会保障严重滞后。

（4）在劳动力技能和收入分配结构中，长期以相对富裕与相对工资低的劳动力密集型投入加入全球价值链低端，或者形成有比较优势的传统产业，对高技能劳动力需求不足。从1995年到2006年，中国净出口产品中中等技能和高技能劳动净投入是负的，并呈现扩大的趋势（中等技能劳动净投入从-29412百万美元扩大到-86224百万美元，高技能劳动净投资从-7106百万美元扩大到-20957百万美元）。相比而言，低技能劳动净投入是正的，也呈现显著增长趋势（从49465百万美元上升到259888百万美元），资本净投入虽正，但是显著低于低技能劳动净投入（从5943百万美元上升到67828百万美元）；由于产品竞争程度高、定价能力和附加值低，劳动力工资水平长期以来难以大幅度提高，可支配收入增长缓慢，对以教育为主的人力资本投资能力低。相比而言，企业利润和政府税收增长保持稳定。

总之，正是由于中国特殊的国际分工地位，原先经济发展的主要贡献来自低附加值制造业投资和净出口，其中主要依赖于低技能劳动力密集投入，呈现出低技能要素投入偏向性的经济增长方式，依赖于知识和人力资本的内生性经济增长动力不足。

第二节　经济发展新常态下我国的制造业结构转型升级

当中国进入经济发展新常态后，"人口红利"逐渐消失时，低技能要素（包括低技能劳动力以及与之相匹配的资本、技术等要素）成本开始上

第十四章 从原经济发展模式到新常态下的制造业结构转型升级

升，中国定位于价值链低端的产业将失去成本优势。因此新常态下获取第二波"全球化红利"的关键是将经济增长依赖于"人口红利"转变成依赖于一系列结构调整形成的"结构红利"，进一步说，是将支持"人口红利"的低技能劳动力为主的资源结构改成支持"结构红利"的高技能劳动力为主的资源结构。

我国国民经济和社会发展"十二五"规划纲要中提出，"坚持把经济结构战略性调整作为加快转变经济发展方式的主攻方向。构建扩大内需长效机制，促进经济增长向依靠消费、投资、出口协调拉动转变。加强农业基础地位，提升制造业核心竞争力，发展战略性新兴产业，加快发展服务业，促进经济增长向依靠第一、第二、第三产业协同带动转变。统筹城乡发展，积极稳妥推进城镇化，加快推进社会主义新农村建设，促进区域良性互动、协调发展"。在结构调整目标上，要"取得重大进展。居民消费率上升。农业基础进一步巩固，工业结构继续优化，战略性新兴产业发展取得突破，服务业增加值占国内生产总值比重提高 4 个百分点。城镇化率提高 4 个百分点，城乡区域发展的协调性进一步增强"。这些经济结构战略性调整内容主要涉及需求结构、三次制造业结构、城乡结构和区域结构。这些结构变化依赖于较高的人均收入水平和较大的公共收入规模的支持。在需求结构中，消费占比提高，依赖于人均可支配收入水平和社会保障水平的现象得到显著改善。在城乡结构上，城乡统筹依赖于政府能够增加农村公共服务投入。这些收入的来源又都取决于中国各类企业能否在各类产业价值链上获得比以前足够高的增加值和附加值。

在经济全球化时代，几乎所有附加值高、增值环节多的产业发展都进入了全球价值链，中国企业无论是通过提高核心竞争力，还是进军前瞻性战略性新兴产业来获得较高的增加值和附加值，都要积极利用全球价值链，从全球范围内获取战略性资源和要素，形成一大批拥有自主知识、能够定位于价值链中高端的新兴产业。这种产业发展方式本身又意味着三次制造业结构要向服务业占比逐步提高的制造业结构转变。原因是，价值链中高端分布的业务活动主要涉及知识密集型生产性服务活动，一旦它们成为由一系列企业独立提供的活动，就会形成巨大的产业化规模，相对于制造加工来说，其增加值占比也就显著提高。

对于区域结构，定位于价值链中高端的前瞻性战略性新兴产业发展，也意味着东、中、西部产业分工格局将被打破，原因是知识密集型生产性服务业及相关生产性服务主要集聚在知识创新功能较强的城市和城市群。目前主要分布于东部沿海地区。一旦这些高附加值产业形成规模，从事这些产业的高技能劳动力将获得较高的工资，不可避免地带动该地区原有的加工制造业成本上升，进而有动力向成本较低的中西部转移，在国内形成一系列产业价值链分工，我们称之为"国内价值链"。这种分工格局的形成就意味着东、中、西部产业分工从原来的制造业"中心—外围"模式转变成"服务业中心—制造业外围"的模式，中西部地区的资源、劳动力要素从原来的转移到东部进入价值链，转变成就地进入价值链。制造业和高级生产性服务业空间集聚内在要求有利于形成区域间良性互动、协调发展的格局。

经济发展进入新常态后，经济结构调整目标和规划在实施过程中能否形成一种自我实施或者说自我强化的状态，还依赖于经济体制改革，能否将原来定位全球价值链低端的各级政府、各类企业之间的激励结构转变成促进企业定位于全球价值链中高端的激励结构的关键在于：从供给角度看，是形成创新驱动的投资体制，将知识和技术创新作为产业发展主要驱动力；从需求角度看，提高内需水平，激励国内消费者提高人力资本投资水平，满足创新驱动所需要的高技能劳动力。因此，作为资源配置的重要引导者——中央政府和地方政府应从大规模加工制造业投资偏向的目标和体制，转变成偏向于促进创新的投资目标和体制，灵活运用相应的经济政策和组织手段，积极利用市场配置功能，引导企业体制朝着有利于实现创新、有利于进入价值链高端的方向转变。

基于上述分析，当我国经济发展方式转入新常态后、经济结构转型升级方向可以总结为"一定新定位、两个体制转变和四个结构转变"：

"一个新定位"是指根据产业以全球价值链方式发展的趋势和要求，审视中国在 2000 年加入 WTO 之后从价值链低端加入全球价值链的发展绩

第十四章 从原经济发展模式到新常态下的制造业结构转型升级

效,以及在经济体制和经济结构变化上的影响,审视发达国家利用全球价值链、定位于价值链中高端所取得的发展绩效,以及金融危机后全球价值链中产业发展的新变化和新趋势,审视中国从"被动"加入全球价值链向"主动"利用全球价值链转变的形势、机遇、来自发达国家与发展中国家的竞争和自身的战略定位。

"两个体制转变"是指中央与地方政府目标和资源配置体制与相应的企业体制的转变,前者的转变是指从 GDP 增长导向的中央与地方政府目标与资源配置体制转变成创新驱动、经济与社会协调发展双重导向的中央与地方政府目标与资源配置体制。在 GDP 导向下的地方政府目标是推动制造业的大规模投资,工作主要抓手是"上项目",完善基础设施,提高城市化水平,实现该目标的资金主要来源于税收和土地收入。当目标转变成创新驱动、经济与社会协调发展后,地方政府工作主要抓手变成"选项目""培育项目",增加"无形"的公共服务投入(如教育、研发、社会保障、城市软实力等方面投入),加强这些目标的资金约束。

企业体制的转变是指从有限准入条件下企业体制转变成充分准入条件下的企业体制,将民营科技型企业,尤其是涉及前瞻性战略性新兴产业的民营科技型企业作为攀升全球价值链高端的主体,在不同所有制类型企业之间充分释放出资本、科教资源和高技能劳动力,让其根据企业生产率高低在不同类型企业间充分转移,不断提高民营科技型企业的创新能力和生产率水平,使其成为吸收高技能要素的主要载体。

"四个结构转变"是指需求结构、制造业结构、区域结构和城乡结构的转变,具体表现为:

第一,需求结构从低端制造业投资偏向的结构转变成技能偏向性技术创新投资与内需扩张并重的结构。从总量上看,R&G 支出占 GDP 之比水平应成为一个重要的标志。在微观上表现为创业投资、新技术与新产品开发及其产业化等投资活动应成为主流。在内需扩张上,一个重要标志是城乡居民对人力资本方面的消费支出增长。

第二,在以低端制造业为主的制造业结构中逐步提高高端制造业占比，东部沿海一些发达地区要率先进入以高端制造业为主的制造业结构。定位于全球价值链高端本身就依赖于知识密集型制造业的发展。因此，提高高端制造业在三类制造业结构中比重的关键是促进知识密集型制造业的发展，不仅要创造条件将知识密集型制造业从已有制造业中分离出来，还要深化对外开放，努力扩大对国外知识密集型制造业在中国的 FDI 和外包，增加这类制造业的国际贸易比重。

第三，区域经济发展从制造业"中心—外围"式结构向"高端制造业中心—制造业基地"结构转变。在定位于全球价值链低端的加工贸易发展时期，东部沿海地区是国际制造业资本转移的基地，中西部地区成为劳动力包括高素质劳动力的输出地，这些劳动力最终进入东部沿海地区。在东部地区产业升级寻求向全球价值链中高端攀升时，创新驱动的投资活动不仅促使企业提高对高技能劳动力的需求、高技能劳动力工资上升，同时，也提高了低技能劳动力的工资水平，进而引发那些劳动力成本产出弹性较大的制造业从东部沿海地区向中西部转移，同时创新驱动的投资活动又引发知识密集型制造业集聚在东部沿海地区，最终形成高端制造业"中心—制造业基地"的区域分工格局。

第四，从城市偏向的城乡结构转变成城乡统筹协调发展的城乡结构。城市偏向的政策存在于工业化早期阶段，或者说在外向型经济发展早期阶段，城市功能加强有利于制造业扩张和吸引 FDI。但是在工业化中期阶段，城市偏向的政策导致农村基础设施和公共服务投入不足，不仅限制了农业生产率的改进，而且限制了农村人力资本投资，最终导致农产品价格因供给改善不足而出现上涨，助涨劳动力工资上升，从农村转移出来的劳动力人力资本水平低，增加了城市部门产业升级的难度，进而影响我国的制造业成本优势和发展格局。因此，城乡统筹的城乡结构是制造业升级的一个重要的"后勤"保障。

以上四个结构转变中除了需求结构转变之外，其他三个结构转变概括起来是供给方面的结构变化，该变化从总体上看是从制造业规模扩张导向的供给结构向产业升级导向的供给结构的转变。从需求结构和供给结构的关系看，需求结构转变是经济增长的"拉动力"，其中投资需求的拉动力从加工制造为主的投资拉动转变成以创新驱动为主的投资拉动，消费需求的拉动力从必需品支出为主转变成人力资本投资支出为主的消费。需求结构转变在一定程度上依赖于促进企业改变投资、居民改变消费的供给方面"推动力"。这就要求政府通过相应的政策、体制改革推动供给结构变化，提高需求主体改变需求的激励或降低其改变需求的成本。

第三节 我国制造业结构转型升级的手段

我国原先的经济发展过程可以概括为"低技能要素偏向的经济增长"，而西方发达国家这 30 多年增长和结构变化可以概括为"高技能要素偏向的经济增长"，揭示"结构红利"的形成在本质上是从"低技能要素偏向的增长方式"向"高技能要素偏向的增长方式"的转变。因此，当前制造业结构调整就是围绕"高技能要素偏向的经济增长"与"低技能偏向的经济增长"在制造业结构上的差距，从各个层面上的结构性因素寻求"一系列转型升级手段"，研究这"一系列转型升级手段"在作用机制、政策和体制上的要求。基于此，我国经济发展过程中，经济结构的"一系列转型升级手段"分别是：

第一，在"一个新定位"中，从全球价值链中低端定位向价值链高端定位转变，并且利用全球价值链提升本土产业的核心竞争力，其中所产生的"结构红利"的含义是指定位于价值链低端的产业进行技能偏向性技术创新和产品创新，向附加值和增加值更高的价值链中进行高端定位，实现制造业结构在价值链分布上的升级。其手段是加强生产性服务业的开放，积极加入生产性服务业全球价值链，采取服务外包、FDI、合资甚至收购等方式吸引国外生产性服务业，既能接触到发达国家在研发、设计上的技术前沿，又能够将中国制造的产品通过自主的销售服务体系进入国际市场。

第二，在"两个体制转变"中，中央与地方政府的目标和资源配置体制的转变实际上是增加高技能要素的供给,提高各个产业对高技能要素的需求,为产业结构转变中"结构红利"的实现创造市场环境、提供公共服务,充分降低企业向价值链高端攀升的成本,其手段是政府政绩考核目标的完善,有限的财政和政策资源。企业体制从有限准入转变成充分准入,实际上为民营科技型企业的创新、创业和成长提供良好的支持,其本质是一种"结构红利",即将高技能要素从其他类型企业转移到民营科技型企业,尤其是从国有垄断企业向竞争性民营科技型企业转移。其中最有效的抓手是鼓励社会资金向风险投资资金转变,促进风险资本市场的快速发展。

第三,在"四个结构转变"中,需求结构能否转变,取决于创新驱动的投资和以提高人力资本的消费对经济增长的拉动和贡献能否高于原先制造业大规模的投资。如果前者高于后者,那么就由投资需求和消费需求的转变带来了一种"结构红利"。然而这种"结构红利"的实现手段,短期来看是政府在税收、收费体制上的减负或补贴,长期来看,依赖于供给结构的转变,依赖于供给结构转变能否实现一系列的"结构红利"。

在产业结构转变中,表现为能否吸引高技能要素从低生产率部门向高生产率部门转移,能否提高生产性服务业生产率以吸引高技能要素的转移;能否将定位价值链高端的产业和高技能要素从国外转移到国内、从国外企业转移到本土企业。其主要抓手是缩小各部门、各产业、各企业生产率水平的差距,鼓励优秀企业快速成长,落后企业加速淘汰。

在地区结构转变中,表现为能否将高成本、高耗能的产业逐步淘汰,能否通过降低冰山成本,把劳动力成本敏感的产业逐步转移到中西部地区,将高技能要素密集型的产业集中在东部地区,实现地区结构从集中于东部一隅的产业分布转变成地区间合理分工的一系列国内价值链,进而依托国内价值链,转变成一系列全球价值链。其主要抓手是形成一系列地区一体化、地区间协调发展的区域规划和相应的体制保障。

在城乡结构上,表现为能否在城乡之间形成一个高技能要素不断形成、积累的高度流动性的社会结构,其主要手段是城乡公共服务均等化。

参考文献

[1] Acemoglu, D., Johnson, S. and Robinson, J. A. Reversal of Fortune: Geography and Institutions in the Making of the Modern World Income Distribution. Quarterly Journal of Economics, 2002, 117 (4): 1231-1294.

[2] Amador, J., Cabral, S. and Maria, J. R. A Simple Cross-country Index of Trade Specialization. Open Economies Review, 2009, 22 (3): 447-461.

[3] Asker, J., Collard-Wexler, A. J. and Loecker, D. Productivity Volatility and the Misallocation of Resources in Developing Economies. Cepr Discussion Papers, 2011.

[4] Atkeson, A., and Burstein, A. Pricing-to-Market, Trade Costs, and International Relative Prices. American Economic Review, 2008, 98 (5): 1998-2031.

[5] Bernard, A., and Jensen B. Exceptional Exporter Performance: Cause, Effect, or Both?, Journal of International Economics, 1999, 47: 1-25.

[6] Bernard, A., S. Redding, and Schott P. Multi-Product Firms and Trade Liberalization. Quarterly Journal of Economics, 2011, 126: 1271-1318.

[7] Bernard A., J. Jensen, S. Redding, and Schott P. K. Firms in International Trade. Journal of Economic Perspectives, 2007, 21: 105-130.

[8] Bernard, A., J. Eaton, B. Jensen, and Kortum S. Plants and Productivity in International Trade. American Economic Review, 2003, 93: 1268-1290.

[9] Blanchard, O. and Simon J. The Long and Large Decline in U. S

Output Volatility. Brookings Papers on Economic Activity, 2001, 32 (1): 135-1641.

[10] Blalock, G. and Gentler, P. J. Learning from Exporting Revisited in a Less Developed Setting. Journal of Development Economics, 2004, 75 (2): 397-416.

[11] Bojnec, and Fert, I. European Enlargement and Agro-Food Trade. Canadian Journal of Agricultural Economics, 2008, 56 (4): 563-557.

[12] Brandt, L., Tombe, T. and Zhu, X. Factor Market Distortions across Time, Space and Sectors in China. Review of Economic Dynamics, 2013, 16 (1): 39-58.

[13] Chen, S., Fefferson, G. H., and Zhang J. Structural Change, Productivity Growth and Industrial Transformation in China. China Economic Review, 2011, 22: 133-150.

[14] Clerides, S., S. Lach, and Tybout J. Is Learning by Exporting Important? Micro-dynamic Evidence from Colombia Mexico, and Morocco. Quarterly Journal of Economics, 1998, 113, 903-947.

[15] Comin, D. A., and Hobijn, B. The CHAT Dataset. Working Paper no. 15319, NBER, Cambridge, MA, 2009.

[16] De Loecker, J. Do Exports Generate Higher Productivity? Evidence from Slovenia. Journal of International Economics, 2007, 73: 69-98.

[17] Eckel, C., and Neary J. P. Multi-product Firms and Flexible Manufacturing in the Global Economy, Economic, 2006, 77 (1): 188-217.

[18] Eggers, A. and Ioannides Y. The Role of Output Composition in the Stabilization of U. S Output Growh. Jour nal of Macroeconomics, 2006, 28 (3): 585-595.

[19] Feenstra, R., Robert., Haiyan D., Alyson M. and Hengyong M. World Trade Flows: 1962-2000. NBER Working Paper w11040, 2005.

[20] Foster, P. M., Mylchreest, E., Gaido, K. W. and Sar, M.

Effects of phthalate esters on the developing reproductive tract of male rats. Hum Reprod Update, 2001, 7 (3): 231-235.

[21] Ge Ying, Huiwen Lai and Susan Chun Zhu. Intermediate Imports and Productivity Gains from Trade Liberalization. 2011, working paper.

[22] Görg, H., Henry, M., and Strobl, E. Grant Support and Exporting Activity. The review of economics and statistics, 2008, 90 (1): 168-174.

[23] Grossman, G M. and Helpman, E. Integration versus Outsourcing in Industry Equilibrium. Quarterly Journal of Economics, 2002, 117 (1): 85-120.

[24] Hahn, C. H., and Park, C. G. Learning-by-Exporting and Plant Characteristics: Evidence from Kor Plant - level Data. Korea and World Economy, 2010, 11 (3): 459-492.

[25] Hausmann, R., and Klinger B. The Evolution of Comparative Advantage: The Impact of the Structure of the Product Space. 2006, CID Working Paper No. 106.

[26] Heckman, J. J., Ichimura, H. and Todd, P. Matching as an Econometric Evaluation Estimator. Review of Economic Studies, 1997, 65 (2): 261-294.

[27] Hidalgo, R. C. A., Klinger B., Barabási A. L. and Hausmann R. The Product Space Conditions the Development of Nations. Science, 2007, 317 (7): 482-487.

[28] Hsieh, C. and Peter J. K. The Life Cycle of Plants in India and Mexico. NBER Working Paper No. 18133, 2012.

[29] Hsieh, C. T. and Klenow, P. J. Misallocation and Manufacturing TFP in China and India. The Quarterly Journal of Economics, 2009, 124 (4): 1403-1448.

[30] Jovanovic, B. and Goldberg, P. K. Misallocation and Growth. American Economic Review, 2014, 104 (4): 1149-1171.

[31] Kuznets, S.. Economic Growth of Nations: Total Output and Production Structure. Cambridge University Press, Cambridge, 1971: 1-363.

[32] Kraay, A. Exports and Economic Performance: Evidence from a Panel of Chinese Enterprises. Revued' Economie du Development, 1999: 1-2, 183-207.

[33] Levinsohn, J. and Petrin, A. Estimating Production Functions Using Inputs to Control for Unobservable. Review of Economic Studies, 2003, 70 (2): 136-145.

[34] Lileeva, A., and Trefler D. Improved Access to Foreign Markets Raises Plant - Level Productivity for Some Plants. Quarterly Journal of Economics, 2007, 125 (8): 1051-1099.

[35] Los, B. and Timmer, M. P. The "Appropriate Technology" Explanation of Productivity Growth Differential: An Empirical Approach. Journal of Development Economics, 2005, 77 (2): 517-531.

[36] Maza A., Hierro M. and Villaverde J. Measuring Intra-distribution Income Dynamics: an Application to the European Regions. The Annals of Regional Science, 2010, 45 (2): 313-329.

[37] Melitz, M. The Impact of Trade on Intra-industry Reallocations and Aggregate Industry Productivity. Econometrica, 2003, 71: 1695-1725.

[38] Oberfield, E. Productivity and misallocation during a crisis: Evidence from the Chilean crisis of 1982. Review of Economic Dynamics, 2013, 16 (1): 100-119.

[39] Opp, M. M., Parlour, C. A. and Walden, J. Markup cycles, dynamic misallocation, and amplification. Journal of Economic Theory, 2014, 154 (11): 126-161.

[40] Park, A., D. Yang, X. Shi, and Jiang Y. Exporting and Firm Performance: Chinese Exporters and the Asian Financial Crisis. Working paper, University of Michigan, 2007.

[41] Perkins, D. H., and Rawski T. G. Forecasting China's Economic Growth. In Brandt, L., and T. G. Rawski (Eds.), China. s Great Economic Transformation. Cambridge University Press, 2008.

[42] Peneder, M. Industrial Structrue and Aggregate Growth. WIFO Working Paper. Austrian Institute of Economic Research, Vienna, 2002.

[43] Restuccia, D., Yang, D. T. and Zhu X. Agriculture and aggregate productivity: A quantitative cross-country analysis. Journal of Monetary Economics, 2008, 55 (2): 234-250.

[44] Stock, J. H. and Watson M. W. Has the Business Cycle Changed and Why? . NBER Macroeconomics Manua, Cambridge: The MIT Press, 2002.

[45] Shevtsova, Y. International Trade and Productivity: Does Destination Matter? . Discussion Papers in Economics, 2012 (12/18).

[46] Tombe, T. and Winter, J. Internal Trade and Aggregate Productivity. From the Selected Works of Trevor Tombe, 2012.

[47] World Bank. The East Asian Miracle: Economic Growth and Public Policy. New York: Oxford University Press, 1993.

[48] Zheng, J. H., Hu, Angang, Arne Bigsten. Can China's Growth be Sustained? . A Productivity Perspective. World Development, 2009, 37 (4): 874-888.

[49] 巴拉舒伯拉曼亚姆主. 发展经济学前沿问题. 北京: 中国经济出版社, 2000: 268.

[50] 柏培文. 三大产业劳动力无扭曲配置对产出增长的影响. 中国工业经济, 2014 (4): 32-44.

[51] 卜永祥, 周晴. 中国货币状况指数及其在货币政策操作中的运用. 金融研究, 2004 (1): 30-42.

[52] 曹永福. 美国经济周期"大缓和"研究的反思. 世界经济研究, 2010 (5): 69-74.

[53] 曹玉书, 楼东玮. 资源错配、结构变迁与中国经济转型. 中国

工业经济, 2012 (10): 5-18.

[54] 陈钊, 熊瑞祥. 比较优势与产业政策效果——来自出口加工区准实验的证据. 管理世界, 2015 (8): 67-80.

[55] 程国强. 中国农产品出口: 增长、结构与贡献. 管理世界, 2004 (11): 85-96.

[56] 戴觅, 余淼杰, Madhura. 中国出口企业生产率之谜: 加工贸易的作用. 经济学 (季刊), 2014 (2): 675-698.

[57] 邓向荣, 曹红. 产业升级路径选择: 遵循抑或偏离比较优势——基于产品空间结构的实证分析. 中国工业经济, 2016 (2): 52-67.

[58] 董琨, 原毅军. 中国制造业结构演变与制造业全要素生产率关系研究. 大连理工大学学报 (社会科学版), 2007 (6): 9-12.

[59] 范剑勇, 冯猛. 中国制造业出口企业生产率悖论之谜: 基于出口密度差别上的检验. 管理世界, 2013 (8): 16-29.

[60] 方福前, 詹新宇. 我国制造业结构升级对制造业全要素生产率的熨平效应分析. 经济理论与经济管理, 2011 (9): 5-15.

[61] 费尔普斯. 大繁荣: 大众创新如何带来国家繁荣. 北京: 中信出版社, 2013: 22.

[62] 干春晖, 余典范. 中国构建动态比较优势的战略研究. 学术月刊, 2013 (4): 76-85.

[63] 干春晖, 郑若谷, 余典范. 中国制造业结构变迁对经济增长和波动的影响. 经济研究, 2011 (5): 4-16.

[64] 辜胜阻, 李睿, 曹誉波. 中国农民工市民化的二维路径选择——以户籍改革为视角. 中国人口科学, 2014 (5): 2-10.

[65] 管曦. 中国出口茶叶产品的比较优势探讨——基于不同类别和包装的分析. 中国农村经济, 2010 (1): 28-34.

[66] 郭庆旺, 贾俊雪. 中国全要素生产率的估算. 经济研究, 2005 (6): 51-60.

[67] 韩剑. 中国本土企业为何舍近求远: 基于金融信贷约束的解释.

世界经济，2012（1）：98-113.

［68］何玉长．结构调整与分配改革：新常态经济跨越"中等收入陷阱"之路．学术月刊，2015（9）：27-33.

［69］胡永泰．中国全要素生产率：来自农业部门劳动力再配置的首要作用．经济研究，1998（3）：31-39.

［70］黄亮雄，安苑，刘淑琳．中国的产业结构调整：基于企业兴衰演变的考察．产业经济研究，2016（1）：49-59.

［71］贾俊雪，郭庆旺．中国经济周期波动特征变化与宏观经济稳定政策．经济理论与经济管理，2008（7）：5-11.

［72］简泽．企业间的生产率差异、资源再配置与制造业部门的生产率．管理世界，2011（5）：11-23.

［73］孔宪丽，米美玲，高铁梅．技术进步适宜性与创新驱动工业结构调整——基于技术进步偏向性视角的实证研究．中国工业经济，2015（11）：62-77.

［74］库兹涅茨．现代经济增长．北京：北京经济学院出版社，1989：138.

［75］库兹涅茨．现代经济增长．北京：北京经济学院出版社，1989.

［76］郎永清．二元经济条件下的结构调整与经济增长．南开经济研究，2007（2）：128-139.

［77］李建萍．异质性企业的出口生产率悖论研究——基于比较优势视角的解释．山东大学，2015：10-20.

［78］李强，郑江淮．基础设施投资真的能促进经济增长吗？——基于基础设施投资"挤出效应"的实证分析．产业经济研究，2012（11）：50-58.

［79］李强，郑江淮．基于产品内分工的我国制造业价值链攀升：理论模型与实证分析．财贸经济，2013（9）：2013.

［80］李强．技术创新、行业特征与制造业追赶绩效．科学学研究，2016（2）：312-319.

[81] 李巍, 张志超. 直接投资开放对实际汇率、国内经济产出波动的影响. 管理世界, 2008 (6): 11-19.

[82] 李云娥. 宏观制造业全要素生产率与制造业结构变动的实证研究. 山东大学学报（哲学社会科学版）, 2008 (3): 120-126.

[83] 林毅夫, 刘明兴. 经济发展战略与中国的工业化. 经济研究, 2004 (7): 48-58.

[84] 林毅夫, 余淼杰. 我国价格剪刀差的政治经济学分析：理论模型与计量实证. 经济研究, 2009 (1): 42-56.

[85] 林毅夫, 章奇, 刘明兴. 金融结构与经济增长：以制造业为例. 世界经济, 2003 (1): 3-21.

[86] 刘斌, 王杰, 魏倩. 对外直接投资与价值链参与：分工地位与升级模式. 数量经济技术经济研究, 2015 (12): 39-56.

[87] 刘拥军. 对世界农产品贸易中的比较优势的检验. 经济学（季刊）, 2004 (3): 553-567.

[88] 楼琳琳. 广东省改革开放以来制造业结构调整的长期经济稳定效应. 经济视角, 2011 (10): 5-7.

[89] 鲁晓东. 金融资源错配阻碍了中国的经济增长吗？. 金融研究, 2008 (4): 55-68.

[90] 马克思. 资本论（第一卷）. 北京：人民出版社, 2004: 722.

[91] 马克思. 资本论（第一卷）. 北京：人民出版社, 2004: 723.

[92] 马克思. 资本论（第三卷）. 北京：人民出版社, 2004: 279.

[93] 马克思. 资本论（第三卷）. 北京：人民出版社, 2004: 218.

[94] 马丽丽, 李强. 知识产权保护、行业特征与我国制造业出口比较优势. 南方经济, 2015 (5): 82-96.

[95] 毛海丹. 中国制造业比较优势的动态变化及其影响因素分析. 杭州：浙江大学, 2012: 30-35.

[96] 聂辉华, 贾瑞雪. 中国制造业企业生产率与资源误置. 世界经济, 2011 (7): 27-42.

[97] 齐福全. 北京市制造业全要素生产率与产业波动关系的实证分析. 重庆科技学院学报（社会科学版），2010（23）：77-80.

[98] 邱斌，唐保庆，孙少勤，刘修岩. 要素禀赋、制度红利与新型出口比较优势. 经济研究，2014（8）：107-119.

[99] 邵敏，包群. 政府补贴与企业生产率——基于我国工业企业的经验分析. 中国工业经济，2012（7）：70-82.

[100] 沈国兵. 显性比较优势与美国对中国产品反倾销的贸易效应. 世界经济，2012（12）：62-82.

[101] 史安娜，胡方卉. 基于科技进步的江苏省制造业结构调整影响因素研究. 江苏社会科学，2016（1）：261-266.

[102] 睢国余，蓝一. 中国经济周期性波动微观基础的转变. 中国社会科学，2005（1）：60-70.

[103] 田巍，余淼杰. 企业出口强度与进口中间品贸易自由化：来自中国企业的实证研究. 管理世界，2013（1）：28-44.

[104] 威廉·拉让尼克. 创新魔咒新经济能否带来持续繁荣. 上海：上海远东出版社，2011：65，223.

[105] 魏浩，张二震. 发展中国家与中国的经济摩擦及其影响分析. 世界经济研究，2005（10）：27-33.

[106] 谢千里，罗斯基，张轶凡. 中国工业生产率的增长与收敛. 经济学（季刊），2008（3）：809-826.

[107] 熊彼特. 经济发展理论. 北京：商务印书馆，1990：74.

[108] 徐诚玮. 浙江省制造业结构与制造业全要素生产率关系研究. 四川职业技术学院学报，2010（2）：26-28.

[109] 杨高举，黄先海. 中国会陷入比较优势陷阱吗？. 管理世界，2014（5）：5-22.

[110] 杨天宇，刘韵婷. 中国经济结构调整对宏观制造业全要素生产率的"熨平效应"分析. 经济理论与经济管理，2011（7）：47-55.

[111] 姚战琪. 生产率增长与要素再配置效应：中国的经验研究. 经

济研究, 2009 (11): 131-143.

[112] 于斌斌. 产业结构调整与生产率提升的经济增长效应——基于中国城市动态空间面板模型的分析. 中国工业经济, 2015 (12): 83-98.

[113] 袁新华, 徐翔, 缪为民. 中国虾类产品的比较优势分析. 中国农村经济, 2006 (9): 45-50.

[114] 赵永亮, 杨子晖, 苏启林. 出口集聚企业"双重成长环境"下的学习能力与生产率之谜. 管理世界, 2014 (1): 55-67.

[115] 朱喜, 史清华, 盖庆恩. 要素配置扭曲与农业全要素生产率. 经济研究, 2011 (5): 86-98.